陕西省社科基金第二批后期资助项目
（编号：13HQ027）
陕西省高水平大学建设专项资金资助项目
（编号：2013SXTS01）

先秦诸子
思想精华与文学价值研究

xianqin zhuzi
sixiang jinghua yu
wenxue jiazhi yanjiu

霍建波　著

中国社会科学出版社

图书在版编目(CIP)数据

先秦诸子思想精华与文学价值研究／霍建波著．—北京：中国社会科学出版社，2015.5

ISBN 978-7-5161-6011-4

Ⅰ.①先…　Ⅱ.①霍…　Ⅲ.①先秦哲学-研究②中国文学-古典文学研究-先秦时代　Ⅳ.①B220.5

中国版本图书馆 CIP 数据核字(2015)第 081362 号

出 版 人　赵剑英
责任编辑　曲弘梅
特约编辑　薛敏珠
责任校对　何又光
责任印制　戴　宽

出　　版　中国社会科学出版社
社　　址　北京鼓楼西大街甲 158 号
邮　　编　100720
网　　址　http：//www.csspw.cn
发 行 部　010-84083685
门 市 部　010-84029450
经　　销　新华书店及其他书店

印　　刷　北京君升印刷有限公司
装　　订　廊坊市广阳区广增装订厂
版　　次　2015 年 5 月第 1 版
印　　次　2015 年 5 月第 1 次印刷

开　　本　710×1000　1/16
印　　张　17
插　　页　2
字　　数　265 千字
定　　价　60.00 元

目　　录

下篇 先秦诸子文学价值

绪　论

一、先秦诸子的历史坐标

先秦指公元前221年秦朝统一全国之前，这里主要指东周即春秋（前770—前476）和战国（前475—前221）时代。这是我国历史上一个非同寻常的时代，是诸子百家的时代，也是被胡适称之为“辩者时代”或“哲学家的时代”[①]。我国主要的学术思想如儒、道、兵、墨、法、阴阳、名家等，都形成和发展于这个时期。子是古代对男子的尊称，如称孔子、老子、墨子等；子也可指先秦百家的学术著作，如称《孟子》、《庄子》、《韩非子》等。综上，先秦诸子指先秦时期各种不同学术流派的代表人物及其代表著作。

先秦诸子带来了中国学术史上被历来艳称的“百家争鸣”的繁荣局面，也迎来了中国人类思想史的第一度大解放时期。就横向而言，放眼世界，先秦诸子生活在世界文化史的“轴心时代”[②]。这是人类精神的大觉醒时期，人类对自身以及自身与外界的关系都有了全新的认识，产生了“终极关怀的觉醒”。此时，“南亚的印度人、西亚的

---

① 胡适：《先秦名学史》，安徽教育出版社2006年第2版，第21、13页。胡适认为：“公元前六世纪刚开始，中国由诗人时代发展至辩者（Sophists）时代。诗人时代和辩者时代构成了古代中国的启蒙时代。”公元前600—前210年，“这是老子、孔子、墨翟、孟子、惠施、公孙龙、庄子、荀子、韩非以及许多别的次要的哲学家的年代”。

② ［德］卡尔·雅斯贝尔斯：《智慧之路》，柯锦华、范进译，中国国际广播出版社1988年版，第69页。卡尔·雅斯贝尔斯认为：“以公元前500年为中心，约在880年至200年之间，人类精神的基础同时独立地奠定于中国、印度、波斯、巴勒斯坦和希腊。今天，人类仍然依托于这些基础。”“发生于公元前800至200年间的这种精神的历程似乎构成了这样一个轴心。正是在那个时代，才形成今天我们与之共同生活的这个‘人’。我们就把这个时期称作‘轴心时代’吧。非凡的事件都集中发生在这个时期。”

希伯来人、南欧的希腊人和东亚的中国人，在各自经历长时段的文明积淀之后，不约而同地达到文化史的一个临界点——人们已不满足于对现实的直观反映，而致力于对世界的本质和运动规律的探索，并思考作为实践和思维主体的人类在茫茫时空中的地位，开始形成深刻的而不是肤浅的、辩证的而不是刻板的关于宇宙、社会和人生的学说，并首次用完整的典籍将其记载下来，从而使得此前处于萌芽状态的、散漫的宗教、科学、文学、史学、哲学成就得以凝聚、综汇和升华”①。先秦诸子与其他文明古国的先哲们一起创造了灿烂的古代文明，并凝结成了被称为文明民族“元精神”的“文化元典”，标志着人类文化走向了成熟。

就纵向而言，纵观悠久的中国历史，先秦诸子是我国学术思想的根本，是中华文明进步与繁荣的“源头活水”，为中华文化的发展奠定下了义域广阔的且具有开放性和包容性的良好基础，对后代产生了极为深远的影响。王国维在《宋元戏曲史·序》中曾提出这样的观点：“凡一代有一代之文学：楚之骚，汉之赋，六朝之骈语，唐之诗，宋之词，元之曲，皆所谓一代之文学，而后世莫能继焉者也。”② 我们完全可以用学术来替代文学，那就是说“凡一代有一代之学术”。而先秦子学恰恰在中国学术思想的起点上，其后，不管是汉代经学、魏晋玄学，还是隋唐佛学、宋明理学以及清代朴学，乃至从近、现代的思想潮流，到当代的精神文明与文化建设，都或多或少地受到了诸子学术的滋养与启发。中国人的思维是守成的，不断向源头回归的，以先秦诸子学术为代表的“先秦文化是我们中国文化的源头，可我们从来就没有走出先秦，每一次创新都必须回到源头，到那里寻找创新的灵感”③。诚如吕思勉所说：“历代学术，纯为我所自创者，实止先秦之学耳。”④ 先秦诸子久而弥新，常读常新，是我国精神文明的宝

① 龚留柱：《〈孙子兵法〉与中国文化·序》，河南大学出版社 1995 年版，第 1 页。

② 王振铎：《人间词话与人间词》，河南人民出版社 1995 年版，第 56 页。

③ 祝和军：《读国学用国学》，新世界出版社 2010 年版，第 25 页。

④ 吕思勉：《先秦学术概论》，中国人民大学出版社 2011 年版，第 3 页。

贵资源，值得我们不断地探索和挖掘。

二、班固论先秦诸子十家

对于先秦诸子的评论，从先秦诸子的时代就已经开始了。且不说学派间的相互辩难本身就是一种评价，而带有总结性质的讨论也已出现，如《庄子·杂篇·天下》① 篇和《荀子·非十二子》② 篇，就各分为六派展开了评析。到了西汉时期，司马谈、司马迁父子在《史记·太史公自序·论六家之要旨》一文中把先秦诸子归纳为阴阳、儒、墨、名、法、道德六家，并对每一家进行了精辟的评价。西汉末刘歆在《七略》中于六家之外，又增加了农、纵横、杂、小说四家。这就是东汉班固《汉书·艺文志》以此为基础所提及的：儒、道、阴阳、法、名、墨、纵横、杂、农、小说等诸子十家。后人在班固基础上又益医家、兵家，则共有十二家。而其中的每一家又可分为若干流派，如孔子之后儒分为八，墨子之后墨离为三，韩非子之后法家合三为一等。班固认为“凡诸子百八十九家”，说是诸子百家，其实丝毫也不过分。在春秋战国时期，诸子并起，代表不同阶级、集团的利益，他们议论时政，阐述哲理，形成了“百家争鸣”的盛况。班固《汉书·艺文志》对先秦诸子十家产生的原因、相互关系以及渊源作了解说，现摘录于下：

> 诸子十家，其可观者九家而已。皆起于王道既微，诸侯力政，时君世主，好恶殊方，是以九家之术蜂出并作，各引一端，崇其所善，以此驰说，取合诸侯。其言虽殊，辟犹水火，相灭亦相生也。仁之与义，敬之与和，相反而皆相成也。《易》曰：

---

① （清）郭庆藩撰，王孝鱼点校：《庄子集释》，中华书局 1961 年版，第 1072—1112 页。《庄子·杂篇·天下》篇把诸子分为墨翟、禽滑釐，宋钘、尹文，彭蒙、田骈、慎到，关尹、老聃，庄周，惠施等六派，并对每派的主要观点进行了分析和评价。

② （清）王先谦撰，沈啸寰、王星贤点校：《荀子集解》，中华书局 1988 年版，第 91—96 页。《荀子·非十二子》篇把诸子分为它嚣、魏牟，陈仲、史鳝，墨翟、宋钘，慎到、田骈，惠施、邓析，子思、孟轲等六派，也对每派的主要观点进行了分析和评价。

“天下同归而殊涂，一致而百虑。”今异家者各推所长，穷知究虑，以明其指，虽有蔽短，合其要归，亦《六经》之支与流裔。……方今去圣久远，道术缺废，无所更索，彼九家者，不犹愈于野乎？若能修六艺之术，而观此九家之言，舍短取长，则可以通万方之略矣。

儒家者流，盖出于司徒之官，助人君顺阴阳、明教化者也。游文于六经之中，留意于仁义之际，祖述尧、舜，宪章文、武，宗师仲尼，以重其言，于道最为高。

道家者流，盖出于史官，历记成败存亡祸福古今之道，然后知秉要执本，清虚以自守，卑弱以自持，此君人南面之术也。

阴阳家者流，盖出于羲和之官，敬顺昊天，历象日月星辰，敬授民时，此其所长也。及拘者为之，则牵于禁忌，泥于小数，舍人事而任鬼神。

法家者流，盖出于理官。信赏必罚，以辅礼制。

名家者流，盖出于礼官。古者名位不同，礼亦异数。

墨家者流，盖出于清庙之守。茅屋采椽，是以贵俭；养三老五更，是以兼爱；选士大射，是以上贤；宗祀严父，是以右鬼；顺四时而行，是以非命；以孝视天下，是以上同。

从横家者流，盖出于行人之官。

杂家者流，盖出于议官。兼儒、墨，合名、法，知国体之有此，见王治之无不贯，此其所长也。及荡者为之，则漫羡而无所归心。

农家者流，盖出于农稷之官。播百谷，劝耕桑，以足衣食，故八政一曰食，二曰货。

小说家者流，盖出于稗官。街谈巷语，道听涂说者之所造也。

先秦诸子百家的发生、发展大致经历了这样一个过程：“大体上是发端于春期末期，鼎盛于战国中期，总结于战国晚期，而每一学派自身又各有其发生、发展和演变的历史。”[①] 诸子争鸣的内容也丰富多彩，“涉及天人、名实、常变、古今、义利、心性、善恶和礼法制度等各个方面，各家的争辩合力推动了中国哲学走向繁荣”。[②] 下面依照班固的提示，展开详细论述。

三、先秦诸子产生的原因

关于先秦诸子产生的原因，班固主要从社会政治角度进行了分析，亦即他所说的“皆起于王道既微，诸侯力政，时君世主，好恶殊方，是以九家之术蜂出并作，各引一端，崇其所善，以此驰说，取合诸侯”。春秋战国时期，虽然在学术思想上极度繁荣，但绝非什么“太平盛世”。那时“礼崩乐坏”，政治混乱，政出多门，春秋初期的一百多个诸侯国，经过激烈的兼并战争，到战国初只剩下十几个了，最后又统一于秦。司马迁说，仅春秋中，就“弑君三十六，亡国五十二，诸侯奔走不得保其社稷者不可胜数”（《史记·太史公自序》）。虽然周天子还是名义上的天下共主，其实形同虚设，各国诸侯尾大不掉，已经不再接受周天子的管理，甚至有人敢箭射周天子。[③] 处在这种社会激变之中，自然会有不少旧制度被破坏以及新制度的出现，且各个诸侯国君主“好恶殊方”，各有一套自己的治国理念，于是各种不同的学术流派也应运而生。这时候，“人们打破了对统治者和传统观念的迷信，敢于独立自主地思考问题，无所顾忌地发表见解，没有不可逾越的禁区，没有不可触及的权威。他们为建立和宣扬自己的学说，展开了恢宏大胆的议论。”[④] “各个学派的代表人物，出于对社会的责任感和对人生的关怀，著书立说，批评时弊，阐述政见，互相论辩，形成了‘百家争鸣’的局面。”[⑤] 中国思想史也由此迎来了第一次的大解放，各种哲学思想也开始萌生、成熟起来，先秦诸子亦由此

① 向世陵主编：《中国哲学智慧》，中国人民大学出版社 2006 年第 2 版，第 23 页。

② 同上。

③ 《左传·桓公五年》载郑国大败周天子军队，“祝聃射王中肩”。

④ 韩兆琦主编：《先秦两汉散文专题》，高等教育出版社 2003 年版，第 7 页。

⑤ 袁行霈等：《中国文学史》（一），高等教育出版社 2005 年版，第 28 页。

兴起。

其次，士阶层的兴起也为诸子的出现提供了主体条件。西周时期，士是贵族的最底层（天子、诸侯、大夫、士），平民的顶层（士、农、工、商），他们有一定数量的“食田”，受过“六艺”的教育，能文能武，平时做卿大夫的家臣，战时充做下级军官。春秋战国时期，西周分封制度土崩瓦解，周政权实际上的解体，都直接导致了上层贵族地位的下降以及下层庶民地位的上升。于是，在贵族和庶民之间的士阶层随之兴起，他们从宗法领主制的人身依附中解脱出来，取得了相对自由的社会身份与相对独立的社会地位。士的人数也迅速增加，社会作用也显得日益重要起来。高敏说：“在我国古代社会里，适应着‘学在官府’局面的破坏和私学盛行而产生的‘士’阶层，实现于春秋战国之际。”[①] 伴随着传统贵族的衰落，官学出现了危机，于是民间聚众讲学之风应运而生，文化知识也由贵族转移到士的手里。钱穆认为：“古者治教未分，官师合一，学术本诸王官，民间未有著述……自周室之东，而天子失官……于是官学日衰，私学日兴，遂有诸子。”[②] 春秋末年，孔子在鲁国讲学，“弟子盖三千焉，身通六艺者七十有二人”（《史记·孔子世家》），并进而发展成为儒家学派。春秋战国之际，墨子聚众讲学，并形成了有组织的集团，当时称为墨者，后世称为墨家。到战国时期，讲学成为时尚，士阶层迅速扩大，社会影响也得到很大提升，为各诸侯国统治者所重视，甚至有“士贵耳，王者不贵”（《战国策·齐策》）的声音出现。这些士人“或将取合世主，起行其言，乃复力斥异家，以自所执持者为要道，聘辩腾说，著作云起矣”[③]。当然，士的成分也很复杂，有各种士人，如文士、武士（侠士）、隐士、工商之士等等。正是士阶层的涌现以及社会地位的提高，为诸子的出现提供了主体条件。

此外，春秋之前的文化积累，也为诸子学术的出现奠定了思想文

---

① 高敏：《历代隐士·绪言》，河南人民出版社1994年版，第3页。

② 钱穆：《国学概论》，商务印书馆1997年版，第29—30页。

③ 鲁迅著，顾农讲评：《汉文学史纲要》，凤凰出版社2009年版，第20页。

化基础。中华文化源远流长，早在商朝就出现了有着较严密系统的成熟的文字——甲骨文。文字是文化的基本载体，记录了文化发展的历史轨迹和丰富成果。文字的发明，使人类文明得以传承，标志着人类进入文明时代。图书典籍，是中华文化薪火相传的重要明证。中华民族自古以来就十分重视历史经验，重视保存历史文化资料，“六经”就是此前最重要的图书典籍。其中《周易》思想最为复杂，是中华民族精神和智慧的集中体现。南怀瑾称它是“中国几千年历史文化的根本，哲学中的哲学，经典中的经典”[①]。先秦诸子思想，大多与其有着千丝万缕的联系。例如后代儒家把《周易》尊为十三经之首，道家则把它与《老子》、《庄子》并列为“三玄”，由此可以看到《周易》对儒、道两家的深刻影响。再如，“阴阳”的概念最早见于《周易》，“五行”的概念最早见于《尚书》，虽然两种观念的产生，可以追溯到更久远的年代，但是这两种典籍启发并形成了阴阳家当毫无疑问。再如《周礼》、《仪礼》等礼书记载的礼文化也经常为诸子所提及，《诗经》的内容与其表现形式也对诸子之书有明显的影响。

除了社会政治、主体条件以及思想文化基础外，春秋战国时期，生产力的发展，铁器的广泛应用，经济水平的提高，人口数量的增加，也为百家争鸣的出现提供了良好的物质基础。此时，在自然科学技术方面也取得了一定成就，如在天文、数学、农学以及自然哲学等方面均有较大发展。钱穆先生则认为诸子之兴，则源于在下者争政治：“盖诸子之兴，本为在下者以学术争政治。而其衰，则为在上者以政治争学术。”[②] 综上，诸子产生的原因是相当复杂的。诚如张群所言：“诸子百家的出现并不是偶然的，而是在前代思想家对社会政治、宇宙人生思考成果基础上的进一步发展和深化，是民族理性精神走向成熟的突出体现和显著标志。在表现理性思考方面，散文比诗更灵活，更具有表现力，表达的内容更为丰富深刻，因此诸子采用了散

---

① 南怀瑾：《老子他说》，复旦大学出版社1996年版，第346—347页。

② 钱穆：《国学概论》，商务印书馆1997年版，第65页。

文这种体裁作为表现思想的工具。”① 吕思勉亦说：“先秦诸子之学，非至晚周之世，乃突焉兴起者也。其在前此，旁薄郁积，蓄之者既已久矣。至此又遭遇时势，乃如水焉，众派争流；如卉焉，奇花怒放耳。积之久，泄之烈者，其力必伟，而影响于人必深。”②

四、诸子百家之间的相互关系

对于先秦诸子百家之间的相互关系，班固的认识是非常精到的：“其言虽殊，辟犹水火，相灭亦相生也。仁之与义，敬之与和，相反而皆相成也。”虽然各家皆有自己相对独立的思想体系，相互区别；但是如果把诸子作为一个整体来看，它们又都是中华思想的有机组成部分，从不同角度对我国的思想文化进行了讨论、总结，相辅相成，相互补充，缺一不可。

不同的思想流派不但有不同的理论主张，也有着自己相对独立的思想体系。儒家在先秦时期的代表人物主要有晏子、孔子、孟子、荀子等，他们崇尚仁义、礼乐，提倡忠恕、中庸之道，主张德治和仁政，重视道德伦理教育和人的自身修养。墨家的创始人是墨子，主张兼爱、非攻，尚贤、尚同，强本、节用等，墨家与儒家在先秦战国时期并称显学。道家在先秦时期的代表人物有老子、杨朱、列子、庄子等，他们以“道”为理论基础，主张道法自然，自然无为，守雌守柔，力图在纷乱的现实社会中追求精神解脱等。法家在先秦时期的代表人物有商鞅、韩非子等，他们主张重农抑商、奖励耕战，希望统治者以法治国，仗势用术，用严刑峻法进行统治，为专制的大一统王朝提供了理论根据和治国方略。名家在先秦时期的代表人物有惠施、公孙龙等，他们因为从事论辩名（名称、概念）实（事实、实在）为主要学术活动而得名，惠施主张“合同异”，公孙龙的著名论题有“离坚白”、“白马非马”等。阴阳家在先秦时期的代表人物有邹衍等，他们提倡阴阳五行学说，并用它解释社会人事，邹衍因而提出

① 张群：《诸子时代与诸子文学》，齐鲁书社 2008 年版，第 12 页。

② 吕思勉：《先秦学术概论》，中国人民大学出版社 2011 年版，第 3—4 页。

“五德始终说”，并以之作为历代王朝兴废的规律，为新兴王朝的建立提供理论根据。纵横家在先秦时期的代表人物有鬼谷子、苏秦、张仪等，他们以纵横捭阖之策游说诸侯，从事政治、外交活动。杂家在先秦时期的代表人物有吕不韦等，主张兼容并蓄，贯通诸子百家之道，采取诸家之长，是一个综合性的思想流派。农家在先秦时期的代表人物有许行等，他们重视农业生产，认为农业是衣食之本，应该放在首位，也重视对农业生产技术、生产经验的总结与记录。小说家主要采集、讲述民间传说议论、平民故事，能够借以考察各地民情风俗，班固《汉书·艺文志》认为“小说家者流，盖出于稗官。街谈巷语，道听途说者之所造也”。兵家在先秦时期的代表人物有孙子、孙膑等，他们既重视战争，讲究诡诈，也强调仁义，重视人的生命，提倡不战而屈人之兵，具有浓厚的人文精神。医家在先秦时期的代表人物有扁鹊等，他们既研究传统医学，吸取民间的医疗经验，在医学上取得了很大成就；又周游列国，治病救人，在人民群众中享有很高的声望。后文将会结合代表人物对各家思想逐一进行翔实探讨，兹不赘述。

诸子百家之间的区别，于上文已大致可见。而关于其相互联系，下面试勉力分析之。先秦号称“显学”的儒、墨两家，亦有较多共同之处。据《淮南子·要略》篇云：“墨子学儒者之业，受孔子之术。”如陈柱所说：“据此遂以墨子为孔子之徒，墨子不非儒，凡非儒之言，皆非墨子之本意。”虽然这不能断定墨子为孔子之徒，但至少可以说明墨子曾“读其书”。① 儒墨两家，就其思想本质来说，也都是入世思想，为济世救民，都积极、努力地参与到现实政治中去，也就是鲁迅先生所说的“儒墨二家起老氏之后，而各欲尽人力以救乱世”②。虽然一讲仁爱，一讲兼爱，略有不同，但是“墨子对孔子的中心思想——仁义——并没有提出异议”③。其他如名家辩论名实，宣扬什么“白马非马”、“离坚白”等，好像与政治毫不相干，其实公

① 陈柱：《诸子概论》，广西师范大学出版社2010年版，第120页。

② 鲁迅著，顾农讲评：《汉文学史纲要》，凤凰出版社2009年版，第20页。

③ 冯友兰：《中国哲学简史》，赵复三译，天津社会科学出版社2005年版，第49页。

孙龙是“欲推是辩，以正名实而化天下焉”（《公孙龙子·迹府》），希望统治者不要说一套，做一套，名不副实。阴阳家讲阴阳理论和金木水火土五行生克变化，神秘玄妙，似乎与政治没有关系，其实邹衍等正是把五行运转和历史发展相联系，创立五德始终说，以此解释社会历史发展，告诫统治者施善政，讲仁德，否则就会自取灭亡。法家重视法令制度，倡导耕织，比名家、阴阳家的参与现实政治行为，要明显得多。那么，本质上以出世思想为主的道家思想，又是如何入世，怎样和诸子相联系呢？道家所讲之“道”，以及“无为无不为”，后来都成为封建王朝建立初期实行休养生息政策的理论根据，道家思想被称为“君人南面之术”，是有一定原因的。同时，出世的道家和入世的儒家，也为中国文人的人生抉择，提供了很大的自由空间：“儒家‘游方之内’，显得比道家入世；道家‘游方之外’，显得比儒家出世。这两种思想看来相反，其实却是相反相成，使中国人在入世和出世之间，得以较好地取得平衡。”[①] 再如道家和兵家也有密切联系，南怀瑾论及孙子和道家时说：“他（孙子）的军事哲学思想，正是由道家思想而来，所著《兵法》十三篇，处处表现了道家的哲学，曾经帮助吴王阖闾，击破强楚，而称霸诸侯，充分显示了道家思想在事功上的伟大。”[②] 关于诸子百家之间“师授渊源，以及诸家所称引，则其间多有出入，可以相通，固不能拘泥于九流、六家之别”[③]，钱穆先生曾有详细论述，此不赘述。关于诸子流派的划分，曹道衡、刘跃进评价得更到位，笔者拿来作为本问题的总结语：“说明当时不但各地学术在频繁交流，而且各个学派间除了相互非议以外，也在不断地互相融合。因此‘十家九流’之分在事实上也仅有相对的意义，具体到某个人物身上，有时还难于定为某家。”[④] 总之，诸子百家之间实际上既相互区别、自成体系，又相互联系、相辅相成。进行学派

---

① 冯友兰：《中国哲学简史》，赵复三译，天津社会科学出版社 2005 年版，第 21 页。

② 南怀瑾：《老子他说》，复旦大学出版社 1996 年版，第 2 页。

③ 钱穆：《国学概论》，商务印书馆 1997 年版，第 32—34 页。

④ 曹道衡、刘跃进：《先秦两汉文学史料学》，中华书局 2005 年版，第 196 页。

的划分只是为了研究、理解上的方便，仅仅具有相对的意义。

五、诸子百家产生的渊源

先秦诸子百家虽然在春秋战国时期“突焉兴起”，但如果追溯其产生的渊源，则都显得历史久远。对此班固曾作了一定的探讨，下面笔者结合班固提示，逐一进行简要分析。

班固认为儒家“盖出于司徒之官，助人君顺阳阳、明教化者也。游文于六经之中，留意于仁义之际，祖述尧、舜，宪章文、武，宗师仲尼，以重其言，于道最为高”。司徒一职，最早见于《尚书》，《尚书·舜典》记载舜帝告诫契道：“百姓不亲，五品不逊。汝作司徒，敬敷五教，在宽。”舜帝让契做司徒，用五教（即父义、母慈、兄友、弟恭、子孝）教化百姓，可见司徒之官最初是以教化为本职工作的。《周礼·地官司徒》云：“联师儒。”把师与儒并提，可见儒本来也是和教育有关的人。而孔子也是以教育为天职，是我国古代伟大的教育家，培养了大批的优秀人才，《史记》说“孔子以诗书礼乐教，弟子盖三千焉，身通六艺者七十有二人”。因而后人把孔子开创的学派称之为儒家，是有一定根据的。儒家思想，虽可追溯到尧舜、周文王、周武王、周公等，但“儒家之学，实大成于孔子”①。故笔者以为孔子才是儒家真正意义上的开创者，后代儒家均受到孔子不同程度的影响。

班固说道家“盖出于史官，历记成败存亡祸福古今之道，然后知秉要执本，清虚以自守，卑弱以自持，此君人南面之术也”。史官是古代主管文书、典籍之官，起源很早，传说仓颉曾是黄帝的史官。《周礼·春官》也载有大史、小史、内史、外史、御史等官名。道家思想起源很早，传说黄帝就有天人合一的思想。一般来说，公认第一个确立道家学说的是春秋时期的老子，他是道家思想的集大成者，也曾做过周的“守藏室之史”。老子思想的核心是“道”，认为“道”是宇宙万物的本源，也是统治宇宙一切运动的法则，故以老子为代表

---

① 陈柱：《诸子概论》，广西师范大学出版社2010年版，第2页。

人物所开创的学派被人们称为道家。又因为传说黄帝是道家思想的创始者，所以黄帝、老子又被人并称为黄老。

班固称阴阳家“盖出于羲和之官，敬顺昊天，历象日月星辰，敬授民时，此其所长也。及拘者为之，则牵于禁忌，泥于小数，舍人事而任鬼神”。羲和是中国古代传说中掌管天文历法的人，而且是尧、舜最早任命的官职，其重要性不言而喻。《尚书·尧典》记载：“乃命羲和，钦若昊天，历象日月星辰，敬授人时。”这里指尧帝让羲和将历法付予百姓，使知时令变化，不误农时。陈柱认为阴阳有三义：“一曰：日月阴阳，羲和之‘钦若昊天，敬授民时’之义也。二曰：阴阳变化，此兵书之阴阳也。三曰：五行阴阳，此五行之术数之阴阳也。阴阳之名，涵此三义，阴阳家之变，亦生此三派。”① 故该学派被称为阴阳家。

班固以为法家“盖出于理官。信赏必罚，以辅礼制”。理官是古代的司法官，掌管刑狱案件。理官常常以通晓礼制者担任，因而法具有辅助礼的作用。一般以为法家主要以刑罚为主，其实是一个误解。陈柱曾经引用《尹文子》，分析了法字的四种含义：“第一不变之法，是定名分之法；第二……当指考核之法；第三为赏罚之法；第四为标准之法。……此四者皆法家之所谓法也。”② 总之，法家起源应该与礼制有关，先制定出种种法规准则，然后再制定一套赏罚的规定，付诸实施。

班固认为名家“盖出于礼官。古者名位不同，礼亦异数。”礼官是古代掌管礼仪之官。名家起源于礼官，法家的产生也与礼官相关，故名家与法家联系密切。孔子的话可以证明这一点：“必也正名乎！……名不正，则言不顺；言不顺，则事不成；事不成，则礼乐不兴；礼乐不兴，则刑罚不中；刑罚不中，则民无所措手足。”（《论语·子路》）可见，正名是为了正礼法。儒家重礼制，所以孔子、荀子都很看重正名一事。道家主张舍弃礼乐，所以老子、庄子崇尚无

① 陈柱：《诸子概论》，广西师范大学出版社 2010 年版，第 63—64 页。

② 同上书，第 72 页。

名。此外如墨家、法家等，也重视正名。

班固认为墨家“盖出于清庙之守。茅屋采椽，是以贵俭；养三老五更，是以兼爱；选士大射，是以上贤；宗祀严父，是以右鬼；顺四时而行，是以非命；以孝视天下，是以上同”。“清庙之守”的意思是管理庙中事物，演习郊祀或其他祭祀礼仪。春秋初的尹佚，便是“清庙之守”。据说他的传人史角居于鲁国，墨子曾前往学习。《淮南子·要略》记载：“墨子学儒者之业，受孔子之术。”墨家的产生应该和儒家有一定联系，因为墨子才是墨家真正意义上的开创者，也是墨家思想的集大成者。

班固认为纵横家“出于行人之官”，并引孔子《论语·子路》篇话：“诵《诗》三百，使于四方，不能专对；虽多，亦奚以为?”说纵横家应当“权事制宜，受命而不受辞”。行人是古代使者的通称，也是古代官职名，管理朝觐聘问事宜。纵横家以审察时势，游说劝说为主要任务，实际形成于战国时期。当时苏秦主张合纵，联合东方六国以抗秦国；张仪主张连横，破坏六国联盟以奉秦国，所以被称之为纵横家。

班固说杂家“盖出于议官。兼儒、墨，合名、法，知国体之有此，见王治之无不贯，此其所长也。及荡者为之，则漫羡而无所归心”。议官是古代的言官、谏官，是对君主的过失直言规劝并使其改正的官吏。杂家既然能够杂取儒、墨、道、法等各家思想，当然是在各家思想形成之后，故其形成较晚。战国晚期吕不韦主持编纂的《吕氏春秋》以及西汉刘安主持编纂的《淮南子》等著作，是杂家思想的集中体现。春秋战国，百家争鸣，各家都有自己的治国主张。为了攻击其他流派或弥补自己的缺陷，各学派或多或少都有吸收其他流派的地方。当然每一个流派也都有其特色与长处，于是杂家便充分利用这个特点，集合众说，博采众议，兼收并蓄，以贯彻其政治意图和学术主张，所以也可称为一家。

班固认为农家“盖出于农稷之官。播百谷，劝耕桑，以足衣食，故八政一曰食，二曰货”。农稷即农业，农业形成于远古时代。农家学派在社会政治方面主张推行耕战政策，奖励发展，重视对农业生产技术、生产经验的总结与记录。

班固认为小说家“盖出于稗官。街谈巷语，道听涂说者之所造也”。颜师古注：“稗官，小官。如淳曰：‘细米为稗。街谈巷说，其细碎之言也。王者欲知闾巷风俗，故立稗官使称说之。’”① 稗官是古代的小官，小说家最初是杂记民间故事、街谈巷语的学派。就是由各个地方小官收集、采录一些民间的言论，呈报上级，使统治者能够从中了解到地方的民风民俗，为施政作为参考。小说家虽然自成一家，但被视为不入流，刘歆列九流十家，唯小说家不在九流之列；班固也说“诸子十家，其可观者九家而已”，很明显看不起小说家。

上面依据班固提示，逐一分析了先秦诸子产生的渊源。虽然班固所论诸子起源的某些细节问题可能存在错误，但是他从政治制度、官制发展以及社会环境的角度看待问题、展开分析，还是值得肯定的，也为后代大多数人所接受。当然，也有不少学者持有不同意见，如胡适、钱穆②、冯友兰③等。按照班固的看法，可看到诸子起源的一个显著特点，那就是诸子百家清一色的起源于官，即后人总结的“起源王官”说。而这个官，既是西周的官学，也是周初统治者在建构和规范权力模式时而期望的各司其职。在规范之初，这些官的职责各不相同，各有侧重。但从时代背景看，由于周初社会所面对的问题是如何建立以周天子为核心的道德本位的社会模式，故而这些官虽然各司其职，分工负责，但其目的与功能应该都不外乎道德问题。在当时的社会背景下，道德问题说到底是个礼制问题、名分问题，故而诸子学说的出发点和落脚点最终都可归入此处。

---

① 班固撰，颜师古注：《汉书》，中华书局1962年版，第1745页。

② 钱穆：《国学概论》，商务印书馆1997年版，第34页。胡适认为诸子不出于王官，得到钱穆认同。钱穆认为：“故谓王官之学衰而诸子兴可也，谓诸子之学一一出于王官则不可也。开诸子之先河者为孔子。”

③ 冯友兰：《中国哲学简史》，赵复三译，天津社会科学院出版社2005年版，第33—34页。冯友兰认为诸子起源观点如下：“儒家者流，盖出于文士；墨家者流，盖出于游侠之士；道家者流，盖出于隐者；名家者流，盖出于辩者；阴阳家者流，盖出于方士；法家者流，盖出于法术之士。”

六、研究思路和方法

《孟子·离娄下》云："王者之迹熄而《诗》亡，《诗》亡然后《春秋》作。"春秋中期，《诗经》的结集成书，既是原始巫卜文化与西周礼乐文化的总结，也标志着诗性文化与诗人时代的结束。顾炎武《日知录·周末风俗》说"春秋时犹宴会赋诗，而七国则决不闻矣"①，正是看到了春秋时期诸侯王公盛行的赋诗言志，到战国则已不见于政治、外交舞台了。在春秋末、战国初，"《诗》和诗人的时代结束了，散文的时代到来了。原始的诗性文化虽然在诸子和历史散文中还有某些遗留出现，但最终还是逐渐让位于以史官和诸子为代表的理性文化，这种理性文化的崛起表现在文学上即历史散文和诸子散文的勃兴"②。由此可知，先秦诸子的出现，则不仅具有文化史的重大价值，也是文学发展史的一大转折。在思想文化史上，先秦诸子的出现标志着诗性文化时代的结束，理性时代的到来；在文学发展史上，先秦诸子的出现则伴随着诗歌的趋于沉寂，散文的发展繁荣，并由此促成了我国古典散文发展史的第一个高峰期。

正因为先秦诸子具有思想文化史与文学史的双重价值，诸子之书既是哲学思想的巨著，又大多是文学名著，所以笔者讨论先秦诸子，也主要从学术思想与文学成就两个方面展开。一方面以诸子流派为纲，以诸子个体为研究对象，结合其生平经历，阐述并分析其主要的学术思想特点。而在分析学术思想时，大致遵循这样的思路：还原、阐释、评价。还原就是结合诸子著作，尽量使用诸子原话，提炼出研究对象的思想特点。阐释就是用现代话语，说明研究对象的思想特点是什么。评价就是结合古今思想文化现象，评析研究对象学术思想上的价值地位，总结其对当前精神文明建设的借鉴意义。另一方面以诸子著作文本为研究对象，总结其文学成就，探讨其在古代散文史上的

---

① 顾炎武著，黄汝成集释：《日知录集释》，见《四部备要》第六十四册，中华书局1989年版，第245页。

② 张群：《诸子时代与诸子文学》，齐鲁书社2008年版，第5页。

地位、影响。在讨论文学成就时，依照散文发展的一般规律以及特点，把诸子散文大致划分为三个发展阶段，即语录体、论辩体以及专题论文。既按照不同文体分别探析诸子具体著作的文学成就，也从总体上揭示诸子文学的共性特征。

综上，笔者大致确定了这样的基本研究思路和方法：重视文本文献资料，既从基本典籍出发，也结合现代学者的研究论著，综合运用分析对比、归纳总结、跨学科研究等方法展开工作。如此，则既能立足于文学本位，也强调哲学思想、文化学等多维视角，希冀对研究对象进行较为深入、透彻的了解，并把自己的心得体会如实呈报给诸位读者。

上篇

先秦诸子思想精华

第一章

先秦儒家思想

先秦时期，儒家思想仅是诸子百家中的一家；到了西汉，儒家才脱颖而出，成为国家的统治思想而备受重视，从此成为我国两千年封建社会的主流思想。战国时期，儒家虽和墨家并称“显学”，却也并无多少特殊之处，甚至其几位主要的代表人物，在其现实人生中都很不得志。这里，笔者以晏子、孔子、孟子、荀子为例，结合其人生经历，来探讨先秦儒家的学术思想。当然，先秦儒家人物众多，思想也较为复杂，不是这几人就能完全概括得了的。但由这几人出发，能够基本把握先秦儒家思想的精要。①

第一节　早期儒家思想的代表人物——晏子

一、晏子小传

晏婴（前578？—前500）字仲，谥平，习惯上多称平仲，又称晏子，夷维（今山东高密）人。晏子是春秋晚期齐国一位重要的政治家、思想家和外交家，历任齐灵公、齐庄公、齐景公三朝的卿相，辅政长达50余年。据说他虽身材不高，其貌不扬，但才识、品德均出类拔萃，以生活节俭、谦恭下士、机智聪辩著称。《晏子春秋》记载，晏子曾因齐庄公“任勇力之士”，且不听劝谏隐退一年多（一说他“耕于海滨，居数年”），庄公被崔杼所杀；也因齐景公不听劝告，

① 关于诸子百家思想，笔者首先从儒家说起的原因，可借用李约瑟的话来说明：“吾人首从儒家说起，因其制驭后来中国一切思想，特表示其尊荣地位。”见李约瑟《中国古代科学思想史》，陈立夫等译，江西人民出版社1999年版，第2页。

“辞而不为臣，退而穷处，东耕海滨，堂下生藜藿，门外生荆棘”，隐退了七年之久。齐景公治国，“权轻诸侯，身弱高、国”，不得不召回晏子。“晏子立，诸侯忌其威，高、国服其政，燕、鲁贡职，小国时朝。晏子没而后衰。”可见晏子对齐国的重大影响。司马迁《史记·管晏列传》是这样记载晏子的：

晏平仲婴者，莱之夷维人也。事齐灵公、庄公、景公，以节俭力行重于齐。既相齐，食不重肉，妾不衣帛。其在朝，君语及之，即危言；语不及之，即危行。国有道，即顺命；无道，即衡命。以此三世显名于诸侯。

越石父贤，在缧绁中。晏子出，遭之涂，解左骖赎之，载归。弗谢，入闺。久之，越石父请绝。晏子懼然，摄衣冠谢曰：“婴虽不仁，免子于戹，何子求绝之速也?”石父曰：“不然。吾闻君子诎于不知己而信于知己者。方吾在缧绁中，彼不知我也。夫子既已感寤而赎我，是知己；知己而无礼，固不如在缧绁之中。”晏子于是延入为上客。

晏子为齐相，出，其御之妻从门间而窥其夫。其夫为相御，拥大盖，策驷马，意气扬扬，甚自得也。既而归，其妻请去。夫问其故。妻曰：“晏子长不满六尺，身相齐国，名显诸侯。今者妾观其出，志念深矣，常有以自下者。今子长八尺，乃为人仆御，然子之意自以为足，妾是以求去也。”其后夫自抑损。晏子怪而问之，御以实对。晏子荐以为大夫。

二、晏子的思想

作为儒家早期的代表人物，晏子的思想较为复杂，主要体现在《晏子春秋》一书中。[①]《晏子春秋》是一部记叙晏子的思想、言行、

① 关于晏子思想所属学派问题，历史上有儒家说、墨家说、亦儒亦墨说、非儒非墨说等。从东汉史学家班固《汉书》把他归入儒家后，儒家说一直占据主导地位，如陈柱《诸子概论》等就是如此。笔者不纠缠这个问题，把晏子列入儒家。

事迹的书，相传为晏子撰，现在一般认为是后人集其言行逸事而成，书名始见于《史记·管晏列传》。班固《汉书·艺文志》称《晏子》，列在儒家类。现存全书共八卷二百一十五章，分内篇、外篇，内篇分谏上、谏下、问上、问下、杂上、杂下六篇，外篇分为上、下二篇。《晏子春秋》主要记述了晏子的言行思想，语言简练，情节生动，刻画出了晏子崇高鲜明的形象，成为后世人们心目中智慧的化身，具有较高的艺术性。晏子思想可从以下几个方面来分析：

（一）在自然观上，晏子具有朴素的唯物论和辩证法的思想

晏子不信鬼神之说，否定上帝，也认为山河皆无鬼神，不用祭祀。鬼神思想由来已久，其产生应该和远古时期生产力非常落后以及科学不发达相关。当时人类改造自然和征服自然的能力还很小，又不能客观解释一些自然、社会现象，神的威力和祖先的鬼魂让他们感到畏惧，故此原始先民极其重视祭祀，以求得神灵与祖先的保佑，因此，迷信鬼神，巫风盛行。世界上各个民族文化的发展大致都是经历了原始的巫卜文化向理性文化发展的过程，我国的春秋时代恰恰处在过渡期。巫卜文化中的鬼神思想后来被统治阶级加以利用，成为统治者对人民思想道德加以制约的一种手段。作为一个清醒的政治家，晏子不信鬼神。《内篇谏上》记载，齐景公生了重病，“疥且疟，期年不已”，想要杀掉为他祭祀山川之神和祖宗神灵的两个官吏。晏子进言劝阻：

> 若以为（祝）有益，则诅亦有损也。君疏辅而远拂，忠臣拥塞，谏言不出。臣闻之，近臣默，远臣喑，众口铄金。今自聊、摄以东，姑、尤以西者，此其人民众矣。百姓之咎怨诽谤，诅君于上帝者多矣。一国诅，两人祝，虽善祝者不能胜也。且夫祝直言情，则谤吾君也；隐匿过，则欺上帝也。上帝神，则不可欺；上帝不神，祝亦无益。愿君察之也。不然，刑无罪，夏、商所以灭也。

晏子认为如果祈祷能够给人带来好处，那么诅咒也会带来害处。

君主疏远贤臣，不行仁政，导致民怨沸腾，诅咒的人多，只有两人祈祷，抵不过众多人的诅咒。关键还是重视人事，亲近贤臣，疏远谗人。晏子虽然也分说“上帝神”和“上帝不神”，而其实是说上帝不神，没有灵验，更是否定上帝，不用理睬上帝，认可人事的重要性。可以说，晏子的态度代表了儒家学派在鬼神观上的基本倾向，即李约瑟所说的“重理性反迷信”①，“在发展方面说，儒家根本重理性，反对一切的迷信，甚至反对宗教中的超自然部分”②。《内篇问上》还记载晏子明确劝阻齐景公令祝史求福：

> 婴闻之，古者先君之干福也，政必合乎民，行必顺乎神；节宫室，不敢大斩伐以无逼山林；节饮食，无多畋渔以无逼川泽；祝宗用事，辞罪而不敢有所求也。是以神民具顺，而山川纳禄。今君政反乎民，而行悖乎神；大宫室，多斩伐以逼山林；羡饮食，多畋渔以逼川泽。是以神民俱怨，而山川收禄。司过荐罪，而祝宗祈福，意者逆乎？

在这里，晏子首先介绍了古代君主的正确做法，政令合乎民心，宫室、饮食均有节制，行为顺应神意，祭祀只能悔过而不敢求福。而现在君主做法恰恰相反，导致神民俱怨，求福是不可能的。于是齐景公采取了一系列改正措施，并收到实效，“废公阜之游，止海食之献。斩伐者以时，畋渔者有数。居处饮食，节之勿羡。祝宗用事，辞罪而不敢有所求也”。晏子否定了向上帝求福的做法，其实也是否定了上帝的存在。《内篇谏上》提到“齐大旱逾时”，齐景公听信卜者之言，打算去祭祀灵山、河伯，晏子认为祭祀无益，制止了将要进行的祭祀活动：

---

① 李约瑟：《中国古代科学思想史》，陈立夫等译，江西人民出版社1999年版，第15页。

② 同上书，第14页。

> 晏子进曰："不可。祠此无益也。夫灵山固以石为身，以草木为发，天久不雨，发将焦，身将热，彼独不欲雨乎？祠之何益？"公曰："不然，吾欲祠河伯，可乎？"晏子曰："不可。河伯以水为国，以鱼鳖为民，天久不雨，水泉将下，百川将竭，国将亡，民将灭矣，彼独不欲雨乎？祠之何益？"

晏子朴素的辩证法思想，可以从以下两个方面来说明。对于盛衰生死，晏子的认识相当深刻。他说："夫盛之有衰，生之有死，天之分也。物有必至，事有常然，古之道也，曷为可悲？"（《外篇上》）晏子认为，有盛有衰，有生有死，这是自然界的规律，不以个人的意志为转移。而且衰老、死亡，并不可悲，也无须难过，否则就会为他所笑。而彗星等异常天象以及干旱、疾病等灾祸，都无须害怕，也不用祭祀、祷告，因为那样做都是无益的。重要的是实行仁政，节制欲望，宽政爱民。对于君臣关系，晏子的见解在今天看来也颇有启发意义。《内篇谏上》两次记载晏子的话："所谓和者，君甘则臣酸，君淡则臣咸。今据也，君甘亦甘，所谓同也，安得为和？"认为不问是非，一味顺从君主的叫作"同"，并不是"和"；敢于向君主提出自己的建议，补充君主不足的才是真正的"和"，才是值得提倡的行为。《外篇上》的话可看作"和"的注脚："君所谓可，而有否焉，臣献其否，以成其可；君所谓否，而有可焉，臣献其可，以去其否。"这里，晏子"能够看到问题关系的两个方面，认识到事物对立统一、相辅相成和相反相成的关系，无疑具有辩证法的因素"①。这种富有辩证法思想的论述，即使放在中国哲学史上也是一大亮点，是非常难能可贵的。

（二）晏子爱民，重视民众，具有浓厚的民本思想

民本思想的产生，归根结底是人民群众力量不断显现的结果，它迫使统治者在考虑施政方略时不得不考虑民心民势，这在一定程度上反映了人民的利益和要求，具有一定的进步性。早在春秋前期，有识

---

① 陈涛译注：《晏子春秋》，中华书局2007年版，《前言》第7页。

之士就明确说出了民是“神之主也”（《左传》桓公六年、僖公十九年）的话语，且有史官作出“国将兴，听于民；将亡，听于神”、“神……依人而行”（《左传》）的论断。前面论及晏子朴素的唯物论和辩证法思想时，所列举的一些例子，也都具有一定的重视民众的思想。陈柱认为：“晏子之言，几可谓无一不本于爱民。”① 褚斌杰、谭家健也说：“全书有三分之二以上的篇幅，谈及‘民’或有关‘民’的问题，把端正统治者对人民的态度以及采取优待人民的措施作为开明方针揭示出来，放在最显要的地位。”② 的确，翻阅《晏子春秋》一书，晏子的民本思想随处可见。《内篇问下》明确提出“以民为本”，强调了人民的重要性：“婴闻之，卑而不失尊，曲而不失正者，以民为本也。苟持民矣，安有遗道；苟遗民矣，安有正行焉？”《内篇问上》也指出民为事之本，表达了重视民众的观点：“故臣闻，义，谋之法也；民，事之本也。故反义而谋，倍民而动，未闻存者也。”晏子还提出了“民诛”的观点，即君主如果残暴无道，荼毒、残害民众，人民便可以起而诛杀之：“彼疏者有罪，戚者治之；贱者有罪，贵者治之；君得罪于民，谁将治之？敢问桀纣，君诛乎？民诛乎？”（《内篇谏上》）陈涛认为：“‘民诛’观点的提出，不但对国君，即便对整个统治阶级，都是严正的警告。这比荀子‘载舟覆舟’比喻的提出，时间上要早得多。”③

《内篇问上》载，当齐景公询问如何治理国家，晏子对以“其政任贤，其行爱民”、“从邪害民者有罪，进善举过者有赏”、“不从欲以劳民，不修怒而危国”。当齐景公问古代圣明君主的作为时，晏子答道：

> 薄于身而厚于民，约于身而广于世。其处上也，足以明政行教，不以威天下。其取财也，权有无，均贫富，不以养嗜欲。诛

---

① 陈柱：《诸子概论》，广西师范大学出版社 2010 年版，第 14 页。

② 褚斌杰、谭家健主编：《先秦文学史》，人民文学出版社 1998 年版，第 335 页。

③ 陈涛译注：《晏子春秋》，中华书局 2007 年版，第 25 页。

不避贵，赏不遗贱，不淫于乐，不遁于哀，尽智导民而不伐焉，劳力事民而不责焉。政尚相利，故下不以相害为行；教尚相爱，故民不以相恶为名。刑罚中于法，废置顺于民，是以贤者处上而不华，不肖者处下而不怨。四海之内，社稷之中，粒食之民，一意同欲，若夫私家之政。生有厚利，死有遗教，此盛君之行也。

臣闻问道者更正，闻道者更容。今君税敛重，故民心离；市买悖，故商旅绝；玩好充，故家货殚。积邪在于上，蓄怨藏于民，嗜欲备于侧，毁非满于国，而公不图。

晏子认为古代开明君主对自己供养微薄，而对人民供养丰厚；政治开明，推行教化；收取钱财要权衡有无，使贫富均衡；诛罚不能躲避权贵，赏赐不能遗漏下民；既不能过分享乐，也不能过分悲哀；崇尚互利互爱，反对相害相恶等。齐景公不思考晏子正确的治国意见，晏子就马上指出景公的错误，希望他能够端正态度，重视民众。结合历史的经验教训，晏子深刻认识到统治者“意莫高于爱民，行莫厚于乐民”、“意莫下于刻民，行莫贱于害身也”（《内篇问下》）。他对齐景公“与民为仇”、“不顾民而忘国”的行为多次提出了严厉的批评，警告他说：“君不革，将危社稷，而为诸侯笑。”（《内篇谏下》）《内篇谏上》记载，有一次齐景公身穿狐裘而诧异下雪三日而天不寒冷，晏子批评齐景公不知百姓饥寒困苦，亦可看到晏子的民本思想。和其民本思想相联系，晏子提出“安民”“富民”“惠民”“乐民”“顺民”“利民”等口号，主张统治者应薄赋敛、省徭役，以减轻人民负担；还要减轻刑罚，反对滥杀无辜等。

（三）晏子还崇尚礼制，主张以礼治国、以礼治民

礼是儒家思想体系中一个非常重要的概念，最早应该起源于远古时代氏族内部的各种礼仪，后来成为儒家构建社会秩序的制度安排以及规范人们行为方式的道德规范。当然，作为社会行为准则和道德规范的礼，在不同时代有不同的具体内容。晏子所主张的礼，具体内容应该是他在《外篇上》的论述：“君令臣忠，父慈子孝，兄爱弟敬，夫和妻柔，姑慈妇听，礼之经也。君令而不违，臣忠而不二，父慈而

教，子孝而箴，兄爱而友，弟敬而顺，夫和而义，妻柔而贞，姑慈而从，妇听而婉，礼之质也。”这里，晏子对君臣、父子、兄弟、夫妻、姑妇之间的关系都有规定，不能随意而行，否则即为越礼。晏子还把礼提高到能与天、地并立而三的高度，“礼之可以为国也久矣，与天、地并立”，可见他对礼的重视。晏子所以如此，这是因为在他生活的时代，齐国屡次发生子弑父、臣弑君、兄弟相残等有碍社会稳定的不良现象；同时，齐国权臣也各自暗中培养、发展自己的势力，尤其是田氏采取大斗借出、小斗收进粮食的惠民政策以笼络民心，都对姜齐公室构成了严重的威胁。面对这些社会危机，晏子认为解决的办法就是恢复传统的礼制。因此，《内篇谏上》记载，当齐景公饮酒正酣，打算暂时不按照礼行事时，晏子改变了面容，极力进行劝阻：

> 君之言过矣，群臣固欲君之无礼也。力多足以胜其长，勇多足以弑其君，而礼不使也。禽兽以力为政，强者犯弱，故日易主。今君去礼，则是禽兽也。群臣以力为政，强者犯弱，而日易主，君将安立矣？凡人之所以贵于禽兽者，以有礼也。故《诗》曰：“人而无礼，胡不遄死。”① 礼不可无也。

晏子认为，国君需要依靠礼制统治国家，不能无礼，否则就会导致臣子依仗勇力而弑君乱政。并引用《诗经·鄘风·相鼠》中诗句，来说明礼仪的重要性。《外篇上》还记载另一次齐景公连续几天饮酒作乐，并请晏子共乐，表示要暂时去礼的时候，晏子以为不可：

> 君之言过矣，群臣皆欲去礼以事君，婴恐君之不欲也。今齐国五尺之童子，力皆过婴，又能胜君，然而不敢乱者，畏礼义也。上若无礼，无以使其下；下若无礼，无以事其上。夫麋鹿维无礼，故父子同麀。人之所以贵于禽兽者，以有礼也。婴闻之，

---

① 《诗经·鄘风·相鼠》诗云：“相鼠有皮，人而无仪！人而无仪，不死何为？相鼠有齿，人而无止！人而无止，不死何俟？相鼠有体，人而无礼！人而无礼，胡不遄死？”

人君无礼，无以临邦；大夫无礼，官吏不恭；父子无礼，其家必凶；兄弟无礼，不能久同。《诗》曰：“人而无礼，胡不遄死。”故礼不可去也。

当齐景公因为夜听新乐而不理朝政时，晏子从礼的角度提出反对：“夫乐亡而礼从之，礼亡而政从之，政亡而国从之国衰。”（《内篇谏上》）当齐景公得到有勇力之人，并与之商议国事时，晏子也从礼出发予以谏阻：“君子无礼，是庶人也。庶人无礼，是禽兽也。夫臣勇多则弑其君，子力多则弑其长，然而不敢者，维礼之谓也。礼者，所以御民也。辔者，所以御马也。无礼而能治国家者，婴未之闻也。”（《内篇谏下》）晏子还说：“夫礼者，民之纪，纪乱则民失，乱纪失民，危道也。”（《内篇谏下》）由此可知，晏子崇尚礼制，主张以礼治国、以礼治民。当然，晏子主张之礼和孔子主张的繁文缛节之礼还是有很大区别的，晏子更为看重礼的实际功用以及对现实统治秩序的促进作用。

（四）晏子还有尚贤、非战、尚俭等思想

或许正因为晏子有这样的思想，所以有人把晏子和墨家思想联系起来，并把其归入到墨家学派中去。其实考察晏子的核心思想，还是以儒家思想为主。陈柱的分析非常精当：“不知在孔子以前，儒家非孔子所专有，犹道家非老庄所专有也。儒家非孔子所专有，则孔、晏二子同为儒家，而晏子非孔，正犹荀、孟二子同尊孔子而荀子非孟子耳，曷足怪耶?”① 晏子的尚贤、非战、尚俭等思想都是从其民本思想出发来立论的。

正因为晏子重视民众，具有浓厚的民本思想，更充分认识到人才的重要性，所以他主张用人唯贤，并认为不用贤士，就会导致国家灭亡：“有贤不用，安得不亡?”（《内篇谏上》）《内篇问上》记载，齐景公询问贤君如何治国，晏子答道：“其政任贤，其行爱民，其取下节，其自养俭。”同篇齐景公询问善于治理国家的君主如何作为，晏

① 陈柱：《诸子概论》，广西师范大学出版社2010年版，第14页。

子答道："举贤以临国，官能以敕民，则其道也。举贤官能，则民兴善矣。"晏子还对齐景公说，齐桓公所以能够称霸天下，是他"能任用贤"，而景公不能，是因为"疏远贤人，而任谗谀"造成的结果。针对齐景公出猎看到虎、蛇以为不祥，晏子予以否定，提出了国有"三不祥"的理论："国有三不祥，是不与焉。夫有贤而不知，一不祥；知而不用，二不祥；用而不任，三不祥也。所谓不祥乃若此者。"（《内篇谏下》）晏子的"三不祥"都是关于贤人的，认为国君不但要能够认识到贤人，还要重用他们，信任他们，这样国家才能吉祥。《外篇上》说"晏子相景公，其论人也，见贤而进之，不同君所欲；见不善则废之，不辟君所爱。行己而无私，直言而无讳"，因而遭到小人嫉恨，在齐景公面前诽谤他，致使晏子隐退七年之久，也给齐国带来重大损失。齐景公惶恐，召回晏子，"晏子立，诸侯忌其威，高、国服其政，燕、鲁贡职，小国时朝，晏子没而后衰"。贤士晏子的进退与齐国的兴衰，正好诠释了重用贤士的重要性。

晏子还反对战争，这也是其爱民思想的一个重要表现，因为战争给社会带来的破坏是巨大的，给人民造成的伤痛也是深重的。《内篇问上》记载，齐庄公询问要"威当世而服天下"，是不是应该抓住时机运用武力？晏子从民本思想出发予以否定，并认为只有爱民、看重人民的力量并重用贤士，才能做到这一点。但是庄公不但不听晏子的话，还背道而驰，"任勇力之士，而轻臣仆之死。用兵无休，国罢民害。期年，百姓大乱，而身及崔氏祸"。听不进正确意见的齐庄公，不仅导致国家大乱，连自己也被崔杼杀掉了。继任的齐景公"举兵欲伐鲁，以问晏子"，晏子认为不可，并解释说："鲁公好义而民戴之。好义者安，见戴者和，伯禽之治存焉，故不可攻。攻义者不祥，危安者必困。且婴闻之，伐人者德足以安其国，政足以和其民，国安民和，然后可以举兵而征暴。今君好酒而辟，德无以安国。厚藉敛而急使令，政无以和民。德无以安之则危，政无以和之则乱，未免乎危乱之理，而欲伐安和之国，不可。"齐景公听了晏子的话，取消了一场不义的战争。与反战相联系，晏子也反对依仗和夸耀勇力。《内篇谏上》，晏子对齐庄公矜夸勇力、不顾行义的做法提出了批评："轻死以行礼谓之勇，诛暴不避强谓之力。故勇力之立也，以行其礼义也。汤武用兵而不为逆，并国而不为贪，仁义之礼也。诛暴不避强，替罪不避众，勇力之行也。古之为勇力者，行礼义也。今上无仁义之理，下无替罪诛暴之行，而徒以勇力立于世，则诸侯行之以国危，匹夫行之以家残。昔夏之衰也，有推侈、大戏；殷之衰也，有费仲、恶来。足走千里，手裂兕虎，任之以力，凌轹天下，威戮无罪，崇尚勇力，不顾义理，是以桀纣以灭，殷夏以衰。今公自奋乎勇力，不顾乎行义，勇力之士，无忌于国，身立威强，行本淫暴，贵戚不荐善，逼迩不引过，反圣王之德，而循灭君之行，用此存者，婴未闻有也。”在《内篇谏上》，晏子也努力劝阻齐景公意图得到勇力之士治理国家。

晏子还尚俭，其生活非常简朴。司马迁明确记载说，晏子“相齐，食不重肉，妾不衣帛”。其实在晏子的时代，贵族官僚大多凭借其世卿世禄的特权，生活极端腐朽堕落，奢侈之风盛行。相比之下，晏子虽然身为齐国辅相，却多次拒绝国君封赏，大力倡导俭朴节约，并且身体力行，以清廉节俭为齐人所称道。上文曾提及，《内篇问上》记载，齐景公询问贤君如何治国，晏子对以：“其政任贤，其行爱民，其取下节，其自养俭。”这里不但有爱民、任贤的思想，也明确提出了“其取下节，其自养俭”，意思是向下面敛取财物要有节制，供养自己要很简朴。晏子是这样说的，也是这样做的。《内篇杂下》曾经记载晏子多次拒绝国君赏赐，如晏子勿受“邶殿其鄙六十”，推辞“平阴与槀邑，反市者十一社”，不接受“都昌”、不受“千金”等。齐景公因为“晏子相齐，衣十升之布，食脱粟之食、五卵、苔菜而已”，身为齐国之相，竟然只穿着一般布料制作的衣服，吃普通的饭食、鸡蛋与常见的蔬菜，使齐景公感觉到很不好意思，再次提出给晏子“台与无盐”食邑，最后当然又被晏子拒绝。针对晏子推辞齐景公赏赐的采邑，田桓子表示质疑，晏子答道：“节受于上者，宠长于君；俭居于处者，名广于外。夫长宠广名，君子之事也，婴独庸能已乎？”齐景公曾提出为晏子更换住宅，晏子推辞；为晏子“筑室于宫”，亦被拒绝。于是景公在晏子出使晋国时为他扩建了住宅，等到晏子回来，新宅已经建成。晏子拜谢国君好意后，拆毁了新居，按照原来的样子为被拆毁了住房的邻居盖好房子，让他们回来居住。晏子年老，向景公退还自己的食邑，景公不许。几天后，晏子朝见，“得间而入邑，致车一乘而后止”，即得到机会就交出了食邑，又交出了自己的一辆车子才算完。如此节俭的相，不但齐国，恐怕古今中外都很罕见，难怪司马迁对晏子那么崇拜，表示：“假令晏子而在，余虽为之执鞭，所忻慕焉。”（《史记·管晏列传》）

第二节　儒家思想的真正开创者——孔子

一、孔子小传

孔子（前551—前479）名丘，字仲尼。鲁国陬邑（今山东曲阜）人，春秋末期伟大的思想家和教育家，儒家学派的真正开创者，《史记》有传。孔子先祖是宋国贵族，因内乱迁到鲁国。他早年丧父，家境贫寒；但勤奋好学，三十多岁就开始收徒讲学。他一生弟子众多，“以诗、书、礼、乐教，弟子盖三千焉，身通六艺者七十有二人”（《史记·孔子世家》）。孔子曾到齐国，齐景公向他问政。后返回鲁国，先后担任过中都宰、司空、司寇等职。从五十五岁开始，经十四年，孔子带领弟子先后周游卫、陈、曹、宋、郑、蔡、楚等国，努力推行自己的政治主张，终于失望地返回鲁国，专心从事教育和整理文化典籍，一直到七十三岁去世。

孔子生前虽穷苦潦倒，但死后却被后人一再推崇，被统治者一再加封，其影响越来越大。孟子已经认为孔子是圣人了：“孔子，圣之时者也。孔子之谓集大成，集大成也者，金声而玉振之也。”（《孟子·万章下》）司马迁明确说孔子是“至圣”，“自天子王侯，中国言六艺者折中于夫子，可谓至圣矣”（《史记·孔子世家》）。王充为孔子封了王：“孔子不王，素王之业在于《春秋》。”（《论衡·定贤》）唐开元二十七年追谥孔子为文宣王；宋大中祥符元年谥为玄圣文宣王，五年改为至圣文宣王；元大德十一年加封孔子为大成至圣文宣王；明嘉靖九年称至圣先师；清顺治二年加称大成至圣文宣先师。

二、孔子的思想

孔子和晏子同时而稍晚，虽然政治上不如晏子得志，但是对后代的影响要远远大于晏子。钱穆《国学概论》称："中国学术具最大权威者凡二：一曰孔子，一曰六经。孔子者，中国学术史上人格最高之标准，而六经则中国学术史上著述最高之标准也。"① 认为孔子是我国最大的学术权威。孔子的言行、思想，以《论语》的记载最为可信。下面，笔者主要以《论语》的记载为考察对象，来探讨孔子的思想。

（一）自然观

在自然观上，孔子也和晏子一样，不信鬼神，没有迷信思想，体现出了理性精神的光芒。在此点上，庄子是他的知音："六合之外，圣人存而不论；六合之内，圣人论而不议。"（《庄子·内篇·齐物论》）对于"鬼神"等六合（天地四方）之外的东西，孔子持保留态度，不评议其有无，实际上当然是否定它们的重要性，也就是不大相信它们的存在。《述而》篇记载："子不语怪、力、乱、神。"就是说孔子不谈怪异、勇力、叛乱和鬼神之事。《先进》篇记载，当子路询问如何侍奉鬼神时，孔子说："未能事人，焉能事鬼？"意思说还没能把人侍奉好，怎能谈侍奉鬼神呢？子路接着问死亡是怎么回事，孔子回答说："未知生，焉知死？"意思是说，还不知道人生的道理，怎能知道死亡的事情呢？《八佾》篇记载，孔子云："祭如在，祭神如神在。"意思是说，孔子祭祀祖先的时候，便好像祖先真在那里；祭祀鬼神的时候，便好像鬼神真在那里。这个"如"字很有意思，说"如在"、"如神在"，实际上应该说是并不存在。在《雍也》中，孔子对樊迟说："务民之义，敬鬼神而远之，可谓知矣。"孔子认为，把心力专一放在使人民知义行义上，严肃对待鬼神，并不打算接近它，才能算作是聪明。由此可见，对于死亡和鬼神等虚无缥缈之事，孔子采取了回避态度；而对于现实社会、人生之事，孔子非常看重，

---

① 钱穆：《国学概论》，商务印书馆1997年版，第2页。

一再强调。

正是因为不信鬼神，所以孔子生病后才婉言拒绝子路为他祈祷，可见孔子更加理性，没有礼神得福、祈神增寿的世俗偏见。《述而》篇记载：

> 子疾病，子路请祷。子曰："有诸?"子路对曰："有之。诔曰：'祷尔于上下神祇。'"子曰："丘之祷久矣。"

对于生病后拒绝祭神的楚昭王，孔子也非常赞赏。《左传·哀公六年》记载：

> 初，昭王有疾。卜曰："河为祟。"王弗祭。大夫请祭诸郊，王曰："三代命祀，祭不越望。江、汉、睢、漳，楚之望也。祸福之至，不是过也。不谷虽不德，河非所获罪也。"遂弗祭。孔子曰："楚昭王知大道矣！其不失国也，宜哉！"

但是，孔子实际上并不反对祭祀，在《论语》中也多次提到"天"、"命"、"天命"等词语，相反还很看重祭神，讲究孝道。如《礼记·中庸》记载孔子话说："鬼神之为德，其盛矣乎！视之而弗见，听之而弗闻，体物而不可遗，使天下之人齐明盛服，以承祭祀。洋洋乎如在其上，如在其左右。"其实这并不矛盾，孔子不信鬼神，认为祭神本身无用，所以不要子路为自己祷告，还赞赏拒绝祭神的楚昭王；但是孔子又重视礼仪，为了利用古礼为现实服务，维护现实的统治秩序，孔子也不反对祭祀，甚至强调祭神礼节。孔子在解释"孝"时曾说："生，事之以礼；死，葬之以礼，祭之以礼。"（《为政》）《乡党》篇集中反映了孔子生活的礼节，如子曰："食不语，寝不言。虽疏食菜羹，瓜祭，必齐如也。""朋友之馈，虽车马，非祭肉，不拜。""乡人饮酒，杖者出，斯出矣。乡人傩，朝服而立于阼阶。"还有孔子"所重：民、食、丧、祭"（《尧曰》）。很明显，孔子只是看重祭祀的社会作用，并不相信祭祀本身有什么实际效果。

"他这派学者一直重视对于参加尽礼者所产生之影响，而不重视对于敬祖先或地方神祇所产生若何神奇效果。"[①] 陶渊明《怨诗楚调示庞主簿邓治中》诗说："天道幽且远，鬼神茫昧然。"《饮酒》其二又说："积善云有报，夷叔在西山。善恶苟不应，何事空立言！"凡是具备一定知识文化的人，尤其那些理性的思想家，都能清楚地知道鬼神之事均属虚无缥缈，不可相信；但是对别有用心的统治者来说，却可以借助鬼神之说增加自己的神秘性，从而能够加强统治，稳固现有秩序。孔子及其儒家思想，正是被后代的历代统治者利用了。

（二）仁的学说

"仁"是《论语》一书中出现频率非常高的一个词语，也是孔子思想的核心内容，具有一定的进步意义。"仁"字由"人"、"二"两部分组成，"是二人合而为一，乃亲如一体也。二人相容相合，故有视人如己之意。'仁'字本意作'亲'解"[②]。表明该字是揭示人与人之间关系的一种道德范畴，本就具有亲近人、爱护人之意。作为孔子道德标准的"仁"字，《论语》出现105次。[③] 而关于什么是"仁"，孔子在《论语》中有诸多解释：

> 颜渊问仁。子曰："克己复礼为仁。一日克己复礼，天下归仁焉。为仁由己，而由人乎哉？"颜渊曰："请问其目？"子曰："非礼勿视，非礼勿听，非礼勿言，非礼勿动。"（《颜渊》）
>
> 仲弓问仁。子曰："出门如见大宾，使民如承大祭。己所不欲，勿施于人。在邦无怨，在家无怨。"（《颜渊》）
>
> 樊迟问仁。子曰："爱人。"（《颜渊》）
>
> （樊迟）问仁。曰："仁者先难而后获，可谓仁矣。"（《雍也》）

① 李约瑟：《中国古代科学思想史》，陈立夫等译，江西人民出版社1999年版，第15页。

② 陈杰思、毛勇：《仁·引言》，中华书局2012年版，第1页。

③ 杨伯峻：《论语译注》，中华书局1980年版，第221页。

子贡曰："如有博施于民而能济众，何如？可谓仁乎？"子曰："何事于仁，必也圣乎！尧、舜其犹病诸！夫仁者，己欲立而立人；己欲达而达人。能近取譬，可谓仁之方也已。"（《雍也》）

子张问仁于孔子。孔子曰："能行五者于天下为仁矣。"请问之。曰："恭、宽、信、敏、惠。恭则不侮，宽则得众，信则人任焉，敏则有功，惠则足以使人。"（《阳货》）

有子曰："其为人也孝弟，而好犯上者，鲜矣；不好犯上，而好作乱者，未之有也。君子务本，本立而道生。孝弟也者，其为仁之本与！"（《学而》）

颜渊问仁，孔子回答"克己复礼为仁"，意即克制自己，使言行都合乎礼就是仁了。当颜渊继续问行动的纲领时，孔子对以"非礼勿视，非礼勿听，非礼勿言，非礼勿动"，仍然是以合乎礼来解释仁。仲弓问仁，孔子却说："出门（工作）好像去接待贵宾，役使百姓好像去承当大祭典（都得严肃认真，小心谨慎），自己所不喜欢的事物，就不强加于别人。在工作岗位上不对工作有怨恨，就是不在工作岗位上也没有怨恨。"① 而樊迟问仁，孔子却以"爱人"来回答；当樊迟再次问仁时，孔子对以"仁者先难而后获"，意思是有仁德的人，首先付出艰苦的努力，然后才能有所收获。面对子贡的询问，孔子又说："夫仁者，己欲立而立人；己欲达而达人。能近取譬，可谓仁之方也已。"意思是仁德的人，自己想要立身，就要帮助别人立身；自己想要通达，也要帮助别人通达。凡事都能从切近的生活中推己及人，就是实行仁的方法。子张问仁，孔子说能够在天下推行恭、宽、信、敏、惠的就是仁人了。在《述而》篇，有子还把"孝、弟（悌）"作为仁的根本。在《子路》篇，孔子又说："刚、毅、木、讷近仁。"从反面而言，《述而》、《阳货》都记载了孔子的话："巧言令色，鲜矣仁！"《阳货》还记录了孔子责备宰我为"不仁"，因为他

① 杨伯峻：《论语译注》，中华书局1980年版，第124页。

说："三年之丧，期已久矣。君子三年不为礼，礼必坏；三年不为乐，乐必崩。旧谷既没，新谷既升，钻燧改火，期可已矣。"并且在父母去世三年内安于"食夫稻，衣夫锦"，于是孔子批判道："予之不仁也！子生三年，然后免于父母之怀。夫三年之丧，天下之通丧也。予也有三年之爱于其父母乎？"

同一个问题，孔子给出了诸多不同的回答；甚至面对同一个人，孔子的回答也大相径庭。那么到底什么是仁呢？人们的看法也不一致，古人多赞同"爱人"。孟子多讲仁人、仁政，以"亲亲"释仁："亲亲，仁也。"（《孟子·告子》下）韩非子也说："仁者，谓其中心欣然爱人也。其喜人之有福，而恶人之有祸也。"（《韩非子·解老》）韩愈《原道》篇说："博爱之谓仁。"冯友兰认为《论语》中的仁，"有时不仅指一种特定的品德，而是泛指人的所有德性，这便是'仁人'一词的含义。在这场合下，'仁'的含义是'品德完美'"①。杨伯峻根据孔子对曾参说"吾道一以贯之"，曾参说"夫子之道，忠恕而已矣"，认为"忠恕"就是孔子思想体系的核心内容，做到了"忠恕"就具备了"仁"。②

现在一般认为，"仁"在孔子那里是一种含义极广的道德范畴，也是孔子认可的最高道德标准和道德境界，包括孝、弟（悌）、忠、恕、礼、知、勇、恭、宽、信、敏、惠等内容，其中孝悌是基础。以爱为视角切入，就是由对父母兄弟的亲人之爱，扩展到爱一般人，再延伸到爱自然万物。"'仁者'如何'爱人'？孔子以'仁'为核心提出了这样一整套道德评价体系：'仁'延伸到对父母是'孝'；'仁'延伸到对兄弟是'悌'；'仁'延伸到对子女是'慈'；'仁'延伸到夫妻之间是'义'；'仁'延伸到朋友之间是'信'；'仁'延伸到对国家是'忠'；'仁'延伸到对人类是'仁民'；'仁'延伸到对自然是'爱物'。"③ 正因为仁包括一整套道德评价体系，孔子从不

---

① 冯友兰：《中国哲学简史》，赵复三译，天津社会科学出版社2005年版，第40页。

② 杨伯峻：《论语译注》，中华书局1980年版，第16页。

③ 陈杰思、毛勇：《仁》，中华书局2012年版，第6—7页。

轻易以仁来赞许人。在《论语》中，孔子认为古代能够具备仁的人，不过寥寥数人而已，如微子、箕子、比干、伯夷、叔齐、管仲等。而在当世，他甚至说："我未见好仁者，恶不仁者。"(《里仁》) 对于他的学生子路、冉有、公西华、宰我等人，孔子明确说达不到仁；只有颜回，孔子才给予肯定："回也，其心三月不违仁，其余则日月至焉而已矣。"(《雍也》)

（三）义

汉代刘熙在《释名·释言语》解释道："义，宜也，裁制事物，使合宜也。"[①]"义"的本意也就是韩愈《原道》所说"行而宜之之谓义"，朱熹所说"义者，宜也。君子见得这事合当如此，却那事合当如彼，但裁处其宜而为之，则无不利之有"(《朱子语类》)。和仁一样，"义"也是孔子对人品德要求的一个重要内容，指公正合宜的道德、礼仪或行为，说该说的话，做该做的事，有所为，有所不为，这就是义。此外，义还有正义、公道的含义。"义"被现代人认为是"德之宜（道德的准则）、事之宜（立身处事的依据）、天理之所宜（顺乎天道自然的法则）。由此可知，'义'是一切道德之根基"[②]。作为一个词语，"义"字在《论语》中出现24次。[③] 在孔子的表述中，义和利常常是相对而言的：

> 子曰："君子喻于义，小人喻于利。"(《里仁》)
>
> 子路问成人。子曰："若臧武仲之知，公绰之不欲，卞庄子之勇，冉求之艺，文之以礼乐，亦可以为成人矣。"曰："今之成人者何必然？见利思义，见危授命，久要不忘平生之言，亦可以为成人矣。"(《宪问》)
>
> 孔子曰："君子有九思：视思明，听思聪，色思温，貌思恭，言思忠，事思敬，疑思问，忿思难，见得思义。"(《季氏》)

---

① 任继昉：《释名汇校》，齐鲁书社2006年版，第173页。

② 陈杰思、毛勇：《义·引言》，中华书局2012年版，第1页。

③ 杨伯峻：《论语译注》，中华书局1980年版，第291页。

在这里，孔子表面上虽然把义和利（私利、财利等）作为对立的双方，但是仔细考察发现，孔子也不一味反对获得私利、财利，如果是合乎礼义的财利，孔子应该也不会拒绝。所以他说“见利思义”、“见得思义”，符合礼义的财利，君子是可以获得的。孔子还说：“饭疏食，饮水，曲肱而枕之，乐亦在其中矣。不义而富且贵，于我如浮云。”（《述而》）如果能够通过正常手段获得财利富贵，孔子是赞成的；如果不能，则遵照礼义而行。孔子说：“富与贵，是人之所欲也；不以其道得之，不处也。贫与贱，是人之所恶也；不以其道得之，不去也。君子去仁，恶乎成名？君子无终食之间违仁，造次必于是，颠沛必于是。”（《里仁》）“富而可求也，虽执鞭之士，吾亦为之。如不可求，从吾所好。”（《述而》）由此可以看出，孔子赞成追求合乎义的财利，换成现在人们常说的一句话，就是“君子爱财，取之有道”。这种见解还是较为明智且合理的。

孟子认为仁、义是人们先天具有的品德，并非后天学习、培养而成的：“恻隐之心，仁也；羞恶之心，义也；恭敬之心，礼也；是非之心，智也。仁义礼智，非由外铄我也，我固有之也，弗思耳矣。”（《孟子·告子》上）孟子还这样理解二者之间的关系，他说：“仁，人心也；义，人路也。舍其路而弗由，放其心而不知求，哀哉！”（《孟子·告子》上）意思是说，仁是人的心，义是人的路。放弃正路而不走，丧失了善良之心而不晓得寻找，是非常可悲的。荀子则把义利关系和社会治乱联系起来，并认为二者相互矛盾，不可兼得：“义与利者，人之所两有也。虽尧、舜不能去民之欲利，然而能使其欲利不克其好义也。虽桀、纣不能去民之好义，然而能使其好义不胜其欲利也。故义胜利者为治世，利克义者为乱世。上重义则义克利，上重利则利克义。”（《荀子·大略》）

（四）礼

在上文我们看到，孔子曾经借助于“礼”来解释“仁”、“义”，必须合乎“礼”的才能称为“仁”或者“义”。“礼”是孔子思想的一个重要方面，是古时候六艺（礼、乐、射、御、书、数）之一。“礼”字的本义是祭祀鬼神而得福，即事神致福。作为一个词语，

“礼”字在《论语》中出现过 74 次。[①] 在孔子和儒家那里，敬是行礼的根本。孔子曾说：“居上不宽，为礼不敬，临丧不哀，吾何以观之哉?”（《八佾》）子夏曰：“君子敬而无失，与人恭而有礼。四海之内皆兄弟也，君子何患乎无兄弟也?”（《颜渊》）都指出了敬对行礼的重要性。传为孔子所著的《孝经·广要道章》亦云：“安上治民，莫善于礼。礼者，敬而已矣。故敬其父，则子悦；敬其兄，则弟悦；敬其君，则臣悦；敬一人，而千万人悦。所敬者寡，而悦者众，此之谓要道也。”《大戴礼记·劝学》篇云：“不饰无貌，无貌不敬，不敬无礼，无礼不立。”孔子还非常看重“礼”的社会作用，认为“礼”是一个人立足社会的根本和依据：

> 子曰：“兴于诗，立于礼，成于乐。”（《泰伯》）
>
> 孔子曰：“不知命，无以为君子也；不知礼，无以立也；不知言，无以知人也。”（《尧曰》）

在《季氏》篇，通过陈亢和伯鱼对话，由伯鱼之口再次转述出孔子的话：“不学《礼》，无以立。”后来，荀子也说：“礼者，所以正身也；师者，所以正礼也。无礼何以正身?”（《荀子·修身》）上至君主，下到臣民，都必须知礼、守礼，按照礼节行事。应该“约之以礼”（《雍也》）、“齐之以礼”（《为政》）。具体做法应是：首先，君主应该按照礼节来使用臣子、治理国家。当鲁定公问：“君使臣，臣事君，如之何?”孔子就回答说：“君使臣以礼，臣事君以忠。”（《八佾》）孔子还认为：“上好礼，则民易使也。”（《宪问》）“上好礼，则民莫敢不敬；上好义，则民莫敢不服；上好信，则民莫敢不用情。”（《子路》）其次，臣子也须守礼，虽然有人会认为他在谄媚，“事君尽礼，人以为谄也。”（《八佾》）“恭而无礼则劳，慎而无礼则葸，勇而无礼则乱，直而无礼则绞。君子笃于亲，则民兴于仁；故旧不遗，则民不偷。”（《泰伯》）再次，一个人要做到“孝”，也必须对待父

---

① 杨伯峻：《论语译注》，中华书局 1980 年版，第 311 页。

母能够做到："生，事之以礼；死，葬之以礼，祭之以礼。"（《为政》）孔子甚至还把礼乐作为判断社会是否有道的标准："天下有道，则礼乐征伐自天子出；天下无道，则礼乐征伐自诸侯出。"（《季氏》）

当然，孔子不是"礼"的创造者，但是对"礼"的延续、发展却有着重大作用与影响。那么，孔子所讲之礼，到底是什么呢？孔子曾说："夏礼，吾能言之，杞不足征也；殷礼，吾能言之，宋不足征也。文献不足故也。足，则吾能征之矣。"（《八佾》）其实，孔子讲的既不是"夏礼"，也不是"殷礼"，而是"周礼"。相传，周礼是周公所作，孔子对周公感情很深：

> 子曰："甚矣吾衰也！久矣吾不复梦见周公！"（《述而》）
>
> 子曰："如有周公之才之美，使骄且吝，其余不足观也已。"（《泰伯》）

孔子所讲的周礼，应该是西周时的等级名分制度，主要指当时社会的典章制度和道德准则。孔子不满意春秋时期"礼崩乐坏"的混乱局面，谴责社会生活中各种违礼的行为。鲁国季氏僭越使用天子之礼，"八佾舞于庭"，孔子愤慨地说："是可忍也，孰不可忍也？"（《八佾》）因而孔子主张恢复周礼，实现使用周礼规范现实社会秩序以及人伦纲常，他说："周监于二代，郁郁乎文哉！吾从周。"（《八佾》）为此，孔子还提出了"正名"的主张，即按照周礼的制度把当时已经混淆了的社会等级秩序矫正过来，达到名正言顺、贵贱有序："必也正名乎！""名不正，则言不顺；言不顺，则事不成；事不成，则礼乐不兴；礼乐不兴，则刑罚不中；刑罚不中，则民无所措手足。故君子名之必可言也，言之必可行也。君子于其言，无所苟而已矣。"（《子路》）所以，当齐景公问政于孔子时，孔子就回答说："君君、臣臣、父父、子子。"齐景公听了深有感触地说："善哉！信如君不君、臣不臣、父不父、子不子，虽有粟，吾得而食诸？"（《颜渊》）

晏子、孔子重视礼仪、名分，以礼来治国，其实也可看作一种社会变革。《礼记·曲礼》云："礼不下庶人，刑不上大夫。"在西周时代，处在社会金字塔顶端的天子、诸侯、大夫之间，多由血缘关系和姻亲关系把他们联系在一起，大家可以按照不成文的习惯法，保持着私人关系、外交关系，进行商业往来。这种君子协定式的习惯法就是礼。而对处在社会下层的广大庶民，主要依靠刑罚使他们顺从，这就是刑。但是到了东周时代，社会动荡不安，礼崩乐坏，公侯君子和庶民小人之间的分野逐渐模糊。在这种情况下，单纯以礼来约束统治阶级，以刑来统治下层广大民众，都显得不合时宜了，所以晏子、孔子等儒家人物提倡以礼治国。这样一来，礼“不仅是统治贵族的准绳，也成为统治庶民百姓的准绳，这是对庶民百姓提出了更高的要求。就这一点说，儒家是革命的”①。但是处在乱世社会，各个诸侯国的统治者想的是如何富国强兵，扩大地盘，单纯强调礼制是没有多大现实意义的，自然也是不合时宜的。就这一点来说，儒家也是迂腐的。对于儒家，司马谈、司马迁父子的评价，今天看来，还是较为科学的：“儒者博而寡要，劳而少功，是以其事难尽从；然其序君臣父子之礼，列夫妇长幼之别，不可易也。”“夫儒者以六艺为法。六艺经传以千万数，累世不能通其学，当年不能究其礼，故曰‘博而寡要，劳而少功’。若夫列君臣父子之礼，序夫妇长幼之别，虽百家弗能易也。”（《史记·太史公自序》）

（五）教育思想

作为我国古代伟大的教育家，孔子有着较为先进的教育思想，并在教育事业上作出了巨大的贡献。

首先，孔子倡导“有教无类”（《卫灵公》）的平等教育思想。孔子说：“自行束修以上，吾未尝无诲焉。”（《述而》）孔子认为所有人都有接受教育的权力，他把官学转变为私学，将受教育的权力从贵族普及到庶民百姓，一定程度上打破了社会等级界限。他的三千名学生，来自于社会的各个阶层，是相当复杂而且多元化的。孔子对自己的学生，不分长幼、贫富，不论亲疏、贵贱，均能一视同仁。对于优

① 冯友兰：《中国哲学简史》，赵复三译，天津社会科学院出版社 2005 年版，第 148 页。

秀的学生，孔子固然赏识喜欢，由衷赞叹；对于顽劣的学生，他也能够悉心教诲，毫不藏私。

其次，孔子提倡因材施教的教育理念。孔子对自己的学生十分了解，能够“听其言而观其行”（《公冶长》），认真分析学生的个性特点，并据此因材施教。前面对于学生问“仁”的不同回答，可以看作孔子因材施教的范例。《先进》篇的一段记载，也是孔子这种教育理念的表现：

> 子路问：“闻斯行诸？”子曰：“有父兄在，如之何其闻斯行之？”冉有问：“闻斯行诸？”子曰：“闻斯行之。”公西华曰：“由也问闻斯行诸，子曰：‘有父兄在’；求也问闻斯行诸，子曰：‘闻斯行之’。赤也惑，敢问。”子曰：“求也退，故进之；由也兼人，故退之。”

我们现代的教育，早已从理论上接受了这种观点，但是在实践教学中，却很少能做到因材施教。不管是中小学教师，还是大学教师，几乎都把备课看作是备教材、备教案，很少人想到“备”学生，导致了教师不了解学生的个性差别，千篇一律地灌输知识，至于哪些学生能接受，哪些学生不能接受，能接受的学生能够接受多少，很多教师则不去考虑。

再次，孔子重视启发教学。孔子说：“不愤不启，不悱不发，举一隅不以三隅反，则不复也。”（《述而》）意思是说，教导学生，不到他想求明白而得不到的时候，不去开导他；不到他想说出来却说不出的时候，不去启发他。教给他东方，他却不能由此推知西、南、北三方，就不再教他了。意谓教师应该在学生认真思考，并已达到一定程度时恰到好处地进行启发和开导，这样才能事半功倍，收到良好的教学效果。

孔子还强调学习与思考相结合，提出“学而不思则罔，思而不学则殆”的观点。（《为政》）他还重视学以致用，认为应该将学到的知识运用于社会实践；否则，学得再多，也没有实际意义。孔子说：

“诵《诗》三百，授之以政，不达；使于四方，不能专对；虽多，亦奚以为？”（《子路》）“小子何莫学夫《诗》？《诗》，可以兴，可以观，可以群，可以怨。迩之事父，远之事君。多识于鸟兽草木之名。”（《阳货》）

第三节 儒家思想的理想主义者——孟子

一、孟子小传

孟子（前372—前289）名轲，字子舆，邹国（今山东邹城市）人。他是战国时期，继孔子之后的又一位儒家思想的大师。孟子幼年丧父，家庭贫困，曾就学于子思（孔子之孙）的门人。也曾游历过齐、宋、滕、魏、鲁等国，企图推行自己的政治主张，前后历时20多年。但是最终，孟子和孔子一样，没有得到实行的机会，最后不得不退居讲学。司马迁《史记·孟子荀卿列传》是这样记载的：

太史公曰：余读孟子书，至梁惠王问“何以利吾国”，未尝不废书而叹也。曰：嗟乎，利诚乱之始也！夫子罕言利者，常防其原也。故曰：“放于利而行，多怨。”自天子至于庶人，好利之弊何以异哉！

孟轲，驺人也。受业子思之门人。道既通，游事齐宣王，宣王不能用。适梁，梁惠王不果所言，则见以为迂远而阔于事情。当是之时，秦用商君，富国强兵；楚、魏用吴起，战胜弱敌；齐威王、宣王用孙子、田忌之徒，而诸侯东面朝齐。天下方务于合从连衡，以攻伐为贤，而孟轲乃述唐、虞、三代之德，是以所如者不合。退而与万章之徒序诗书，述仲尼之意，作《孟子》七篇。其后有驺子之属。

二、孟子的思想

孟子继承和发展了孔子的儒家思想，不但有着自己较为完整的思想体系，而且闪耀着理想主义的光辉，对后世产生了极大的影响，被尊奉为“亚圣”，其地位仅次于孔子而已。冯友兰认为：“在儒家思想中，孟子代表了其中理想主义的一派，稍后的荀子则是儒家的现实主义一派。”① 下面，笔者以《孟子》一书为主要依据，来讨论孟子的思想。

（一）性善论

对于人性问题，孔子曾说：“性相近也，习相远也。”（《论语·阳货》）认为人的先天本性是相近的，但是由于所受教育不同、生活环境不同，后天的性格也会产生很大差异。孔子的学生世硕认为：“人性有善恶，举人之善性，养而致之则善长；性恶，养而致之则恶长。”（王充《论衡·本性》）孟子则认为人性本善，并首次提出了性善论的观点。性善论是孟子哲学思想和政治主张的出发点。《滕文公上》明确记载：“孟子道性善，言必称尧、舜。”在《告子上》，孟子针对告子等人的主张，人“性无善无不善”、“性可以为善，可以为不善”、“有性善，有性不善”② 等观点，首先认为从天生的资质看，可以使它（人性）善良（即向善），这就是他所说的人性善良；至于有些人不善良，不能归罪于他的资质：“乃若其情，则可以为善矣，乃所谓善也。若夫为不善，非才之罪也。”然后，孟子通过众人都具有的普遍的心理活动来验证人性本善：“恻隐之心，人皆有之；羞恶之心，人皆有之；恭敬之心，人皆有之；是非之心，人皆有之。恻隐之心，仁也；羞恶之心，义也；恭敬之心，礼也；是非之心，智也。仁义礼智，非由外铄我也，我固有之也，弗思耳矣。故曰：‘求则得之，舍则失之。’”既然这些种心理活动（即恻隐之心、羞恶之心、恭敬之心、是非之心）是公众普遍具有的，仁、义、礼、智等道德规范都是出于人的本性的、先天而生成的，并非是来自于自外界的影

---

① 冯友兰：《中国哲学简史》，赵复三译，天津社会科学院出版社 2005 年版，第 65 页。

② 《孟子·告子》篇载有告子的话：“食、色，性也。”认为饮食、男女，这是本性。照此推论，作为自我保存的“食”欲，和自我繁衍的“色”欲，都具有排他的特点，那么就是说人性是自私的，告子在此主张性恶了。

响；而仁、义、礼、智等道德规范也是人之性情，同时也都是善的，因此性善就是有根据的、合理的。综上可知，孟子“主张人性有善良的天然趋向，不但使其易于受教趋善，而且使人类社会有整个趋向善良的展望”①。

对于人的这种本性，孟子称之为“良知”、“良能”：“人之所不学而能者，其良能也；所不虑而知者，其良知也。孩提之童无不知爱其亲者，及其长也，无不知敬其兄也。亲亲，仁也；敬长，义也；无他，达之天下也。”（《尽心上》）对于“良能”、“良知”，杨伯峻引用朱熹注认为：“良者，本然之善也。”以为“良能”可译为“本能”，并说“此孟子哲学术语，不译为妥”。② 孟子还说：“圣人与我同类者。”（《尽心上》）孟子还认可“人皆可以为尧、舜”（《尽心下》）的观点，可见孟子不承认人性有先天的差别，他属于先天的道德论者。以性善论为根据，孟子主张实行仁政，即他所谓的“不忍人之政”：

> 孟子曰：“人皆有不忍人之心。先王有不忍人之心，斯有不忍人之政矣。以不忍人之心，行不忍人之政，治天下可运之掌上。所以谓人皆有不忍人之心者，今人乍见孺子将入于井，皆有怵惕恻隐之心，非所以内交于孺子之父母也，非所以要誉于乡党朋友也，非恶其声而然也。由是观之，无恻隐之心，非人也；无羞恶之心，非人也；无辞让之心，非人也；无是非之心，非人也。恻隐之心，仁之端也；羞恶之心，义之端也；辞让之心，礼之端也；是非之心，智之端也。人之有是四端也，犹其有四体也。有是四端而自谓不能者，自贼者也；谓其君不能者，贼其君者也。凡有四端于我者，知皆扩而充之矣，若火之始然，泉之始达。苟能充之，足以保四海；苟不充之，不足以事父母。”（《公孙丑上》）

---

① 李约瑟：《中国古代科学思想史》，陈立夫等译，江西人民出版社 1999 年版，第 21 页。

② 杨伯峻：《孟子译注》，中华书局 1960 年版，第 307 页。

孟子认为恻隐心是仁之端，羞恶心是义之端，辞让心是礼之端，是非心是智之端，四端是人之本性的自然呈现，也是人与动物的不同之处。如果一个人没有这四端，则不能成其为人："人之所以异于禽兽者几希，庶民去之，君子存之。舜明于庶物，察于人伦，由仁义行，非行仁义也。"（《离娄下》）在这里，孟子把道德规范概括为四种，即仁、义、礼、智，而这四种道德规范的萌生，全都是来源人的先天本性。正是因为统治者先天具备了这种"不忍人之心"——怜悯心，才能推行"不忍人之政"——仁政。

（二）民本思想

和晏子一样，孟子也重视人民，有初步的民主思想。他根据春秋战国时期的社会经验，总结各国治乱兴亡的规律，提出了一个富有民主性精华的著名命题"民为贵，君为轻"。孟子说："民为贵，社稷次之，君为轻。是故得乎丘民而为天子，得乎天子为诸侯，得乎诸侯为大夫。诸侯危社稷，则变置。牺牲既成，粢盛既洁，祭祀以时，然而旱干水溢，则变置社稷。"（《尽心下》）认为人民百姓是最重要的，土谷之神次之，君主为轻。因此得到人民百姓的欢心便可能成为天子，得到天子的认可最多只能成为诸侯，得到诸侯的认可最多只能成为大夫。诸侯危害国家社稷，那就改立诸侯。牺牲肥壮、祭品洁净，也依一定时候致祭，但是还遭受旱灾水灾危害人民百姓，那就改立土谷之神。由此可知，孟子以为人民百姓是最重要的，把人民百姓放在土谷之神和天子之上，后者都可重新改立，但是人民百姓的地位不可动摇。由此可见，孟子认为为政必须得到民心，顺应民意，他曾引用《尚书·周书·泰誓》中的名言证明自己的观点："天视自我民视，天听自我民听。"（《万章上》）

正是由于认为民贵君轻，所以孟子才警告齐宣王说："君之视臣如手足，则臣视君如腹心；君之视臣如犬马，则臣视君如国人；君之视臣如土芥，则臣视君如寇雠。"（《离娄下》）孟子认为君主把臣民看成自己的手脚，那么臣民就会把君主看成自己的腹心；君主把臣民看成狗马，那臣民就会把君主看成为一般人；君主把臣民看成为泥土草芥，那臣民就会把君主看成为仇敌。君主必须重视臣民，善待臣民，才配享有国家，否则臣民就会把他推翻，甚至杀掉。《梁惠王下》中，孟子与齐宣王的这段对话，就曲折地表达了这样的含义：

齐宣王问曰："汤放桀，武王伐纣，有诸？"孟子对曰："于传有之。"曰："臣弑其君，可乎？"曰："贼仁者谓之'贼'，贼义者谓之'残'。残贼之人，谓之'一夫'。闻诛一夫纣矣，未闻弑君也。"

孟子还说过："无罪而杀士，则大夫可以去；无罪而戮民，则士可以徙。"（《离娄下》）和上文是同样的意思。正是认为民贵君轻，所以孟子才认为统治者必须与民同乐，才能治好国家，享受真正的快乐。他举了周文王与夏桀的例子加以对比："文王以民力为台为沼，而民欢乐之，谓其台曰灵台，谓其沼曰灵沼，乐其有麋鹿鱼鳖。古之人与民偕乐，故能乐也。汤誓曰：'时日害丧，予及女皆亡。'民欲与之皆亡，虽有台池鸟兽，岂能独乐哉？"（《梁惠王上》）针对齐宣王认为自己园囿不如周文王的大，孟子也耐心解释说："文王之囿方七十里，刍荛者往焉，雉兔者往焉。与民同之，民以为小，不亦宜乎？臣始至于境，问国之大禁，然后敢入。臣闻郊关之内，有囿方四十里，杀其麋鹿者，如杀人之罪。则是方四十里为阱于国中，民以为大，不亦宜乎？"（《梁惠王下》）

更为重要的是，孟子基于民本思想，强调统治者应该实行仁政，减免刑罚，减轻赋税，修明礼仪，才能无敌于天下，他对梁惠王这样说：

孟子对曰："地方百里而可以王。王如施仁政于民，省刑罚，薄税敛，深耕易耨，壮者以暇日修其孝悌忠信，入以事其父兄，出以事其长上，可使制梃以挞秦、楚之坚甲利兵矣。彼夺其民时，使不得耕耨以养其父母。父母冻饿，兄弟妻子离散。彼陷溺其民，王往而征之，夫谁与王敌？故曰：'仁者无敌。'王请勿疑！"（《梁惠王上》）

（三）王道说

如果说性善论是孟子仁政思想的哲学依据，那么民本思想就是其仁政观点的基础和出发点。孟子擅长“推恩”，他在《梁惠王上》说：“推恩足以保四海，不推恩无以保妻子。古之人所以大过人者，无他焉，善推其所为而已矣。”还说：“老吾老，以及人之老；幼吾幼，以及人之幼。天下可运于掌。”孟子以为只要能够“推恩”，统治者即使“好勇”、“好货”、“好色”，也照样能实现仁政。正是因为人性本善，且需要重视人民的意愿和呼声，所以他才主张仁政。其仁政思想最主要的体现就是王道说，王道说是孟子的政治理想。按照孟子的观点，政治统治有两种，一种是“王道”，一种是“霸道”。前者是圣王之道，需要靠道德教诲与文化礼仪教育来实现；后者是霸主之道，依靠暴力和强制手段来推行。孟子认为：“以力假仁者霸，霸必有大国；以德行仁者王，王不待大。汤以七十里，文王以百里。以力服人者，非心服也，力不赡也；以德服人者，中心悦而诚服也，如七十子之服孔子也。”（《公孙丑上》）上文提到孟子劝梁惠王“施仁政于民”，也是先说“地方百里而可以王”。可见在孟子那里，实行仁政，即可借此实现王道，称王于天下。

《梁惠王上》记载，齐宣王曾向孟子询问“齐桓、晋文之事”，是想效仿齐桓公、晋文公称霸天下；孟子则避而不答，说“仲尼之徒无道桓文之事者，是以后世无传焉，臣未之闻也”，接着话锋一转，对以王道之事。孟子认为统治者“保民而王，莫之能御也”。在孟子那里，实行王道其实并不难。孟子曾对梁惠王说：“不违农时，谷不可胜食也；数罟不入洿池，鱼鳖不可胜食也；斧斤以时入山林，材木不可胜用也。穀与鱼鳖不可胜食，材木不可胜用，是使民养生丧死无憾也。养生丧死无憾，王道之始也。”遵循自然规律，减轻人民负担，人们丰衣足食，虽死无憾，这就是“王道”的开端。对齐宣王和梁惠王，孟子都说过下面一段话。而且两次的劝告，连一个字的差别都没有：

> 五亩之宅，树之以桑，五十者可以衣帛矣。鸡豚狗彘之畜，

无失其时，七十者可以食肉矣。百亩之田，勿夺其时，数口之家可以无饥矣。谨庠序之教，申之以孝悌之义，颁白者不负戴于道路矣。七十者衣帛食肉，黎民不饥不寒，然而不王者，未之有也。（《梁惠王上》）

孟子认为，人民衣食无忧，懂得仁义廉耻，这样还不能称王天下、使天下人归附的，是从来没有过的事情。齐宣王曾向孟子请教“王政”，孟子的答案是：“昔者文王之治岐也，耕者九一，仕者世禄，关市讥而不征，泽梁无禁，罪人不孥。老而无妻曰鳏，老而无夫曰寡，老而无子曰独，幼而无父曰孤。此四者，天下之穷民而无告者。文王发政施仁，必先斯四者。”（《梁惠王下》）孟子所说的王政，除了轻徭薄役，减少刑罚之外，还把对鳏寡孤独、穷民无告者的深切怜悯作为一项重要的内容。万章询问，小小宋国打算实行“王政”，但是害怕齐国、楚国讨厌而来讨伐，应该怎么办呢？孟子认为应该怕的是宋君不实行仁政，而不是齐国、楚国的讨伐：“不行王政云尔。苟行王政，四海之内皆举首而望之，欲以为君，齐楚虽大，何畏焉？”（《滕文公下》）

（四）道统论与高扬的人格精神

这里的道统指儒家传道的脉络和系统。孟子认为孔子的学说是承接尧、舜、禹、汤、周文王等先代圣王的，并且自命继承了孔子思想的正统。《滕文公上》明确记载道：“孟子道性善，言必称尧、舜。”在《孟子》一书中，“尧”字出现58次①，“舜”字出现97次②，“孔子”一词出现81次③，出现的频率都非常之高。在《滕文公下》，公都子问孟子为何“好辩”，孟子先说自己不得已，接着从尧、舜开始，说到“周公相武王诛纣”，然后提到孔子，再说到自己，其实就是自认为继承了孔子的思想。在《尽心下》，孟子算了一笔账：

① 杨伯峻：《孟子译注》，中华书局1960年版，第433页。

② 同上书，第441页。

③ 同上书，第359页。

孟子曰："由尧、舜至于汤，五百有余岁……由汤至于文王，五百有余岁……由文王至于孔子，五百有余岁……由孔子而来，至于今百有余岁。去圣人之世，若此其未远也，近圣人之居，若此其甚也，然而无有乎尔，则亦无有乎尔。"

这里也是从尧舜开始，说到商汤，再到周文王，再到孔子，最后到自己。这里的五百年是举其整数。在《公孙丑下》，孟子明确提出了"五百年必有王者兴"的观点，并表现出来强烈的自信心，展现了高扬的人格精神："五百年必有王者兴，其间必有名世者。由周而来，七百有余岁矣。以其数，则过矣；以其时考之，则可矣。夫天未欲平治天下也，如欲平治天下，当今之世，舍我其谁也?"孟子高扬的人格精神，从其他的话语中也体现得很充分："说大人，则藐之，勿视其巍巍然。堂高数仞，榱题数尺，我得志弗为也。食前方丈，侍妾数百人，我得志弗为也。般乐饮酒，驱骋田猎，后车千乘，我得志弗为也。在彼者皆我所不为也，在我者皆古之制也，吾何畏彼哉?"（《尽心下》）还有孟子对大丈夫的定义，也表现了堂堂丈夫的气概："居天下之广居，立天下之正位，行天下之大道；得志，与民由之；不得志，独行其道。富贵不能淫，贫贱不能移，威武不能屈，此之谓大丈夫。"（《滕文公下》）

这个道统，后人也多曾提及，并不同程度地展现了他们的人格精神。如号称我国"史圣"的司马迁曾说："自周公卒，五百岁而有孔子。孔子卒后，至于今五百岁。有能绍明世，正《易传》，继《春秋》，本《诗》、《书》、《礼》、《乐》之际?意在斯乎！意在斯乎！小子何敢让焉。"（《史记·太史公自序》）还有韩愈《原道》说得更明确："斯吾所谓道也，非向所谓老与佛之道也。尧以是传之舜，舜以是传之禹，禹以是传之汤，汤以是传之文、武、周公，文、武、周公传之孔子，孔子传之孟轲。轲之死，不得其传焉。荀与扬也，择焉而不精，语焉而不详。由周公而上，上而为君，故其事行；由周公而下，下而为臣，故其说长。"

（五）教育思想

和孔子一样，孟子也是我国古代伟大的教育家，他的教育思想也很值得注意。首先，孟子非常看重教育活动，重视培养贤才。孟子认为人性本善，人性中有善的因素，并不是说人性中具有纯粹的完美的道德，故要通过后天的教育培养、发展其善德，以防走向邪路。孟子还认为得到英才来教育，是人生一大乐事。他说："君子有三乐，而王天下不与存焉。父母俱存，兄弟无故，一乐也；仰不愧于天，俯不怍于人，二乐也；得天下英才而教育之，三乐也。君子有三乐，而王天下不与存焉。"（《尽心上》）同时，孟子也继承和发扬了孔子"有教无类"（《论语·卫灵公》）的教育思想，把全民教育当作实行仁政、王道的手段。孟子一方面主张"设为庠序学校以教之"（《滕文公上》），加强学校教育；另一方面，孟子要求当政者要身体力行，率先垂范，以榜样的力量，教化百姓："君仁，莫不仁；君义，莫不义；君正，莫不正。"（《离娄上》）这是对孔子"其身正，不令而行；其身不正，虽令不从"（《论语·子路》）思想的发挥。

其次，孟子主张"易子而教"，认为父母不能教育好自己的孩子。这也是很有见地的教育观念。当公孙丑询问有的君子为何不亲自教育自己的儿子时，孟子回答说："势不行也。教者必以正；以正不行，继之以怒。继之以怒，则反夷矣。'夫子教我以正，夫子未出于正也。'则是父子相夷也。父子相夷，则恶矣。古者易子而教之，父子之间不责善。责善则离，离则不祥莫大焉。"（《离娄上》）父子之间感情深厚，且长期相处，父亲的某些做法未必符合正理，故此很难以正理来教育。如果动怒，又会伤害父子感情，从而使正确的教育难以为继。俗话说，"仆人的眼里没有伟人"，大概也是这个道理。所以，应该"易子而教"，互相教育别人的孩子，这样既能从严要求，也能保持父子之间的亲密关系，不伤害感情。现在很多家长感慨孩子不听话，或者父母本身是中小学优秀教师或者大学教授，却不能教育好自己的孩子而深感苦恼。两千多年前的孟子就已经告诉了我们原因，值得引起我们的思考。

孟子还认为教育的方式应该丰富多样。他说："君子之所以教者五：有如时雨化之者，有成德者，有达财者，有答问者，有私淑艾者。此五者，君子之所以教也。”（《尽心上》）提出了君子五种教育方式，即有的像及时雨灌溉万物，有的成全品德，有的培养才能，有的解答疑问，有的以流风遗韵为后人私自学习。“教亦多术矣，予不屑之教诲也者，是亦教诲之而已矣。”（《告子下》）意思是说，不屑去教诲，也是一种教养方式。孟子还注意道德教育的培养和道德意志的锻炼，他很注意一个人的“养心”，即注重主观修养，其最高境界是使自己的道德具正义感，这样就可以理直气壮，一身充满“浩然之气”。孟子说：“我善养吾浩然之气。”“其为气也，至大至刚，以直养而无害，则塞于天地之间。其为气也，配义与道。”（《公孙丑上》）孟子主张在义和利之间，要取义舍利；要尽力做到“寡欲”，克制自己的欲念，追求真理。他说：“生亦我所欲也，义亦我所欲也；二者不可得兼，舍生而取义者也。”（《告子上》）“舍生取义”这种崇高的义利观已经成为中华民族的传统美德。孟子还认为，一个人要成就大器，必须经过艰苦锻炼。他说：“天将降大任于是人也，必先苦其心志，劳其筋骨，饿其体肤，空乏其身，行拂乱其所为，所以动心忍性，曾益其所不能……然后知生于忧患而死于安乐也。”（《告子下》）这已经成为千古名言，一直激励着后人。

孟子的文艺思想也颇值得重视。他提出了著名的“知人论世”说：“颂其诗，读其书，不知其人，可乎？是以论其世也。”（《万章下》）“知人论世”，研究作者生活的社会时代背景，了解当时的思想潮流，在今天成为我们阅读作品、研究学问的常识。孟子还认为不能毫无保留地相信书本内容，所谓“尽信《书》，则不如无《书》”（《尽心下》）。孟子还提出了“以意逆志”的理解作品的方法，正确解读作者运用的一些修辞手法，才能更好地理解作者的本意：“故说诗者，不以文害辞，不以辞害志。以意逆志，是为得之。如以辞而已矣，《云汉》之诗曰：‘周余黎民，靡有孑遗。’信斯言也，是周无遗民也。”（《万章上》）他还说：“诐辞知其所蔽，淫辞知其所陷，邪辞知其所离，遁辞知其所穷。”（《公孙丑上》）意思是说：“不全面的言辞我知道它片面性之所在；过分的言辞我知道它失足之所在；不合正道的言辞我知道它与正道分歧之所在；躲闪的言辞我知道它理屈之所在。"[①] 这样才能算是"知言"，才能更好解读文本，把握作者的用意。

第四节 儒家思想的务实主义者——荀子

一、荀子小传

荀子名况，字卿，生卒年不详，约为公元前298年（一说前313年）到公元前238年。后来因避西汉宣帝刘询讳，而"荀"与"孙"二字古音相通，故又称其为孙卿。他是战国中后期赵国（一说今河北邯郸）人，著名的思想家、教育家，也是先秦儒家最后一位大师级的代表人物。他曾三次出任齐国稷下学宫的祭酒（学宫之长），后为楚国兰陵（今山东兰陵）令。其间曾回赵和入秦，游说秦昭王以及秦相范雎，并在赵孝成王前与临武君议兵，后又返回楚国。春申君死后，荀子废居兰陵，著书以终。李斯、韩非子都是他的学生。司马迁《史记·孟子荀卿列传》记载了荀子的生平事迹：

> 荀卿，赵人。年五十始来游学于齐。驺衍之术迂大而闳辩；奭也文具难施；淳于髡久与处，时有得善言。故齐人颂曰："谈天衍，雕龙奭，炙毂过髡。"田骈之属皆已死齐襄王时，而荀卿最为老师。齐尚修列大夫之缺，而荀卿三为祭酒焉。齐人或谗荀卿，荀卿乃适楚，而春申君以为兰陵令。春申君死而荀卿废，因家兰陵。李斯尝为弟子，已而相秦。荀卿嫉浊世之政，亡国乱君相属，不遂大道而营于巫祝，信机祥。鄙儒小拘，如庄周等又滑稽乱俗，于是推儒、墨、道德之行事兴坏，序列著数万言而卒。因葬兰陵。

① 杨伯峻：《孟子译注》，中华书局1960年版，第66页。

二、荀子的思想

作为先秦儒家思想的最后一位大师，荀子生活在战国中后期，对先秦各家学派较为熟悉，也能批判地吸收各家思想，因而一定程度上体现出集大成的一面。诚如袁行霈等所说：“《荀子》对先秦诸子百家学说有所批评，在批评各家学说的同时，又吸收百家学术的精华，融会贯通，自成一家……可以说，荀子是我国先秦时期集大成的思想家。”① 当然，荀子和孟子一样，也是孔子学说的正宗传人，其思想倾向也主要体现为儒家思想。“荀卿之学，出于孔氏，而尤有功于诸经。”② 然而，荀子不像孟子那样理想化，他脚踏实地，多次出仕，也到处讲学，推行礼乐，传播思想，努力推行自己的理论，显得更加务实。恰如曾春海所说：“荀子的社会思想颇具务实的理性精神。”③ 下面，笔者结合《荀子》一书，勉力讨论荀子的学术思想。

（一）自然观

荀子反对信仰天命鬼神，发展了古代唯物主义传统，是先秦时期杰出的唯物主义思想家。前面提及儒家人物如晏子具有不信鬼神之说、否定上帝存在的朴素唯物论思想；孔子对鬼神敬而远之，不谈论“怪、力、乱、神”；孟子也把民众放在土谷神之上，具有不迷信鬼神的思想。到了荀子，则发展成为较成熟的无神论和唯物主义思想，高扬了理性精神，因此具有很高的认识价值和理论价值。

荀子不信天命鬼神，肯定了自然规律是不以人的意志为转移的，并提出了人定胜天的思想。首先，在《天论》篇，荀子认为“天”就是客观存在的自然界，是包括各种自然现象的客观存在的物质世界：“列星随旋，日月递炤，四时代御，阴阳大化，风雨博施，万物各得其和以生，各得其养以成，不见其事而见其功，夫是之谓神。皆

---

① 袁行霈主编：《中国文学史》第1卷，高等教育出版社1999年版，第99页。

② （清）王先谦撰，沈啸寰、王星贤点校：《荀子集解·考证下》，中华书局1988年版，第21页。

③ 曾春海：《儒家的淑世哲学——治道与治术》，春晖文艺出版社2001年版，第53页。

知其所以成，莫知其无形，是之谓天。”人们不用为一些罕见的自然现象担惊受怕，疑神疑鬼，那是天地自然运行的结果：“星队、木鸣，国人皆恐。曰：是何也？曰：无何也，是天地之变，阴阳之化，物之罕至者也，怪之可也，而畏之非也。夫日月之有蚀，风雨之不时，怪星之党见，是无世而不常有之。上明而政平，则是虽并世起，无伤也；上暗而政险，则是虽无一至者，无益也。星之队，木之鸣，是天地之变，阴阳之化，物之罕至者也，怪之可也，而畏之非也。”奇异的自然现象并不可怕，可怕的乃是“人祅”，亦即人事上的反常现象，例如耕作不适，造成庄稼长不好；政策失常，造成社会混乱；礼仪不修，造成国家动荡等。

其次，荀子认为这个“天”（即自然界）具有不以人的意志为转移的客观规律性，他不为圣明的君主而存在，也不会因为残暴的君主而灭亡：“天行有常，不为尧存，不为桀亡。应之以治则吉，应之以乱则凶。”天地自然有自己的运行规律，不会因为人们的好恶而改变：“天不为人之恶寒也辍冬，地不为人之恶辽远也辍广，君子不为小人之匈匈也辍行。天有常道矣，地有常数矣，君子有常体矣。君子道其常而小人计其功。”同时，荀子否认上天是有意志有人格能主宰一切的超自然的东西，从承认自然界的客观性、规律性出发，提出了“天人相分”的观点：“强本而节用，则天不能贫；养备而动时，则天不能病；修道而不贰，则天不能祸。故水旱不能使之饥渴，寒暑不能使之疾，祅怪不能使之凶。本荒而用侈，则天不能使之富；养略而动罕，则天不能使之全；倍道而妄行，则天不能使之吉。故水旱未至而饥，寒暑未薄而疾，祅怪未至而凶。受时与治世同，而殃祸与治世异，不可以怨天，其道然也。故明于天人之分，则可谓至人矣。”认为“人们只有遵循自然规律，才能得到好的结果；如果违背自然规律，就要遭殃惹祸。他特别‘明于天人之分’，认为天道与人事无涉，社会治乱的根源要从社会本身去找。明确否认鬼神的存在，尖锐批评了墨子的有鬼论”。①

① 褚斌杰、谭家健主编：《先秦文学史》，人民文学出版社1998年版，第313—314页。

在主张尊重自然规律的基础上，荀子进一步提出了发挥人的主观能动性，“制天命而用之”的改造、征服自然的思想，使之为人类服务：“大天而思之，孰与物畜而制之？从天而颂之，孰与制天命而用之？望时而待之，孰与应时而使之？因物而多之，孰与骋能而化之？思物而物之，孰与理物而勿失之也？愿于物之所以生，孰与有物之所以成？故错人而思天，则失万物之情。”这体现了荀子不迷信上天，不依赖自然、甚至要征服自然的思想。在当时以及科学不发达的古代来说，自有其积极意义。但是，就今天看，征服自然的提法也是不科学的。即使作为“天地之性最贵者也”（许慎《说文解字》）的人，即使是“天地之德，阴阳之交，鬼神之会，五行之秀气也”（《礼记·礼运》）所孕育而成的人类，也不能凌驾于自然之上。人，应该与天地自然和谐相处，共同发展，才是更为理性的、合理的抉择。

（二）性恶论

在人性问题上，荀子的看法和孔子、孟子都不一样。孔子认为：“性相近也，习相远也。”（《论语·阳货》）孟子认为人性本善，而荀子则针对孟子的主张，旗帜鲜明地提出性恶论的观点。荀子专门写了一篇文章，题目为《性恶》。文章开门见山就提出了“性恶”论的观点，并举例论证：

> 人之性恶，其善者伪也。今人之性，生而有好利焉，顺是，故争夺生而辞让亡焉；生而有疾恶焉，顺是，故残贼生而忠信亡焉；生而有耳目之欲，有好声色焉，顺是，故淫乱生而礼义文理亡焉。然则从人之性，顺人之情，必出于争夺，合于犯分乱理而归于暴。故必将有师法之化，礼义之道，然后出于辞让，合于文理，而归于治。用此观之，然则人之性恶明矣，其善者伪也。
>
> 故枸木必将待隐栝、烝、矫然后直，钝金必将待砻、厉然后利。今人之性恶，必将待师法然后正，得礼义然后治。今人无师法则偏险而不正，无礼义则悖乱而不治。古者圣王以人之性恶，以为偏险而不正，悖乱而不治，是以为之起礼义，制法度，以矫饰人之情性而正之，以扰化人之情性而导之也。始皆出于治，合

于道者也。今之人，化师法，积文学，道礼义者为君子；纵性情，安恣睢，而违礼义者为小人。用此观之，人之性恶明矣，其善者，伪也。

这里，荀子认为人的本性是恶的，而善则是后天人为的。人自从降生之日起，就好利、疾恶、好声色，放纵这些本性就会带来不良后果，导致社会混乱。只有"师法"、"得礼义"才能约束和矫正人的情性，所以古代圣人"起礼义，制法度"，使人向善，这样才能使社会得到治理。接着，针对孟子性善论的观点，荀子予以驳斥：

> 孟子曰："人之学者，其性善。"曰：是不然。是不及知人之性，而不察乎人之性、伪之分者也。凡性者，天之就也，不可学，不可事；礼义者，圣人之所生也，人之所学而能，所事而成者也。不可学、不可事而在人者谓之性，可学而能、可事而成之在人者谓之伪。是性、伪之分也。今人之性，目可以见，耳可以听。夫可以见之明不离目，可以听之聪不离耳，目明而耳聪，不可学明矣。孟子曰："今人之性善，将皆失丧其性故也。"曰：若是，则过矣。今人之性，生而离其朴，离其资，必失而丧之。用此观之，然则人之性恶明矣。

在这里，荀子认为孟子说人性本善，那是没有体察出"性"与"伪"的区别。先天而具有的，不须经过学习就能具备的，才叫作"性"；先天不具备，经过后天学习才拥有的，叫作"伪"。孟子所说的性善，人有"仁、义、礼、智"等的因素，那其实都是"伪"，并非人性。像人生下来眼睛就会看，耳朵就能听，那才是"性"。这里，荀子认为孟子所谓的"性"，其实是一种道德观念，是人的社会心，而他自己认可的"性"，乃是生理本能，应该更加接近人的天性，是人的自然心。如何看待荀子的性恶论？冯友兰有着精辟的评论："荀子以主张'人性恶'而著名。这与孟子所主张的'人性本善'正好相反。表面看来，荀子对人性的评价很低，而事实上，恰恰相反，荀子的理论可以称之为一种文化哲学。他的理论主旨是认为，一切良善和有价值的事物都是人所创造的。价值来自文化，而文化则是人的创造性成就。因此，在宇宙中，人和天地同等重要。”①“荀子的人性论虽然与孟子正相反，但是他同意孟子所说，人皆可以为尧舜。他自己也说过：‘涂之人可以为禹。’……但是人又生来就有智性，使人可以成善。”② 这和荀子的自然观是一致的，即都强调人的主观能动性，非常重视人的作用。可见，荀子既相信人性本恶，人的本质是倾向为恶，但是也相信人有能力向善良发展，并且能够成为圣人。

先秦儒家的几位大师级人物，在人性问题上有着截然相反的观点，确实非常值得人们深思。因为人的本性是什么的问题，虽然难以回答，但是又必须要回答。如果在人性问题上误判，往往会导致实践上的失误，甚至带来混乱。孟子主张性善，希望通过道德教育保持人的善性；荀子力主性恶，则要求通过礼法教育使人们去恶从善。主张虽异，出发点和归宿却是一致的，都是为了培养出完善的人。人是能够通过后天的教育达到尽善尽美的，恰如德国哲学家卡尔·雅斯贝尔斯所说：“人是能够达到至善尽美的，因为人能够像其他动物一样通过自己的途径达到完善；因此，培养一个完善的人是可能的。”③

那么人性到底应该是怎样的？笔者认为还是告子的观点更为合理些，亦即人“性无善无不善”、“性可以为善，可以为不善”、“有性善，有性不善”等主张。其实告子是说人性善恶混杂，具有两重性。告子的思想应该来源于孔子的学生世硕，据新近出土的郭店楚简《性自命出》一文，可以看到世硕认为人性“有善有恶”说的具体内容④。而世硕则应该是受到了孔子“性相近、习相远”观点的影响，

---

① 冯友兰：《中国哲学简史》，赵复三译，天津社会科学院出版社 2005 年版，第 131 页。

② 同上书，第 132 页。

③ ［德］卡尔·雅斯贝尔斯：《智慧之路》，柯锦华、范进译，中国国际广播出版社 1988 年版，第 60 页。

④ 亦可参见王充《论衡·本性》提及的世硕的观点：“人性有善恶，举人之善性，养而致之则善长；性恶，养而致之则恶长。”

才会有此立论的。而到了孟子、荀子，则各执一词。西汉董仲舒认为人性分阴阳，有善有恶："天之大经，一阴一阳。人之大经，一情一性。性生于阳，情生于阴。阴气鄙，阳气仁。曰性善者，是见其阳也；谓恶者，是见其阴者也。"（见王充《论衡·本性》）。西汉扬雄《法言·修身》说："人之性也善恶混。修其善则为善人，修其恶则为恶人。"应该是受到了世硕、告子等人说法的影响。唐代韩愈的性三品说，也是融合了善恶二端："性也者，与生俱生也；情也者，接于物而生也。性之品有三，而其所以为性者五；情之品有三，而其所以为情者七。曰：何也？曰：性之品有上、中、下三。上焉者，善焉而已矣；中焉者，可导而上下也；下焉者，恶焉而已矣。其所以为性者五：曰仁、曰礼、曰信、曰义、曰智。"（《原性》）其实，即使力主性善的孟子也以为人有恶性："若民，则无恒产，因无恒心。苟无恒心，放辟邪侈，无不为已。"（《孟子·梁惠王上》）同样，力主性恶的荀子也认可人有善性，他说："涂之人可以为禹。""然而涂之人也，皆有可以知仁义法正之质，皆有可以能仁义法正之具，然则其可以为禹明矣。"（《性恶》）由此可见，人性可谓善恶兼具、理欲并存，具有两重性。祁志祥说："人具有理性与欲望、善性与恶性的二重性，这是中国古代关于人性的基本思想。""国学中关于人普遍具有'人心'与'道心'、'欲望'与'智慧'、'性善'与'性恶'二重性的思想，具有符合实际的科学意义。"① 西方人的一些话语，也能很好地证明这一点。西方谚语说："人的一半是魔鬼，一半是天使。"康德认为人是指"既具有动物性又具有理性的东西"。狄德罗曾道："说人是一种力量与软弱、光明与盲目、渺小与伟大的混合物，这并不是责难人，而是为人下定义。"列夫·托尔斯泰说："所有的人，正像我一样，都是黑白相间的花斑马——好坏相间，亦好亦坏。"明代思想家李贽说得较为辩证："虽圣人，不能无势利之心；虽盗跖，不能无仁义之心。"（《李贽文集·藏书》）既然人性具有善恶混杂的

① 祁志祥：《认识你自己》，《文摘报》2012年7月28日，转引自《解放日报》2012年7月21日。

特点，我们就不能简单排除人的恶性（动物性，多指人的生理本能），不然就是以神的标准来要求人了；同样，我们也不能简单剔除人的善性（道德心），那样则把人降低为动物了。

（三）礼法并重的思想

荀子和孟子在人性论上的不同，导致了二人在政治思想上的区别。“孟子强调发扬先天固有的良知，着重于主观的修养；荀子强调进行后天人为地改造，着重于社会的教化。他们对人性本质的理解都是唯心的，在今人看来可谓殊途同归。”① 所以，孟子说“我善养吾浩然之气”，而荀子更看重礼义、法制对人的约束和规范作用。荀子专门写了一篇文章《礼论》来讨论礼，可见他对礼的看重。《荀子》一书多次提到一个词语“隆礼”，试举几例如下：

> 故隆礼，虽未明，法士也；不隆礼，虽察辩，散儒也。（《劝学》）
>
> 儒者法先王，隆礼义，谨乎臣子而致贵其上者也。……法后王，一制度，隆礼义而杀《诗》、《书》……是雅儒者也。（《儒效》）
>
> 观国之强弱贫富有征验：上不隆礼则兵弱，上不爱民则兵弱。（《富国》）
>
> 儒者为之不然，必将曲辨：朝廷必将隆礼义而审贵贱。（《王霸》）
>
> 隆礼至法则国有常，尚贤使能则民知方。（《君道》）
>
> 隆礼贵义者其国治，简礼贱义者其国乱。（《议兵》）
>
> 人君者隆礼尊贤而王，重法爱民而霸，好利多诈而危。（《强国》《天论》《大略》）

由此可以看到荀子对礼的重视。那么何谓“隆礼”？《礼记·经解》云：“是故隆礼由礼，谓之有方之士；不隆礼不由礼，谓之无方

① 褚斌杰、谭家健主编：《先秦文学史》，人民文学出版社1998年版，第314页。

之民。”郑玄注曰：“隆礼，谓盛行礼也。”孔颖达疏：“隆，盛也……若君子能隆盛行礼，则可谓有道之士也；反此，则为无知之民。”荀子认为“礼”是人区别于禽兽、动物的关键所在：“水火有气而无生，草木有生而无知，禽兽有知而无义，人有气、有生、有知，亦且有义，故最为天下贵也。力不若牛，走不若马，而牛马为用，何也？曰：人能群，彼不能群也。”（《王制》）“故人之所以为人者，非特以其二足而无毛也，以其有辨也。夫禽兽有父子而无父子之亲，有牝牡而无男女之别，故人道莫不有辨。辨莫大于分，分莫大于礼。”（《非相》）荀子所说的“礼”，和晏子所指的现实人伦秩序不同，也和孔子的“周礼”有较大区别，其中还包含着法制的内容，可称为隆礼而重法。荀子说：

《礼》者，法之大分，类之纲纪也。（《劝学》）

由士以上则必以礼乐节之，众庶百姓则必以法数制之。（《富国》）

故圣人化性而起伪，伪起而生礼义，礼义生而制法度。然则礼义法度者，是圣人之所生也。（《性恶》）

荀子主张礼法并用，互相配合，才能更好地治理国家，巩固现有的统治秩序。当然，孔子也讲到过法治：“道之以政，齐之以刑，民免而无耻；道之以德，齐之以礼，有耻且格。”（《论语·里仁》）孔子没有绝对地排斥属于法治范畴的“政”、“刑”，只是认为两者比较起来，“德”、“礼”更为优越而已。而荀子则吸收了法家思想的某些观点，更多地提到了“法”字。“这就说明荀子的思想已经受到他以前的商鞅、申不害等法家人物的影响。事实上早在荀子以前，如吴起、李克皆体现了由儒向法家转化的过程。所以荀子的这种情况，并非个别现象，而他的学生韩非、李斯之成为法家人物，亦非偶然。”①

韩愈早就看出了孟子与荀子的区别，其《读荀》说：“孟氏，醇

① 曹道衡、刘跃进：《先秦两汉文学史料学》，中华书局2005年版，第214页。

乎醇者也；荀与扬，大醇而小疵。”的确，同为儒家先秦时期大师级的代表人物，孟子和荀子的思想却有着巨大差异。“荀子批判了在他以前的诸子的学说，特别反对孟子。孟子倡言性善，专法先王，崇尚王道，重义轻利；荀子则倡言性恶，兼法后王，王道与霸道并重，义利兼顾。”① 总结一下，孟子、荀子学术思想的异同主要有以下几点：（1）自然观上，荀子比孟子有更为彻底的无神论思想。（2）人性论上，孟子认为人性本善，荀子则认为人性本恶。（3）孟子尊孔子，称颂“先王”，主张“王道”；荀子也尊孔子，既尊“先王”，也“法后王”，既重“王道”，也说“霸道”（详见其《王治》、《王霸》等篇）。但是如果把“后王”理解为与黄帝、尧、舜、禹相对而言的周文王、周武王等，那么荀子的“法后王”与儒者所说的“先王之道”其实也没有什么本质区别。但孟子是不言霸道的。（4）荀子思想兼有法家因素，孟子没有。（5）荀子和孟子一样，也重视民众，具有民本思想。他在《王制》篇有段著名的话，可以看到这一点：“马骇舆则君子不安舆，庶人骇政则君子不安位。马骇舆则莫若静之，庶人骇政则莫若惠之。选贤良，举笃敬，兴孝弟，收孤寡，补贫穷，如是，则庶人安政矣。庶人安政，然后君子安位。《传》曰：‘君者，舟也；庶人者，水也。水则载舟，水则覆舟。’此之谓也。故君人者欲安则莫若平政爱民矣，欲荣则莫若隆礼敬士矣，欲立功名则莫若尚贤使能矣，是君人者之大节也。”（6）荀子和孟子一样，既是思想家，也都是教育家和文学家，有值得注意的教育思想和文艺思想。详见下文。

（四）教育思想和文艺思想

作为教育家，荀子特别强调教师的地位和作用。他说：“礼有三本：天地者，生之本也；先祖者，类之本也；君师者，治之本也。无天地恶生？无先祖恶出？无君师恶治？三者偏亡焉，无安人。故礼上事天，下事地，尊先祖而隆君师，是礼之三本也。”（《礼论》）后人

① （清）王先谦撰，沈啸寰、王星贤点校：《荀子集解·点校说明》，中华书局1988年版，第2页。

将天、地、君、亲、师并列，即可追溯到荀子。荀子认为是否重视教师，是关系到国家政治安危的一件大事。因此，教师等教育工作者应当受到统治者的崇敬与重视。这种思想，今天看来仍然有重大意义。

其次，荀子认为教育是一个不断积累的过程。不管是书本知识还是道德修养，都是由逐渐积累而成的。他说："可以为尧、禹，可以为桀、跖，可以为工匠，可以为农贾，在执（王先谦认为'执'为衍文）注错习俗之所积耳。"（《荣辱》）其《劝学》篇开门见山地说："君子曰：学不可以已。"他还说："积土成山，风雨兴焉；积水成渊，蛟龙生焉；积善成德，而神明自得，圣心备焉。"（《劝学》）这说明知识和道德是一个不断积累和提高的过程。正是因为知识需要不断积累，所以荀子认为学习应该专一，持之以恒，不能浮躁："骐骥一跃，不能十步；驽马十驾，功在不舍。锲而舍之，朽木不折；锲而不舍，金石可镂。"（《劝学》）

再次，荀子还重视环境对人发展的影响。他说："蓬生麻中，不扶而直……故君子居必择乡，游必就士，所以防邪辟而近中正也。物类之起，必有所始。荣辱之来，必象其德。"（《劝学》）环境可以改变人，生活在不同的环境中，结交不同的人，学到的东西也不一样。我们现在常说"近朱者赤，近墨者黑"，就是这个意思。正因为如此，荀子认为学习一定要亲近良师益友，营造良好的学习环境；否则，陷入邪路而不自知，是非常危险的：

> 夫人虽有性质美而心辩知，必将求贤师而事之，择良友而友之。得贤师而事之，则所闻者尧、舜、禹、汤之道也；得良友而友之，则所见者忠信敬让之行也。身日进于仁义而不自知也者，靡使然也。今与不善人处，则所闻者欺诬诈伪也，所见者污漫、淫邪、贪利之行也，身且加于刑戮而不自知者，靡使然也。传曰："不知其子视其友，不知其君视其左右。"靡而已矣，靡而已矣。（《性恶》）

除了重视学习环境，荀子还主张学、思、行相结合。其《劝学》

云："吾尝终日而思矣，不如须臾之所学也。""君子博学而日参省乎己，则知明而行无过矣。"强调了在善学、博学的基础上进行深入思考的重要性和必要性。学是思的基础，思使学得以深入。荀子认为思是学与行之间的关键，学不思则不明。荀子还认为"行"既是学习的方法，也是学习的目的："不登高山，不知天之高也；不临深溪，不知地之厚也；不闻先王之遗言，不知学问之大也。"（《劝学》）"不闻不若闻之，闻之不若见之，见之不若知之，知之不若行之，学至于行而止矣。"（《儒效》）"行"才是学习知识的真正目的，这和孔子重视学以致用的思想是一致的。总之，学、思、行相结合，构成了学习的完整过程，缺一不可。这也就是荀子所说的："君子之学也，入乎耳，著乎心，布乎四体，形乎动静。"（《劝学》）

在文学思想上，荀子强调"言必当理，事必当务"，对后世文学评论中的"明道"、"载道"说开了先河。荀子认为："凡事行，有益于理者立之，无益于理者废之，夫是之谓中事。凡知说，有益于理者为之；无益于理者舍之，夫是之谓中说。"（《儒效》）所谓"当理"，用荀子的话说就是要"心合于道，说合于心，辞合于说"（《正名》），否则，"凡言不合先王，不顺礼义，谓之奸言。虽辩，君子不听"（《非相》）。荀子还重视言辞技巧，认为言论应该有文采，内容与形式并重。他说："谈说之术，矜庄以莅之，端诚以处之，坚强以持之，分别以喻之，譬称以明之，欣欢芬芗以送之。"（《非相》）"文理、情用，相为内外表里，并行而集。"（《礼论》）"文貌情用，相为内外表里。"（《大略》）因此，荀子批判像墨家那样的"好其实，不恤其文"（《非相》），也批判了像辩士那样"为诈而巧，言无用而辩"（《非十二子》）的做法。正是因为有较为先进的文学思想，他创作的《成相》和《赋篇》，已经可以看作严格意义上的纯文学作品了。

第二章

先秦道家思想

道家思想在先秦时期并不显赫，其代表人物如老子、列子、庄子等在当时的影响亦不十分突出，甚至他们的生平事迹今天看来也都扑朔迷离，难以确定。这和道家崇尚自然，主张清静无为，追求精神超脱，不重现世事功有着密切的关系。西汉初年，汉文帝、汉景帝以道家思想施政治国，道家开始抬头。道家思想在魏晋南北朝时期继续发展，到了唐代而臻于极盛，成为影响我国古人最大的思想流派之一。这里，笔者以老子、杨朱、列子、庄子为例，结合他们的生平经历以及古代隐士思想，展开道家学术思想的探讨。

第一节　道家思想的开创者——老子

一、老子小传

老子姓李，名耳，字聃，一说字伯阳，春秋时期楚国苦县（今河南省鹿邑县）厉乡曲仁里人。他是春秋末期伟大的哲学家、思想家，和孔子同时而稍早，具体生卒年不详。老子是道家学派的创始人，也是著名的“隐君子”，后被道教尊为祖师爷。关于老子生平经历，我们今天不太清楚。即使在被称为我国“史圣”的司马迁生活的西汉时期，老子的生平已经较为含糊了。《史记·老子韩非列传》这样记载老子：

> 老子者，楚苦县厉乡曲仁里人也。姓李氏，名耳，字聃，周守藏室之史也。孔子适周，将问礼于老子。老子曰：“子所言者，

其人与骨皆已朽矣，独其言在耳。且君子得其时则驾，不得其时则蓬累而行。吾闻之，良贾深藏若虚，君子盛德，容貌若愚。去子之骄气与多欲，态色与淫志，是皆无益于子之身。吾所以告子，若是而已。”孔子去，谓弟子曰：“鸟，吾知其能飞；鱼，吾知其能游；兽，吾知其能走。走者可以为罔，游者可以为纶，飞者可以为矰。至于龙吾不能知，其乘风云而上天。吾今日见老子，其犹龙邪！”

老子修道德，其学以自隐无名为务。居周久之，见周之衰，乃遂去。至关，关令尹喜曰：“子将隐矣，彊为我著书。”于是老子乃著书上下篇，言道德之意五千余言而去，莫知其所终。

或曰：老莱子亦楚人也，著书十五篇，言道家之用，与孔子同时云。盖老子百有六十余岁，或言二百余岁，以其修道而养寿也。自孔子死之后百二十九年，而史记周太史儋见秦献公曰：“始秦与周合，合五百岁而离，离七十岁而霸王者出焉。”或曰儋即老子，或曰非也，世莫知其然否。老子，隐君子也。

因为对老子生平事迹不大明了，司马迁只好把老子与孔子的会面作为记载重点，并详细记录了老子和孔子的两段话，但是这一点对我们了解老子的生平经历并没有多少实际意义。辛战军认为：“关于司马迁的这些记载，到宋代便有学者提出了怀疑，其后疑者逐渐增多，至于上世纪三四十年代，终于发生了一场关于老子生活时代的大辩论……现在，当以往的争论归于平寂，当我们凝神静气地再次分析双方的论据论点后，我们就会发现，还是司马迁的记载比较确实，比较可信。”① 按照司马迁的记载，我们知道，老子曾担任“周守藏室之史”的职务，不过他生活并不富裕，连赠送孔子的礼物都拿不出来，只能尴尬地“赠人以言”。尽管如此，老子并没有像先秦其他学派的人物如孔子、墨子等人一样周游列国，寻求功名富贵，而是甘于平淡，修养道德，精研学问，最后“莫知其所终”。仿佛一条神龙，令

① 辛战军：《老子译注·叙言》，中华书局2008年版，第2页。

人见首不见尾。至于老子的年寿，更是神秘莫测。司马迁说老子“百有六十余岁，或言二百余岁”[①]，这已经不是正常人的年龄了。如果以生平行为和年龄而论，老子完全称得起隐士中的“神仙”，事实上，后代人也正是把老子当作了神仙。我国著名的神话小说《西游记》中的太上老君，正是走上了神坛之后的老子。

二、老子的思想

作为道家学派的开创者，后代道教的祖师爷，老子的思想博大精深。老子思想主要体现在《老子》一书中。《老子》后又称《道德经》或《道德真经》，一般认为是老子独立撰写而成。[②]《老子》分为上下两卷，上卷以讲“道”开始，称“道经”，共三十七章；下卷以讲“德”开始，称“德经”，共四十四章，合计八十一章。全书虽仅有五千多字，但是文约义丰，广博精微，包含着十分丰富深刻的哲学思想，被道家与道教奉为最高的经典著作。下面，笔者结合《老子》一书，勉为其难地对其主要思想作简略分析。

（一）“道”

老子以“道”解释宇宙万物的演变，“道”是老子思想也是整个道家学说中最为核心的一个范畴。道家之所以被称为道家，是因为道家人物都讲“道”，“道”是道家理论体系赖以存在的基础。但对它的理解，真是“仁者见之谓之仁，智者见之谓之智”，众说纷纭，难以判定。一般认为，老子以具有哲学意义的“道”取代了有意志的天神上帝，是当时人们思考神、人关系的结晶，也展示了道家人物在

---

① 曹道衡、刘跃进：《先秦两汉文学史料学》，中华书局 2005 年版，第 220 页。曹道衡、刘跃进认为：“老聃其人在当时的名声可能很大，所以他虽为道家的创始人，而儒家、法家以及杂取诸家学说的《管子》、《吕氏春秋》等都要借重他的名望或者引证其言论。战国时代一些讲求长生，虚称神仙的人也会借用他的名字来作幌子，所谓老子活了一百多岁甚至二百岁的话，可能就是这些人编造出来的。”

② 关于《老子》一书的作者以及成书年代，有各种不同说法。事实上，先秦典籍往往不是出于一人，成于一时，而是某个学派的集体创作，并经过一个不断补充、修改直至编订成集的过程。

自然观上破除神学迷雾的勇气。在老子心中，“道”既是客观自然规律，同时又具有“独立而不改，周行而不殆”的永恒意义。下面详细分析之。

首先，道具有不可言说的特点。《老子》开篇就指出：“道，可道，非常道。名，可名，非常名。无名，天地始；有名，万物母。常无，欲观其妙；常有，欲观其徼。此两者同出而异名，同谓之玄，玄之又玄，众妙之门。”（《老子》第一章）何为道？辛战军认为，道“本义指人们行走的道路，由此处到达彼处所遵循的途径。引申而指事物发展进程中所遵循的客观规律，或者说事物发展变化必然遵从的客观法则。各种事物正是循着客观规律才由小到大，由弱到强，由生到灭的，这恰如循着道路才能由此至彼一样。而这个客观规律是可以感知而不能触及，可以通过现象去认识而不能明察眼见的，所以就借用‘道’来命名它”①。老子把道分为常道（恒久不变之道）与非常道（常道派生出的具体之道），世界上任何事物都有自己的道。常道是不能够用语言完全解说得确切明白的，“道之为物，唯恍唯惚。惚兮恍兮，其中有象；恍兮惚兮，其中有物。窈兮冥兮，其中有精，其精甚真，其中有信”（《老子》第二十一章），它“视之不见，名曰夷；听之不闻，名曰希；博之不得，名曰微。此三者不可致诘，故混而为一”（《老子》第十四章），否则，它就不是贯通古今的恒久之道，即“道可道，非常道”。反过来说，正因为老子所讲的是贯通古今的恒久之道，所以不管是老子还是后代学者，都难以对它解说得确切明白，并为所有人接受。所以老子这样说：“上士闻道，勤而行之；中士闻道，若存若亡；下士闻道，大笑之。不笑，不足以为道。故《建言》有之：明道若昧，进道若退，夷道若类。上德若谷，大白若辱，广德若不足，建德若偷，质真若渝。大方无隅，大器晚成，大音希声，大象无形。道隐无名。夫唯道，善始且善成。”（《老子》第四十一章）智慧层次不同、理解力不同的人，对于道的体悟以及态度也是截然不同的；同时，道的外在表现和内在本质常常好像是不一致

---

① 辛战军：《老子译注》，中华书局2008年版，第4页。

的，会让一般人产生错觉，由此可见它的隐微玄妙，精深难言。对于道不可言说的特点，庄子也多次表达过同样的意思：“道不可致，德不可至。”“论道而非道也。”“道不可闻，闻而非也；道不可见，见而非也；道不可言，言而非也。知形形之不形乎！道不当名。”（《庄子·外篇·知北游》）“道不可有，有不可无。道之为名，所假而行……言而足，则终日言而尽道；言而不足，则终日言而尽物。道物之极，言默不足以载；非言非默，议有所极。”（《庄子·杂篇·则阳》）庄子还借老子之口，分析了如果道可私相授受的情况：“使道而可献，则人莫不献之于其君；使道而可进，则人莫不进之于其亲；使道而可以告人，则人莫不告其兄弟；使道而可以与人，则人莫不与其子孙。”（《庄子·外篇·天运》）

其次，正是这个难以言明且贯通古今的恒久之道，它先于宇宙物质世界而存在，并派生出了世界万物，所以道可以看作是宇宙万物的本体。老子说：“道生一，一生二，二生三，三生万物。万物负阴而抱阳，冲气以为和。”（《老子》第四十二章）意思是说：“世界万物原本于‘道’，而‘道’之体则外现为‘一’。‘道’是运化不息的，其运化中又生成了‘二’，即阴阳对立的状态。这阴阳二气交汇融合，从而形成一种新的匀适和谐的状态，这个状态可称名为‘三’；这‘三’则外现为世界万物。万物都是依靠着大地而朝向着太阳，这阴阳之气冲涌摇荡则实现了交汇融合而生生不息。”① 可见，在老子这里，道被视为“宇宙之根，天地之始，万物之宗……乃是万事万物的‘构成’者和‘赋予’者”②。同时，这个先天地而存在的“道”，既独立于宇宙物质世界之中，又是自然无为的：“有物混成，先天地生。寂兮寥兮！独立而不改，周行而不殆，可以为天地母。吾不知其名，字之曰道，强为之名曰大。大曰逝，逝曰远，远曰反。道大，天大，地大，王亦大。域中有四大，而王处一。人法地，地法天，天法道，道法自然。”（《老子》第二十五章）这说明了“道”

---

① 辛战军：《老子译注》，中华书局2008年版，第175页。

② 徐小跃：《道家之道及其人生意义》，《中国社会科学报》2013年2月27日。

的“恒久性、普遍性、独立性、本原性以及它的巨大作用。告诫君王行政施教必须要循守大道而顺其自然”①。道的德性即“玄德”也是自然无为的，所谓“生而不有，为而不恃，长而不宰，是谓玄德”（《老子》第十章、第五十一章）。一般认为，老子所说的“道法自然”，就是所谓“无为”，因为老子也说过“道常无为”。“道”的本质难以彻底说明，外在表现是自然、无为，或者说其德性是自然、无为的。关于什么是“无为”，详见下文。

（二）“无为”

“无为”是《老子》一书多次提到的一个词语，也是老子哲学的重要范畴。徐小跃认为：“‘无为’是道家思想的核心价值观，‘无不为’是道家思想所欲实现的最高境界。”②《老子》一书，有九章明确提到“无为”一词，排列如下：

是以圣人处无为之事，行不言之教。（第二章）

爱人治国，能无为？（第十章）

道常无为而无不为。（第三十七章）

上德无为而无以为，下德无为而有以为。（第三十八章）

是以知无为有益。不言之教，无为之益，天下希及之。（第四十三章）

为学日益，为道日损，损之又损之，以至于无为，无为无不为。（第四十八章）

圣人云：“我无为，人自化；我好静，人自正；我无事，人自富；我无欲，人自朴。”（第五十七章）

为无为，事无事，味无味。（第六十三章）

是以圣人无为，故无败；无执，故无失。（第六十四章）

以上多个“无为”，其含义大致相同，主要指顺应客观的自然规

① 辛战军：《老子译注》，中华书局2008年版，第101页。

② 徐小跃：《道家之道及其人生意义》，《中国社会科学报》2013年2月27日第8版。

律，不依个人的心志欲念去作为，以期返璞归真，回归自然，达到“见素抱朴，少私寡欲”（《老子》第十九章），“复归于婴儿”（《老子》第二十八章）那纯真质朴的境界。魏久尧认为：“‘无为’不是寂然不动，一无所为，而是按照既已生成的人的自然存在的必然性合理而为，不增也不减，让自然按照本已的状况自然而然地存在发展，顺天而行，不是逆天而动。”① 徐小跃这样解释无为：“道家‘无为’，非不做之意，而是‘因性任物’的‘常自然’、‘法自然’和‘遵道而贵德’。就其人生指向而言，道家的‘无为’思想主要表征的是‘无欲’和‘不争’，处下、居后、退让、外身、慈柔、俭束、谦逊和清静等一系列主张，都不过是‘无欲’和‘不争’的补充或是具体运用，这是道家‘无为’主张最核心的地方。”② 此外，与“无为”同义的话语在《老子》中还多次出现，如“不敢为”、“不可为”、“不为”等。非常明白，这种“无为”的思想理论，无疑是后世归隐者的哲学思想基础（关于隐士和道家关系，参看本章第二节“活在他人话语中的道家人物——杨朱”的第一部分“隐士与道家”）。

当然，我们也不能忽视老子“无为”思想的另一面，即他的“无为”是为了“有为”而言的，“无为”才能“无不为”，无为而治，方能够天下大治，“夫唯不争，故天下莫能与之争”（《老子》第二十二章）。也就是说，老子告诉人们的不仅仅是无为、不争，而是要达到无为无不为，不争而争、天下莫能与之争的境界。尽管老子说得非常明白，但是其学说对后人的影响，还主要是前半截“无为”；这是由于即使要达到“无不为”，其手段仍然是“无为”；即使达到了“无不为”，最终还是要“无为”：“持而盈之，不若其以。揣而锐之，不可长保。金玉满堂，莫之能守。富贵而骄，自遗其咎。功成、名遂、身退，天之道。”（《老子》第九章）功成名就了，金玉满堂了，就要赶快遵循上天的指示——“身退”——去隐居，否则就会“自遗其咎”。这种学说正好与积极用世、勇于进取的儒家思想相辅

① 魏久尧：《道德与虚无：真与美的形而上学》，商务印书馆2011年版，第170页。

② 徐小跃：《道家之道及其人生意义》，《中国社会科学报》2013年2月27日。

相成，共同构建成了华夏文化大厦的坚实基础。此两者分别为我国的仕宦文化、隐逸文化提供了哲学上的依据。

老子的“无为”思想不但为后世隐士提供了哲学基础，同时也是其政治观的集中体现，从中能充分看到老子对当时统治阶级的尖锐批判。通过“道法自然”与“道常无为”之间的联系，可以知道，“在老子看来，无为是最高的境界，‘道’是人类社会最理想的状态，而无为正是达到道的境界的最直接的途径。”① 同时，“在老子的思想学说中，道也是价值判断的标准，道不仅可以用于品分自然万物的良否，而且也可以用于判断人类社会生活的善恶，只有与道的基本精神相符合的状态才是最理想的状态。因此，老子主张与道认同，恪守道的基本精神。”② 他说：“大道废，有仁义。慧智出，有大伪。六亲不和，有孝慈。国家昏乱，有忠臣。”（《老子》第十八章）正是因为天地大道遭到废弃，所以才会有了仁义、智慧、孝慈等观念出现。而“绝圣弃智，民利百倍；绝仁弃义，民复孝慈；绝巧弃利，盗贼无有”（《老子》第十九章）。只有抛弃了圣智、仁义、巧利，才能复归孝慈，社会才能安定，民众才能真正获得实利。由此可见，老子认为社会动乱的根源，“在于人类社会的礼仪制度和文化知识。人类社会的一切文明成果不仅不利于社会秩序的安定，反而客观上导致了人类道德的败坏和社会秩序的混乱。专制国家的统治者以智治国，民众也相应地变得聪明，运用智慧反抗统治者，其结果必然是越治越乱，所以，治理国家的要诀是绝圣弃智，绝仁弃义”③。只有无为而治，才能实现理想的社会状况：“我无为，人自化；我好静，人自正；我无事，人自富；我无欲，人自朴。”（《老子》第五十七章）这个“我”是针对统治者而言的，意思是说如果统治者无欲无为，人民自然就会和谐安定；统治者好虚静不争，人民自然就会纯正无邪；统治者不扰民生事，人民自然就会生活富裕；统治者无私无欲，人民自然就会质

① 张小锋：《百家争鸣》，中华书局、上海古籍出版社 2010 年版，第 60 页。

② 同上书，第 58—59 页。

③ 同上书，第 61 页。

朴纯真。

由此可见，老子主张摒弃礼乐、政刑、赋税等人为措施，希望统治阶级虚静无为，不扰民生事，这样民风才能纯朴，社会才能安定和谐。老子还有同样的话：“不尚贤，使民不争；不贵难得之货，使民不为盗；不见可欲，使民心不乱。是以圣人之治也，虚其心，实其腹，弱其志，强其骨。恒使民无知无欲也，使夫知者不敢弗为而已，则无不治矣。”（《老子》第三章）不管是对于统治者，还是普通民众而言，不知足、不知止都是人生危机的根源，也是事业不能长保的根本原因：“罪莫大于可欲，祸莫大于不知足，咎莫大于欲得。故知足之足，常足。”（《老子》第四十六章）老子还把目光投向远古，描绘了一个心目中理想的社会状况：“小国寡民，使有什佰之器而不用，使人重死而不远徙。虽有舟舆，无所乘之；虽有甲兵，无所陈之。使民复结绳而用之。甘其食，美其服，安其居，乐其俗。邻国相望，鸡狗之声相闻，民至老死，不相往来。”（《老子》第八十章）而在现实社会中，统治阶级却是舍弃“天道”而奉行“人道”：“天之道，损有余而补不足；人之道则不然，损不足，奉有余。孰能有余以奉天下？其唯有道者。”（《老子》第七十七章）这里，老子对统治者劫贫济富的行为给予了尖锐批判。老子还揭示出民众饥寒交迫的社会根源，就是统治者的剥削与压迫：“民之饥，以其上食税之多，是以饥。民之难治，以其上有为，是以难治。人之轻死，以其上求生之厚，是以轻死。”（《老子》第七十五章）“民不畏死，奈何以死惧之?”（《老子》第七十四章）表现出了一定的民本思想。老子还反对战争，认为战争是天下无道的表现，所谓：“兵者不祥之器，非君子之器，不得已而用之，恬惔为上，故不美，若美之，是乐杀人。夫乐杀者，不可得意于天下。”（《老子》第三十一章）不管是统治者对民众的压迫、剥削，还是诸侯间的争霸战争，都是和“无为”主张背道而驰的，当然也是和道的基本精神相违背的。

（三）辩证法思想

《老子》一书中包含大量朴素的辩证法思想，这也是老子哲学的非常可贵之处。首先，老子认为天地间一切事物均具有对立的正反两面性，并且揭示出对立的事物和概念具有相互依存的关系。他说："天下皆知美之为美，斯恶已；皆知善之为善，斯不善已。故有无相生，难易相成，长短相形，高下相倾，音声相和，前后相随。是以圣人处无为之事，行不言之教。万物作而不辞，生而不有，为而不恃，成功不居。夫唯不居，是以不去。"（《老子》第二章）什么是美？什么是丑（恶）？什么是善？什么是恶？老子以为这两组概念都是相对而言的。一旦建立起来美、善的标准，让大家去追求，那么美、善本身就反而不美、不善了，或者说同时就出现了它们的对立面丑、恶。南怀瑾说："如果从学术思想上的观点来讲，既然美与丑、善与恶，都是形而下人为的相对假设，根本即无绝对标准。那么，建立起一个善的典型，那个善便会为人利用，成为作恶多端的挡箭牌了。建立一个美的标准，那个美便会闹出'东施效颦'的恶习。"① 此外，其他如有无的相互转化，难易的彼此促成，长短的相对而言，高低的相益而生，音声的相和相应，先后的相随相依，道理都是一样的。因此，所谓美丑、善恶，都是相互依存的双方，"与其舍一而取一，早已背道而驰。不如两两相忘，不执着于真假、善恶、美丑，便可得其道妙而逍遥自在了"②。老子还常常把事物的两面放在一起立论，如《老子》第十一章："三十辐共一毂，当其无，有车之用。埏埴以为器，当其无，有器之用。凿户牖以为室，当其无，有室之用。有之以为利，无之以为用。"以车毂、埴器、户牖的虚实、有无的不同作用，说明事物的空虚之处恰恰是它的有用之处。《老子》第二十二章云："曲则全，枉则正；洼则盈，弊则新；少则得，多则或。是以圣人抱一为天下式。不自见，故明；不自是，故彰；不自伐，故有功；不自矜，故能长。夫唯不争，故天下莫能与之争。古之所谓'曲则全'，岂虚言哉？故诚全而归之。"其他如可道之道和常道、可名之名与常名、阴和阳、有身和无身、重和轻、静和躁、雄和雌、黑和白、上德和下德、柔和坚、成和缺、盈和冲、直和屈、巧和拙、辩和讷、有道

① 南怀瑾：《老子他说》，复旦大学出版社 1996 年版，第 58 页。

② 同上书，第 58 页。

和无道等，都是相对而言的。

其次，老子还认为事物对立的两面在一定条件下可以向其相反的方向转变，体现出了可贵的变通思想。老子说："反者道之动，弱者道之用。天下万物生于有，有生于无。"（《老子》第四十章）意思是说："向相反的方向运动，向对立的方面发展，这是'道'的运动变化的规律。而表现出柔弱虚静之性，如谦卑处下、虚静无为，则是'道'的外在体现。天下之物都是由各种有形之体孳生繁殖而来，而各种具体有形的东西则是由不可视见、不可闻听、不可触及的无形之'道'孕育化生的。"[①] 老子还说："其政闷闷，其民淳淳；其政察察，其人缺缺。祸兮，福之所倚；福兮，祸之所伏，孰知其极？其无止也，正复为奇，善复为妖，人之迷也，其日固久矣。是以圣人方而不割，廉而不刿，直而不肆，光而不曜。"（《老子》第五十八章）这里仍是强调统治者施政应该清静无为、无欲无求，同时也揭示了事物常常是向对立的方向转化，这种转化的过程与结果是人们难以预料的，且会一直转化下去，没有尽头，所谓"孰知其极？"《淮南子·人间训》所讲"塞翁失马，焉知非福"的故事，很好地诠释了福祸在一定条件下相互转化的辩证关系：

> 夫祸福之转而相生，其变难见也。近塞上之人，有善术者，马无故亡而入胡。人皆吊之。其父曰："此何遽不为福乎？"居数月，其马将胡骏马而归。人皆贺之。其父曰："此何遽不能为祸乎？"家富良马，其子好骑，堕而折其髀。人皆吊之。其父曰："此何遽不为福乎？"居一年，胡人大入塞，丁壮者引弦而战，近塞之人，死者十九，此独以跛之故，父子相保。故福之为祸，祸之为福，化不可极，深不可测也。

在马克思哲学的矛盾论中，事物的主要矛盾与次要矛盾、矛盾的主要方面与次要方面的关系，不正是这样互相依存且相互转化的吗？

① 辛战军：《老子译注》，中华书局2008年版，第163页。

老子的辩证法思想，应该是有所本的，主要是继承了《周易》的辩证思维传统。《周易》最基本的哲学范畴就是阴阳，阴阳二爻按照一定规则排列组合成六十四卦，并且认为无论是社会生活，还是自然现象，都存在着对立面，而这个对立面就是阴阳，“一阴一阳之谓道”（《系辞上》）。对立着的这些事物并非静止不动，而是不停地运动变化着的，所谓“刚柔相推而生变化”、“一阖一辟谓之变，往来不穷谓之通”（《系辞上》）。《周易》还认为某一事物发展到一定程度，就会过渡到“物极必反”的对立面去。《系辞下》说：“穷则变，变则通，通则久。”所谓“穷”，就是事物发展到顶点，“变”就是由顶点向反面变化，“通”就是变为反面之后又开始新的发展，“久”就是说明有这些变化过程之后才能长期存在下去。这些朴素的辩证法思想，可能给老子以很大启示。还有约与老子同时的晋国太史蔡墨（也称史墨）在回答赵简子时就曾明确提出了“物生有两”的观点：“物生有两，有三，有五，有陪贰。故天有三辰，地有五行，体有左右，各有妃耦。王有公，诸侯有卿，皆有贰也。天生季氏，以贰鲁侯，为日久矣。民之服焉，不亦宜乎？鲁君世从其失，季氏世修其勤，民忘君矣。虽死于外，其谁矜之？社稷无常奉，君臣无常位，自古以然。故《诗》曰：‘高岸为谷，深谷为陵。’三后之姓，于今为庶，王所知也。”（《左传·昭公三十二年》）蔡墨从具体事物之中看到了“物生有两”，即事物无不有其对立面，且对立面之间不停地相互作用，并以此道理分析了鲁君与季氏君臣关系发生变化的必然性与合理性，得出了“社稷无常奉，君臣无常位，自古以然”的结论，含有可贵的朴素辩证法思想。

（四）贵柔守雌

和“无为”思想相联系，在人生修养上，老子认为应该贵柔守雌，不为天下先。前面提及老子在四十章曾说过“弱者道之用”的话，认为柔弱虚静，谦卑处下，是“道”的外在体现。老子举例论证了柔弱胜刚强的道理：“人之生柔弱，其死坚强。万物草木生之柔脆，其死枯槁。故坚强者死之徒，柔弱者生之徒。是以兵强则不胜，木强则共。故坚强处下，柔弱处上。”（《老子》第七十六章）西汉刘向在《说苑》卷十《敬慎》篇所记载的老子与其师常拟的对话，可以看作老子这段话的注脚：

> 常拟有疾，老子往问焉，曰："先生疾甚矣，无遗教可以语诸弟子者乎？"常拟曰："子虽不问，吾将语子。"常拟曰："过故乡而下车，子知之乎？"老子曰："过故乡而下车，非谓其不忘故耶？"常拟曰："嘻！是已。"常拟曰："过乔木而趋，子知之乎？"老子曰："过乔木而趋，非谓敬老耶？"常拟曰："嘻！是已。"张其口而示老子曰："吾舌存乎？"老子曰："然。""吾齿存乎？"老子曰："亡。"常拟曰："子知之乎？"老子曰："夫舌之存也，岂非以其柔耶？齿之亡也，岂非以其刚耶？"常拟曰："嘻！是已。天下之事已尽矣，无以复语子哉！"

老子说："天下之至柔，驰骋天下之至坚。出于无有，入于无间。是以知无为有益。不言之教，无为之益，天下希及之。"（《老子》第四十三章）大意是说，水、气这些万物中看起来最为柔弱的东西，从无形可见的地方生出，既能进入没有间隙的物体，也能随意穿行于山石等坚硬的物体之中。老子还说："天下莫柔弱于水，而攻坚强者莫之能胜，以其无以易之也。柔之胜刚也，弱之胜强也，天下莫不知，而莫之能行也。故圣人云：'受国之垢，是谓社稷之主；受国之不祥，是谓天下之王。'"（《老子》第七十八章）水看起来是天下最柔弱的了，但是用它来冲击玉石等坚硬的东西却最为合适，没有什么能够超过它的。虽然天下人都明白"柔之胜刚"、"弱之胜强"的道理，然而却没有人因此而自处于柔弱之境。告诫统治者必须守辱处下，虚静无为，才能成为"社稷主"、"天下王"。同时，老子以为天下最柔弱的水，正是处于众人所厌恶的低洼之地，所以才是最接近道的："上善若水。水善利万物而不争，处众人之所恶，故几于道。居善地，心善渊，与善人，言善信，政善治，事善能，动善时。夫唯不争，故无尤。"（《老子》第八章）因此，老子认为："故贵以贱为本，高以下为基。是以侯王自谓孤、寡、不穀，此其以贱为本耶非？故致数誉无誉。不欲琭琭如玉，落落如石。”（《老子》第三十九章）“人之所恶，惟孤、寡、不穀，而王公以为称。故物或损之而益，或益之而损。人之所教，我亦教之：强梁者不得其死，吾当以为教父。”（《老子》第四十二章）

老子还有守雌的思想。雌是生物中能产生卵细胞的，跟“雄”相对，主柔弱、谦下，守雌主要是指守柔处下、虚静无为的意思。在《老子》第十章里，老子阐述“玄德”时说：“载营魄抱一，能无离乎？专气致柔，能婴儿乎？涤除玄览，能无疵乎？爱民治国，能无以知乎？天门开阖，能为雌乎？明白四达，能无以为乎？生之畜之，生而不有，为而不恃，长而不宰，是谓玄德。”老子既讲道，也讲德。一般人认为，道是本体，而德是道之用，“道和德的关系是二而一的，德是道的作用与体现。道是指客观存在而未经掺入人为的自然状态，德是指人们遵循这种自然状态而参与行为的作用与结果。人们的行为只有符合于道，才能真正显现出德。那些尊崇并体行于道的人，也因此称为有德。”①老子认为统治者应该“守雌”，意即精气团聚而柔弱处下，静心虚志而无私无欲，各顺物性才能到达“玄德”。老子还说：“知其雄，守其雌，为天下溪。为天下溪，恒德不离；恒德不离，复归于婴儿。知其白，守其黑，为天下式。为天下式，恒得不忒；恒得不忒，复归于无极。知其荣，守其辱，为天下谷。为天下谷，恒得乃足；恒得乃足，复归于朴。朴散则为器，圣人用之，则为官长。夫大制无割。”（《老子》第二十八章）意思是说，明知自己身居至尊之位，可以进取有为，但却怀抱道德，清静无为，所以能够虚怀若谷而能令天下之人归心；虽然自己能够享受荣华富贵，风光荣耀无比，但却甘于虚静淡泊，自处于低下污秽之地。君主能够如此守雌忍辱，则像百川汇聚深谷那样得民归心。这表达了和上面同样的意思。

---

① 辛战军：《老子译注》，中华书局2008年版，第150—151页。

第二节 活在他人话语中的道家人物——杨朱

一、隐士与道家

从已然的历史事实来考察，道家人物和隐士的确有着非常密切的关系。先秦道家的几位代表人物如老子、杨朱、列子、庄子等都是典型的隐士，后代受到道家思想影响的文人士大夫，也多有崇尚自由、淡泊名利、高蹈遁世的言行。前面提及，冯友兰认为："道家者流，盖出于隐者。"① 南怀瑾也认为："至于讲到道家的学术思想，更与隐士思想，不可分离。与其说道家渊源于黄、老，或老、庄，毋宁说道家渊源于隐士思想，演变为于黄、老，或老、庄，更为恰当。"② 南怀瑾认为道家思想来源于隐士，并举了三个理由来证明，一是"上古历史传说上的反证"③，二是"孔子与隐士的思想"④，三是"隐士与历史政治的关系"⑤。总之，早期隐士的大量出现以及隐士思想的盛行，对道家学术思想的形成和发展，必定起到了一定的促进作用，这是毫无疑问的。

提及隐士的历史，必须从我国的文明史开始说起。因为隐逸文化与我国历史一样悠久，自从中华文明在大地上开始展露出第一丝曙光，传说中的隐士就出现了。从传说时代到信史时代之前，我国古代涌现出了大量著名的隐士，虽然其真实性值得怀疑，但是隐逸传统亦由此形成，隐逸精神史也由此发端。根据《庄子·杂篇·让王》等篇和皇甫谧《高士传》卷上的记载以及一些历史传说，在尧、舜、禹时期，就有了被衣、王倪、齧缺、许由、巢父、子州支父、壤父、

① 冯友兰著：《中国哲学简史》，赵复三译，天津社会科学出版社 2005 年版，第 33 页。

② 南怀瑾：《禅宗与道家》，复旦大学出版社 1996 年版，第 144 页。

③ 同上。

④ 南怀瑾：《禅宗与道家》，复旦大学出版社 1996 年版，第 145 页。

⑤ 同上书，第 147 页。

善卷、石户之农、北人无择、蒲衣子、伯成子高等隐士。夏、商之际，也有著名的隐士卞随、务光等。此后的隐士，就逐渐有了正史的明确记载。如司马迁《史记》的《伯夷列传》记载的伯夷、叔齐是商末周初的隐士，《老子韩非列传》记载的老子、庄子是春秋战国时代的，《留侯世家》提到的商山四皓是秦末汉初的，《滑稽列传》记载的东方朔是西汉中期的。《汉书》卷七十二《王贡两龚鲍传》首先记载商山四皓避秦之乱，入汉后帮助保全太子刘盈，稳定天下，建立殊勋；然后提到能“修身自保，非其服弗服，非其食弗食”的郑子真、严君平等隐士。从《后汉书·逸民列传》开始，我国正史就有了明确成熟的隐士传。从此，在我国历史上，隐士们开始层出不穷地出现，隐逸传统就此延续下来了。

中国古代隐逸传统强大，隐士数量众多。蒋星煜认为：“自从巢父许由以下，一直到民国初年的哭庵易顺鼎辈，中国隐士不下万余人，即其中事迹言行历历可考者亦数以千计。”[①] 张南也说：“在传说的尧舜时代，就出现了许由、巢父等不愿担任公职的隐士，由此而下，中国古代的隐士层出不穷。其中有事迹可考者在数千人以上。”[②] 至于中国古代到底有多少隐士？笔者尚未对此进行过专门研究，不敢贸然下结论。不过笔者曾对正史隐士传有过专门考察，了解到在我国传统正史“二十六史”中，有二十一种有专门的隐士传。[③] 这些隐士

---

① 蒋星煜：《中国隐士与中国文化》，上海三联书店 1988 年版，第 1 页。

② 张南：《隐士生涯·前言》，广西师范大学出版社 1998 年版，第 2 页。

③ 这二十一种正史与隐士传的名称分别是：《史记》卷六十一《伯夷列传》、《汉书》卷七十二《王贡两龚鲍传》、《后汉书》卷八十三《逸民列传》、《晋书》卷九十四《隐逸列传》、《宋书》卷九十三《隐逸列传》、《南齐书》卷五十四《高逸列传》、《梁书》卷五十一《处士列传》、《魏书》卷九十《逸士列传》、《隋书》卷七十七《隐逸列传》、《南史》卷七十五、七十六《隐逸列传》、《北史》卷八十八《隐逸列传》、《旧唐书》卷一百九十二《隐逸列传》、《新唐书》卷一百九十六《隐逸列传》、《新五代史》卷三十四《一行列传》、《宋史》卷四百五十七、四百五十八、四百五十九《隐逸列传》、《辽史》卷一百六《卓行列传》、《金史》卷一百二十七《隐逸列传》、《元史》卷一百九十九《隐逸列传》、《新元史》卷二百四十一《隐逸列传》、《明史》卷二百九十八《隐逸列传》、《清史稿》卷五百、五百一《遗逸列传》。

传记载的隐士，不算重复还有300多人。[①] 由此可见，中国古代隐士的数量是相当大的。即使仅算孔子时代的隐士，数量也较为客观。冯友兰说："这些人远离世俗，遁迹山林，早期道家大概便是从他们中间产生的。"[②] 冯友兰认为正是隐士群体，产生出了道家人物和道家思想。下面，笔者结合《论语》的记载，重点了解孔子及其弟子遇到的隐士。

作为儒家的经典，《论语》记载孔子和许多隐士的故事，应该都是可信的。通过《论语》，我们知道，孔子及其门徒遇到的隐士有很多，其中最著名的、影响最大的当数楚狂接舆了，连李白这样的大诗人都以接舆自喻，其《庐山谣寄卢侍御虚舟》诗曰："我本楚狂人，凤歌笑孔丘。手持绿玉杖，朝别黄鹤楼。五岳寻仙不辞远，一生好入名山游。"我们来看孔子与接舆的相遇：

> 楚狂接舆歌而过孔子曰："凤兮凤兮！何德之衰？往者不可谏，来者犹可追。已而，已而！今之从政者殆而！"孔子下，欲与之言。趋而辟之，不得与之言。（《论语·微子》）

"接舆"其实不是一个人的名字，而是临时派生出来的，因为他接近了孔子的车而得名。孔子遇到的其他隐士，他们的名字也多是临时派生的。[③] 故事说孔子到楚国去，听了接舆的讽刺，心有所动，本想与他进行一番交流，结果人家快步走开了，使他深感遗憾。《庄子·内篇·人间世》和司马迁《史记·孔子世家》都对这个故事进行过改造，西晋皇甫谧《高士传》中不但记载了接舆和孔子的交往，

---

① 霍建波：《正史隐士传考论》，《甘肃社会科学》2008年第1期，第96—99页。可参考拙文。

② 冯友兰著：《中国哲学简史》，赵复三译，天津社会科学院出版社2005年版，第57页。

③ 杨伯峻：《论语译注》，中华书局1980年版，第93页。杨伯峻认为，"《论语》所记隐士皆以其事名之。门者谓之'晨门'，杖者谓之'丈人'，津者谓之'沮'、'溺'，接孔子之舆者谓之'接舆'，非名亦非字也"。

还记载了楚王的聘请："楚王闻陆通贤，遣使者持金百镒，车马二驷，往聘通，曰：'王请先生治江南。'通笑而不应。使者去，妻从市来，曰：'先生少而为义，岂老违之哉？门外车迹何深也。妾闻义士非礼不动，妾事先生，躬耕以自食，亲织以为衣，食饱衣暖，其乐自足矣，不如去之。'于是夫负釜甑，妻戴纴器，变名易姓，游诸名山。食桂栌实，服黄菁子，隐蜀峨眉山，寿数百年。俗传以为仙云。"①

孔子及其门徒遇到的长沮、桀溺在古代也非常有名：

> 长沮、桀溺耦而耕，孔子过之，使子路问津焉。长沮曰："夫执舆者为谁？"子路曰："为孔丘。"曰："是鲁孔丘与？"曰："是也。"曰："是知津焉。"问于桀溺。桀溺曰："子为谁？"曰："为仲由。"曰："是鲁孔丘之徒与？"曰："然。"曰："滔滔者天下皆是也，而谁以易之？且而与其从辟人之士也，岂若从辟世之士哉。"而不辍。子路行以告。夫子怃然曰："鸟兽不可与同群，吾非斯人之徒与而谁与？天下有道，丘不与易也。"（《论语·微子》）

东晋大诗人陶渊明曾感叹："遥遥沮溺心，千载乃相关。但愿长如此，躬耕非所叹。"（《庚戌岁九月中于西田获早稻》）表达了对长沮、桀溺所选择生活的认同。还有讽刺孔子的微生亩，使得孔子无法回答，只好自我解嘲：

> 微生亩谓孔子曰："丘何为是栖栖者与？无乃为佞乎？"孔子曰："非敢为佞也，疾固也。"（《论语·宪问》）

还有孔子认为隐居意志坚决，难以说服的荷蒉：

> 子击磬于卫，有荷蒉而过孔氏之门者，曰："有心哉，击磬

---

① 皇甫谧：《高士传》，民国二十六年六月初版，第35—37页。标点为笔者所加。

乎!”既而曰:“鄙哉,硁硁乎,莫己知也,斯己而已矣。深则厉,浅则揭。”子曰:“果哉!末之难矣。”(《论语·宪问》)

还有子路遇到的两个隐士荷蓧丈人与晨门,也都与孔子有着间接的联系:

子路从而后,遇丈人,以杖荷蓧。子路问曰:“子见夫子乎?”丈人曰:“四体不勤,五谷不分,孰为夫子?”植其杖而芸。子路拱而立。止子路宿,杀鸡为黍而食之,见其二子焉。明日,子路行,以告。子曰:“隐者也。”使子路反见之。至,则行矣。(《论语·微子》)

子路宿于石门。晨门曰:“奚自?”子路曰:“自孔氏。”曰:“是知其不可而为之者与?”(《论语·宪问》)

二、杨朱的思想

(一)杨朱简介

杨朱也称杨子、阳生。笔者之所以称他为“活在他人话语中的道家人物”,主要是因为他没有著作流传于世,无法通过著作了解其生平经历以及学术思想。同时,古代史籍也没有记载其生平事迹,以致我们今天只能通过其他人的著作间接地描绘其人及其学术思想。笔者以为,冯友兰先生在《中国哲学简史》中把杨朱归为道家人物是合理的,但是认为他是“道家的第一阶段”的代表人物,而老子是“道家的第二阶段”的代表人物①,则是有点欠妥当的。《辞源》这样介绍杨朱:

战国时魏人。字子居。又称杨子、阳子、阳生。后于墨翟,前于孟轲。其说重在爱己,不以物累,不拔一毛以利天下,与墨

① 冯友兰著:《中国哲学简史》,赵复三译,天津社会科学院出版社2005年版,第60页。

子的“兼爱”相反，同为当时儒家斥为异端。著述不传，其说散见于《孟子》、《庄子》、《荀子》、《韩非子》中。《列子》有《杨朱篇》，所记不尽可信。①

《辞源》的意见代表了大多数人的看法。根据《孟子·滕文公下》的记载，可以看出杨朱的思想在战国时期还曾盛极一时，也得到了很多人的拥护：“圣王不作，诸侯放恣，处士横议，杨朱、墨翟之言盈天下。天下之言不归杨，则归墨。杨氏为我，是无君也；墨氏兼爱，是无父也。无父无君，是禽兽也。”这里，孟子站在儒家立场，对杨朱进行了尖锐的批判。先秦两汉典籍多次记录了杨朱的言行：

杨子取为我，拔一毛而利天下，不为也。（《孟子·尽心上》）

杨朱、墨翟，天下之所察也，干世乱而卒不决，虽察而不可以为官职之令。(《韩非子·八说》)

阳生贵己。(《吕氏春秋·审分览·不二》)

今有人于此，义不入危城，不处军旅，不以天下大利易其胫一毛，世主必从而礼之，贵其智而高其行，以为轻物重生之士也。(《韩非子·显学》)

全性保真，不以物累形，杨子之所立也，而孟子非之。(《淮南子·氾论训》)

当然，记录杨朱事迹和思想最多的，当属《庄子》、《列子》等书。虽然如《辞源》所说，《庄子》、《列子》等道家所记载的杨朱“不尽可信”，但是因为没有其他资料，所以我们还是以《庄子》、《列子》的记载为主，来介绍杨朱，可称之为“《庄子》、《列子》中的杨子”。从《庄子·内篇·应帝王》、《庄子·杂篇·寓言》以及《列子·黄帝》的记录，可以看出杨朱是老子的学生，或者说向老子

① 《辞源》（修订本）1—4 合订本，商务印书馆 1988 年版，第 868 页。

请教过，他也应该是一个隐士。根据上述典籍（以《列子》为主）的记载，笔者认为杨朱的思想主要可从以下几个方面来分析：

（二）“一毛不拔”思想辨析

“一毛不拔”是杨朱思想最为著名的一个方面，现在作为一个成语，形容为人非常吝啬自私。这个含义其实和杨朱的本义有着本质的区别，我们来看杨朱的原话，《列子·杨朱篇》记载：

> 杨朱曰：“伯成子高不以一毫利物，舍国而隐耕。大禹不以一身自利，一体偏枯。古之人损一毫利天下不与也，悉天下奉一身不取也。人人不损一毫，人人不利天下，天下治矣。”
>
> 禽子问杨朱曰：“去子体之一毛以济一世，汝为之乎？”杨子曰：“世固非一毛之所济。”禽子曰：“假济，为之乎？”杨子弗应。禽子出语孟孙阳。孟孙阳曰：“子不达夫子之心，吾请言之。有侵若肌肤获万金者，若为之乎？”曰：“为之。”孟孙阳曰：“有断若一节得一国。子为之乎？”禽子默然有间。孟孙阳曰：“一毛微于肌肤，肌肤微于一节，省矣。然则积一毛以成肌肤，积肌肤以成一节。一毛固一体万分中之一物，奈何轻之乎？”

我们先来看第二自然段禽滑釐和杨朱的对话，禽滑釐问杨朱，拔掉他身上一根毫毛来救助世道，他愿不愿意。杨朱认为一根毫毛没法救助世道。禽滑釐说假设能，问他愿不愿意。杨朱不理睬。再看禽滑釐和孟孙阳的对话，结合第一自然段，就知道杨朱认为拔毫末不但不能济世，反而助长了统治者剥削压榨民众的行为。统治者常常打着济世的幌子，为自己贪婪残暴的行为作辩护，从拔毫末到侵肌肤，从侵肌肤到断一节，从断一节到剥夺生命，最后“悉天下奉一身”，即让天下人奉养一人（少数统治者），这样只会使百姓越陷越深，最后难以自拔。所以，杨朱认为应该从源头抓起，“一毛不拔”，彻底断绝统治者剥削民众的念头。只有做到人人都一毛不拔，人人都不有利于天下，统治者和百姓互不干扰，互不侵害，那么，天下自然就得到了治理。易中天对此有过精彩的评论：“牺牲个人来满足社会（损一毫利天下)，不对；牺牲社会来满足个人（悉天下奉一身)，也不对。社会和个人是对等的，谁也不能损害谁。只有个人和社会都不受损，都不牺牲，才是‘天下大治’。这就是杨朱思想的完整表达。这样的思想，怎么能叫‘极端自私’?”① “看来，杨朱的思想被曲解了，杨朱本人也被妖魔化了。”② 由此可知，如果真的拔掉一根毫毛而能救助世道，让天下民众都过上安居乐业的生活，杨朱当然不会拒绝。正是由于杨朱看穿了统治者的鬼把戏，以拔毫毛为幌子，来给民众下套，所以他才断然拒绝。由此可知，吝啬自私乃至极端自私自利的大帽子，都是后人硬给杨朱戴上去的。这如果不是误解，那就是有意丑化。

（三）“贵己”、“重生”

“贵己”、“重生”意思是重视自己现有的生命，自己的身体、自己的生命才是最可贵的。在老子那里，已经有贵己、重生的思想，老子曾经反问世人：“名与身，孰亲？身与货，孰多？得与亡，孰病?”(《老子》第四十四章）并且以为：“故贵身于天下，若可托天下；爱以身为天下者，若可寄天下。”(《老子》第十三章）意思是说，把自己看得比天下都珍贵的人，才可以把天下交托给他。为什么人应该贵己、重生，珍爱自己超过天下的人才能托付天下？《吕氏春秋·孟春纪·重己》篇给出了这样的解释：“倕，至巧也。人不爱倕之指，而爱己之指，有之利故也。人不爱昆山之玉、江汉之珠，而爱己之一苍璧小玑，有之利故也。今吾生之为我有，而利我亦大矣。论其贵贱，爵为天子，不足以比焉；论其轻重，富有天下，不可以易之；论其安危，一曙失之，终身不复得。此三者，有道者之所慎也。”的确如此，一个连自己都不爱的人，怎么能希望他爱天下人呢？只有自尊自爱的人，才能有爱人之心，才能治理好天下。齐桓公轻信烹子让自己享用的易牙、自宫侍奉自己的竖刁，难怪最后结局悲惨，死后两个月都无人收殓。

---

① 易中天：《先秦诸子百家争鸣》，上海文艺出版社 2009 年版，第 102 页。

② 同上。

杨朱对生命的体验是深刻的、清醒的，他既认识到人生的短暂，所谓人“理无不死”、“理无久生”，也清楚人生的痛苦和无奈。他说：“百年，寿之大齐。得百年者千无一焉。设有一者，孩抱以逮昏老，几居其半矣。夜眠之所弭，昼觉之所遣，又几居其半矣。痛疾哀苦，亡失忧惧，又几居其半矣。量十数年之中，逌然而自得，亡介焉之虑者，亦亡一时之中尔。”（《列子·杨朱篇》）的确，经过杨朱这么一算，即使能活百年的人，也没有多少真正快乐的时光。那么人生的目的是什么？意义何在呢？杨朱在肯定了锦衣美食、歌舞女色后，又进行了否定：“为美厚尔，为声色尔。而美厚复不可常厌足，声色不可常玩闻。”（《列子·杨朱篇》）同篇，杨朱在齐物思想下，提出了“且趣当生，奚遑死后”的观点：

杨朱曰：“然而万物齐生齐死，齐贤齐愚，齐贵齐贱。十年亦死，百年亦死。仁圣亦死，凶愚亦死。生则尧、舜，死则腐骨；生则桀、纣，死则腐骨。腐骨一矣，熟知其异？且趣当生，奚遑死后？”

所谓“且趣当生，奚遑死后”，意思是说姑且追求今生的快乐，哪有工夫考虑死后的事情呢？不管活着时是高贵还是贫贱，是仁义还是残暴，死后同样都是一堆“腐骨”，其实是认为今生即现世的生命才是最可贵的。同篇，杨朱还明确认为“智之所贵，存我为贵”：

杨朱曰：“人肖天地之类，怀五常之性，有生之最灵者也。人者，爪牙不足以供守卫，肌肤不足以自捍御，趋走不足以从利逃害，无毛羽以御寒暑，必将资物以为养，任智而不恃力。故智之所贵，存我为贵；力之所贱，侵物为贱。然身非我有也，既生，不得不全之；物非我有也，既有，不得而去之。身固生之主，物亦养之主。虽全生，不可有其身；虽不去物，不可有其物。”

所谓“智之所贵，存我为贵”，意思是说智慧之所以可贵，是因为它能保全自我。在这里，能否保全自我生命，被看作是判断智慧是否可贵的一个重要标准。可见，杨朱有“贵己”、“重生”的思想，一切以存我为贵，不使生命受到任何伤害。既不要因为穷困而损害生命，也不能因为富贵而拖累生命。或许正基于此，所以他才会说“古之人损一毫利天下不与也”、“人人不损一毫”的话。并希望由此出发，能够使天下得到治理。

（四）“全性保真，不以物累形”

“全性”意思是指“顺应自然之性，生既有之便当全生，物既养之便当享用之，但不可逆命而羡寿，聚物而累形”。“保真，就是保持自然所赋予我身之真性……保持、顺应自然之性，自己主宰自己的命运。”① 杨朱在《列子·杨朱篇》有一段话，特别发人深省，同时也宣扬了他“全性保真，不以物累形”的思想：

> 杨朱曰：“生民之不得休息，为四事故：一为寿，二为名，三为位，四为货。有此四者，畏鬼，畏人，畏威，畏刑，此谓之遁民也。可杀可活，制命在外。不逆命，何羡寿？不矜贵，何羡名？不要势，何羡位？不贪富，何羡货？此之谓顺民也。天下无对，制命在内。”

人们之所以得不到休息，乃是因为四件事，即长寿、名誉、地位、钱财；有了这四件事，就会害怕鬼神、人言、权势、刑罚；害怕这四样的人，就是“遁民”，意即违反自然本性的人。“遁民”不管是死亡或者生存，都受到世界外物的支配。和“遁民”相对立的就是“顺民”，意即顺应自然本性的人。他们不违背命运，因而不羡慕长寿；他们不看重显贵，因而不羡慕名声；他们不追求权势，因而不羡慕地位；他们不贪图富有，因而不羡慕钱财。杨朱认为，人活着不能为了一时的毁誉或者数百年后的名声而忧心忡忡，那样违背了自然

① 景中译注：《列子》，中华书局2007年版，第205页。

本性，无法享受到生命的快乐："伏羲已来三十余万岁，贤愚、好丑、成败、是非，无不消灭，但迟速之间耳。矜一时之毁誉，以焦苦其神形，要死后数百年中余名，岂足润枯骨？何生之乐哉？"（《列子·杨朱篇》）

同篇，杨朱还把舜、禹、周公、孔子和桀、纣作过对比。的确，天下人都把美誉归于舜、禹、周公、孔子四人，但是他们四人活着时都非常辛苦，没有享受到多少生命的快乐，其中舜是"天人之穷毒者也"（天下人中受苦受难最多的人），禹是"天人之忧苦者也"（天下人中忧愁痛苦最多的人），周公是"天人之危惧者也"（天下人中最担惊受怕的人），孔子是"天民之遑遽者也"（天下人中最凄惶窘迫的人）。他们四位圣人，"生无一日之欢，死有万世之名。名者，固非实之所取也。虽称之弗知，虽赏之不知，与株块无以异矣"。而夏桀、商纣，虽然天下都把坏名声归于他们，但他们一个是"天民之逸荡者也"（天下人中最奢侈放荡的人），一个是"天民之放纵者也"（天下人中最放纵任性的人），虽然"死被愚暴之名"，但是"生有纵欲之欢"。"实者，固非名之所与也，虽毁之不知，虽称之弗知，此与株块奚以异矣。彼四圣虽美之所归，苦以至终，同归于死矣。彼二凶虽恶之所归，乐以至终，亦同归于死矣。"杨朱虽没有明说，但是恐怕在他的心目中，桀、纣二凶比起舜、禹、周公、孔子四圣来，会更加的"顺民"一些吧。

第三节　道家思想的继承发展者——列子

一、列子小传

列子名御寇，或写作圄寇。[1] 战国前期郑国人，大约和郑穆公同时，具体生卒年不详。相传他曾师从关尹子、壶丘子、老商氏、支伯高子等人。列子曾隐居郑国40年，不求名利，清静修道，和老子一

---

① 《汉书·艺文志》云："《列子》八篇。名圄寇，先庄子，庄子称之。"

样，也是一个典型的隐士。西晋皇甫谧《高士传》卷中《列御寇》篇记载了他的事迹，故事原型来源于《庄子·杂篇·让王》篇。虽然不太可信，但是符合他的为人行事，故摘录于下，以备参考：

> 列御寇者，郑人也，隐居不仕。郑穆公时，子阳为相，专任刑法。列御寇乃绝迹穷巷，面有饥色。或告子阳曰："列御寇盖有道之士也，居君之国而穷，君无乃为不好士乎？"子阳闻而悟，使官载粟数十乘而与之。御寇出见使者，再拜而辞之。入见其妻，妻望之而拊心曰："妾闻为有道之妻子，皆得佚乐。今有饥色，君过而遗先生食，先生不受，岂非命也哉？"御寇笑曰："君非自知我也。以人之言而遗我粟，至其罪我也，又且以人之言。此吾所以不受也。"居一年，郑人杀子阳，其党皆死，御寇安然独全。终身不仕，著书八篇，言道家之意，号曰《列子》。[①]

二、列子的思想

列子是老子、杨朱之后，庄子之前的道家代表人物，他继承了老子、杨朱的思想，而有所发展。前面所论及的杨朱思想，也都可看作是列子的思想，因为杨朱主要是赖《列子》的记载而存在的。对于列子其人，虽然也有人怀疑他是"鸿蒙、列缺"一类的神怪甚至杜撰的人物，但现在一般认为还是实有其人的。列子著有《列子》一书，该书在唐代被尊为《冲虚真经》，是道家的重要典籍。而对于《列子》一书，现在仍然有不少学者判定其为伪书。如曹道衡、刘跃进说："《列子》是一部后人杂凑的伪书，故思想上并不很统一。"[②]当然也有不少人持肯定意见，认为"《列子》反映了列子的思想体系是不会有错误的"[③]。笔者赞同后一种观点，下面即以《列子》为根据，来分析列子的思想。

---

① 皇甫谧：《高士传》，商务印书馆1937年版，第47—48页。

② 曹道衡、刘跃进：《先秦两汉文学史料学》，中华书局2005年版，第245页。

③ 景中译注：《列子·前言》，中华书局2007年版，第2页。

前面提及杨朱具有的“一毛不拔”“贵己”“重生”以及“全性保真，不以物累形”等思想，从某种意义上来说，可以看作是列子思想的重要组成部分。关于这点，上文已有分析，兹不赘述。

（一）道

列子从世界本体、宇宙生成和物种转化角度阐明了“道”的特质，形成了独特的天道自然观。虽然和老子一样，列子也讲“道”，但他的提法也有自己的特点。列子认为，“道”是天地万物产生和变化的总根源，即世界的本体，它本身无形无象，无增无减，独立不改，神秘莫测；它不被他物产生，而能产生他物；它本身不变化，而能使天地万物发生变化；它比任何具体事物及其具体变化过程更具有主宰性，是客观世界存着的本质和规律：“有生不生，有化不化。不生者能生生，不化者能化化。生者不能不生，化者不能不化，故常生常化。常生常化者，无时不生，无时不化。阴阳尔，四时尔，不生者疑独，不化者往复。往复，其际不可终，疑独，其道不可穷。《黄帝书》曰：‘谷神不死，是谓玄牝。玄牝之门，是谓天地之根。绵绵若存，用之不勤。’故生物者不生，化物者不化。自生自化，自形自色，自智自力，自消自息。谓之生化、形色、智力、消息者，非也。”（《列子·天瑞》）

列子还从宇宙生成和转化的视角出发，分析了“道”与“物”的关系，这一点颇有新意。因为列子从“道与气统一，对道的物质属性作出了明确的规定，丰富发展了老子道的本体论，使道的物质性及其变化发展规律更加清晰”[①]。《列子·天瑞》篇云：

> 子列子曰：“昔者，圣人因阴阳以统天地。夫有形者生于无形，则天地安从生？故曰：有太易，有太初，有太始，有太素。太易者，未见气也；太初者，气之始也；太始者，形之始也；太素者，质之始也。气形质具而未相离，故曰浑沦。浑沦者，言万物相浑沦而未相离也。视之不见，听之不闻，循之不得，故曰易

① 景中译注：《列子·前言》，中华书局2007年版，第3页。

也。易无形埒，易变而为一，一变而为七，七变而为九。九变者，穷也，乃复变而为一。一者，形变之始也。清轻者上为天，浊重者下为地，冲和气者为人；故天地含精，万物化生。”

这里，列子从太易、太初、太始、太素四个发展阶段入手，分析了宇宙生成变化的过程，同时也提到了人类的产生，而这一切当然都是“道”运行的作用。同篇又云：“形，必终者也；天地终乎？与我偕终。终进乎？不知也。道终乎本无始，进乎本不久。有生则复于不生，有形则复于无形。不生者，非本不生者也；无形者，非本无形者也。生者，理之必终者也。终者不得不终，亦如生者之不得不生。而欲恒其生，画其终，惑于数也。精神者，天之分；骨骸者，地之分。属天清而散，属地浊而聚。精神离形，各归其真，故谓之鬼。鬼，归也，归其真宅。”从“道”出发，列子提出了自然生死观，认为生死不过是一个往返循环的运动过程，因而“死也者，德之徼也。古者谓死人为归人。夫言死人为归人，则生人为行人矣。行而不知归，失家者也”。而对于世俗之人认为死后精神不灭形成的“鬼”，列子认为不过是“归”的另一种说法而已，并以此否认了鬼神的存在。而像列子提及的荣启期、林类等才是真正的体道者，因为他们知道“道”的本质是虚默无为的，所以人也应该以持虚守静的态度对待人生，故而他们都能以平常心对待生死、贫富，自然也就能快乐逍遥。

（二）“贵虚”

《吕氏春秋·审分览第五》云：“老耽贵柔，孔子贵仁，墨翟贵兼，关尹贵清，子列子贵虚，陈骈贵齐，阳生贵己，孙膑贵势。”明确提出了“列子贵虚”的观点。前文提及，“道”的本质是虚默无为的，贵虚守静自然就成了道家学派基本的思想内容之一。老子曾多次论述了虚静的重要性：“致虚极，守静笃。”（《老子》第十六章）“重为轻根，静为躁君。”（《老子》第二十六章）“不欲以静，天下将自正。”（《老子》第三十七章）“清静以为天下正。”（《老子》第四十五章）《列子》一书也贯穿着贵虚思想。关于这点，东晋张湛曾在《列子序》中指出：

其书大略明群有以至虚为宗，万品以终灭为验；神惠以凝寂常全，想念以著物自丧；生觉与化梦等情，巨细不限一域；穷达无假智力，治身贵于肆任；顺性则所之皆适，水火可蹈；忘怀则无忧不照。此其旨也。然所明往往与佛经相参，大归同于老、庄。属词引类特与《庄子》相似。

张湛不但指出列子和老、庄同属道家学派，也看到了其贵虚的思想："群有"以"至虚"为终极本体，而万物都是有生有灭的，需要忘情忘物才能保全"神"；生觉梦化都是相对的，同时大小变化也没有一定的限制；贫富贵贱无法靠人力来改变，而修身养性比肆情纵欲更重要；顺应本性就没有做不到的事，忘却自我才能达到对"道"的体认。有趣的是，列子曾自问自答地说明了其贵虚的原因。《列子·天瑞》篇记载道：

或谓子列子曰："子奚贵虚?"列子曰："虚者无贵也。"子列子曰："非其名也，莫如静，莫如虚。静也虚也，得其居矣；取也与也，失其所矣。事之破毁而后有舞仁义者，弗能复也。"

列子认为，保持清静、虚默，顺应自然本性，就掌握了"道"的所在；而追求得失予取，追逐世俗的名利，则丧失了人的本性。本性丧失之后，再去舞弄仁义礼智的说教，是不能使人的本性复原的。由此可知，列子"崇尚自然，认为一切都在不停地幻化之中，瞬息盈亏，暗中移易，终究归于寂灭，一切皆虚，无所谓生死、有无、是非、成败，顺自然之性，持虚静，便是与道合一"①。在贵虚的基础上，列子提出了"内观"的主张："务外游，不知务内观。外游者，求备于物；内观者，取足于身。取足于身，游之至也；求备于物，游之不至也。"（《列子·仲尼》）这里的"内观"，就是修心、修道的意思。内观主要"取足于身"，而不借助于外物，所以这种"游之

① 景中译注：《列子·前言》，中华书局2007年版，第6页。

至”的内观有唯心论的倾向。因为道常静虚，心也必须持静守虚，才能得道。当然静和虚是统一的，能静则欲念不生，才能悟虚；悟虚才能守静，没有欲念的静虚才是真正的静虚，才能体认大道。可见，列子的贵虚守静和其天道观是一致的。

（三）命定论思想

不但对古人而言，即使现在的大多数人，仍然相信“一切皆是命，半点不由人”。因为人都无法选择自己出生的时代和环境，无法选择自己的生身父母，无法选择种族和国家，尤其成人后的生活经历，不管是不由自主的、被动接受的失败，还是努力争取的、主动获得的成功，大都被归之于命运。人们认为一切事物的变化和发展，包括人的生老病死祸福寿夭等都是由命运预先确定好的，这就是命定论。

重视现实的孔子很少论及天命、天道，所谓“子罕言利与命与仁”（《论语·子罕》）。正如子贡所说：“夫子之文章，可得而闻也；夫子之言性与天道，不可得而闻也。”（《论语·公冶长》）倒是子夏曾说过“死生有命，富贵在天”（《论语·颜渊》）的话。不过细读《论语》，会发现孔子也是相信命运的。孔子在《论语·季氏》篇云：“君子有三畏：畏天命，畏大人，畏圣人之言。”《论语·为政》说：“吾十有五而志于学，三十而立，四十而不惑，五十而知天命，六十而耳顺，七十而从心所欲，不逾矩。”《论语·宪问》说：“道之将行也与，命也；道之将废也与，命也。”伯牛生病，孔子握着他的手感叹说：“亡之，命矣夫！斯人也而有斯疾也！斯人也而有斯疾也！”（《论语·雍也》）一般认为，儒家这里提及的命或者天命，是指有意志的天帝、天神，在这种具有超自然的神秘力量的天帝、天神面前，人只能乐天知命，顺从天神的安排，安于命运的规定。

与此相近，列子也提出了人力不可与命运相抗争，命运决定了人的寿夭、穷达、贵贱、贫富的观点。列子认为人们的寿夭、穷达、贵贱、贫富等全是由命所定，并不是道德的厚薄、才能的高低所能左右的，而且善无善报、恶无恶报，所谓“穷圣而达逆，贱贤而贵愚，贫善而富恶”（《列子·力命》），皆有命定，出于自然之理。“不知所以然而然，命也。”“彭祖之智不出尧舜之上，而寿八百；颜渊之才不出众人之下，而寿十八。仲尼之德不出诸侯之下，而困于陈、蔡；殷、纣之行，不出三仁之上，而居君位。季札无爵于吴，田恒专有齐国。夷齐饿于首阳，季氏富于展禽。”（《列子·力命》）而人的生死，也由天道自然决定，人只能逆来顺受。可知，列子所谓的命运，主要是天道自然，而不是儒家所说的有意志的天帝，“既谓之命，奈何有制之者邪？朕直而推之，曲而任之。自寿自夭，自穷自达，自贵自贱，自富自贫，朕岂能识之哉？朕岂能识之哉？”（《列子·力命》）同篇又云：

> 可以生而生，天福也；可以死而死，天福也。可以生而不生，天罚也；可以死而不死，天罚也。可以生，可以死，得生得死，有矣；不可以生，不可以死，或死或生，有矣。
>
> 然而生生死死，非物非我，皆命也，智之所无奈何。故曰，窈然无际，天道自会，漠然无分，天道自运。天地不能犯，圣智不能干，鬼魅不能欺。自然者默之成之，平之宁之，将之迎之。

这里既说明了人的生死与才智无关，乃是命定；同时又指出了命运就是一种自然规律，或者说天道自然。同时，列子的命定论也给人的主观努力留有一定的活动余地。列子认为，在天道自然的运行之中，人可以把握其规律，做到知命知时，乘势争取顺时而动，顺势而为，所谓“农赴时，商趣利，工追术，仕逐势，势使然也。然农有水旱，商有得失，工有成败，仕有遇否，命使然也”（《列子·力命》）。当然，在列子看来，人的主观努力还是很有限的：“死生自命也，贫穷自时也。怨夭折者，不知命者也；怨贫穷者，不知时者也。当死不惧，在穷不戚，知命安时也。其使多智之人量利害，料虚实，度人情，得亦中，亡亦中。其少智之人不量利害，不料虚实，不度人情，得亦中，亡亦中。量与不量，料与不料，度与不度，奚以异？唯亡所量，亡所不量，则全而亡丧。亦非知全，亦非知丧。自全也，自亡也，自丧也。”（《列子·力命》）今天看来，列子的命定论思想比儒家的可能更加合理些。

第四节　道家思想的集大成者——庄子

一、庄子小传

庄子名周，字子休（一说子沐）。战国中期宋国蒙人，与梁惠王、齐宣王同时，大约生活在公元前375年到公元前295年之间，具体生卒年不详。他是我国古代著名的哲学家、文学家，道家思想的集大成者。庄子也是一个典型的隐士，其生平比起老子、杨朱、列子等人来要清楚一些，但是今人对他的情况也不是非常明白。只知他曾经短时期做过蒙城漆园吏，因此也被称为蒙吏、蒙庄和蒙叟。又曾经隐居在南华山，所以唐玄宗天宝初年封庄子为南华真人，称他的著作《庄子》为《南华真经》。庄子家境贫困，住在陋巷，以织草鞋为生。尽管物质生活十分匮乏，但他的精神生活非常充实，甘于贫贱，淡泊功名富贵，并断然拒绝出仕的邀请。司马迁《史记·老子韩非列传》这样记载庄子：

> 庄子者，蒙人也，名周。周尝为蒙漆园吏，与梁惠王、齐宣王同时。其学无所不窥，然其要本归于老子之言。故其著书十余万言，大抵率寓言也。作《渔父》、《盗跖》、《胠箧》，以诋訾孔子之徒，以明老子之术。《畏累虚》、《亢桑子》之属，皆空语无事实。然善属书离辞，指事类情，用剽剥儒、墨，虽当世宿学，不能自解免也。其言洸洋自恣以适己，故自王公大人不能器之。
>
> 楚威王闻庄周贤，使使厚币迎之，许以为相。庄周笑谓楚使者曰："千金，重利；卿相，尊位也。子独不见郊祭之牺牛乎？养食之数岁，衣以文绣，以入大庙。当是之时，虽欲为孤豚，岂可得乎？子亟去，无污我。我宁游戏污渎之中自快，无为有国者所羁，终身不仕，以快吾志焉。"

《秋水》篇对庄子推辞楚王聘请一事记载得更为生动、形象：

“庄子钓于濮水，楚王使大夫二人往先焉，曰：‘愿以境内累矣！’庄子持竿不顾，曰：‘吾闻楚有神龟，死已三千岁矣，王巾笥而藏之庙堂之上。此龟者，宁其死为留骨而贵乎？宁其生而曳尾于涂中乎？’二大夫曰：‘宁生而曳尾涂中。’庄子曰：‘往矣！吾将曳尾于涂中。’”很明显，这里庄子拒绝出仕的邀请，是出于贵生全命、不受人拘束的自由思想。在这里，庄子认为做官就等同于死亡。没有了个性与自由，生命自然也就没有了意义。《秋水》篇下面的记载，则充分体现了庄子厌恶权势富贵的一面：

> 惠子相梁，庄子往见之。或谓惠子曰：“庄子来，欲代子相。”于是惠子恐，搜于国中三日三夜。庄子往见之，曰：“南方有鸟，其名曰鹓雏，子知之乎？夫鹓雏，发于南海而飞于北海，非梧桐不止，非练实不食，非醴泉不饮。于是鸱得腐鼠，鹓雏过之，仰而视之曰‘吓！’今子欲以子之梁国而吓我邪？”

“不知腐鼠成滋味，猜意鸳雏竟未休。”（李商隐《安定城楼》）不管上面的记载是否属实，但是庄子以鹓雏自喻，鄙薄功名富贵，甘于隐居的形象是非常突出的，对后人的影响更是不可低估。《列御寇》篇的记载与惠子相梁故事异曲同工，更能看出庄子对通过不正当手段获得功名富贵之人的辛辣讥刺：

> 宋人有曹商者，为宋王使秦。其往也，得车数乘；王说之，益车百乘。反于宋，见庄子曰：“夫处穷闾厄巷，困窘织屦，槁项黄馘者，商之所短也；一悟万乘之主而从车百乘者，商之所长也。”庄子曰：“秦王有病召医，破痈溃痤者得车一乘，舐痔者得车五乘，所治愈下，得车愈多。子岂治其痔邪，何得车之多也？子行矣！”

二、庄子的思想

作为先秦道家学派思想的集大成者，庄子对老子、杨朱、列子等前期道家人物的思想都有所继承和发展，并且自成体系，独具特色。庄子的思想主要体现在《庄子》一书中。《庄子》一书现存三十三篇，分为内篇七篇、外篇十五篇、杂篇十一篇。这三十三篇，后世一般多以为内篇为庄子作，外篇、杂篇为其门人后学作。但从总体倾向与风格而言，内篇、外篇和杂篇基本上还是统一的，都集中体现了庄子学派的思想。下面，笔者从《庄子》一书出发，分析其思想的主要方面。

（一）道

和老子一样，庄子也讲道，但是二人的侧重点却有所不同。前面提及，老子主要阐述了道的永恒性、独立性、本体性，且难以被解说得确切明白，清清楚楚，并指出了道具有自然无为的特点。庄子也认可作为本体的道无法被阐释得清楚明白，并具有独立于人的意志之外的特性，但是他强调的方面与老子则有不同。《大宗师》篇云："夫道，有情有信，无为无形；可传而不可受，可得而不可见；自本自根，未有天地，自古以固存；神鬼神帝，生天生地，在太极之先而不为高，在六极之下而不为深，先天地生而不为久，长于上古而不为老。"疏云："明鉴洞照，有情也。趣机若响，有信也。恬淡寂寞，无为也。视之不见，无形也。"[①] 在庄子这段话中，其他话语与老子的提法没有多大区别，但提出道是有情（意即有感情有感触）的观点，就与老子的观点有别。老子说"天地不仁，以万物为刍狗；圣人不仁，以百姓为刍狗"（《老子》第五章），认为天地之德没有什么私亲偏爱，把自然万物看作那用来祭祀求福的"刍狗"一样，当用则用，当废则废，顺其自然。既然天地无情（即没有私亲偏爱），那么道自然也是无情的了；相反，庄子则认为道是有情感的，这种情不是统治世界，主宰万物，而是对万物的"明鉴洞照"，是体察、顺应万物之情的。庄子还说："道，物之极。"（《则阳》）"夫道，覆载万物者也，洋洋乎大哉！"（《天地》）"夫道，于大不终，于小不遗，故万物备。"（《天道》）总之，庄子以为道"是超越时空的无限本体，它

① （清）郭庆藩撰，王孝鱼点校：《庄子集释》，中华书局1961年版，第247页。

超乎宇宙万物之上，生出天地万物，而又无所不包，无所不在，表现在一切事物中。它是真实可信的，人们可以得到它，而又不能用感官去察知它，因为他没有形象。然而‘道’又不是有意志、主宰一切的至上神，它自然无为，不居功恃巧。庄子的‘道’更带有西方哲学那种理念的色彩”①。

相对老子而言，庄子更强调道对世界万物的作用与影响，所以他说：“狶韦氏得之，以挈天地；伏戏氏得之，以袭气母；维斗得之，终古不忒；日月得之，终古不息；堪坏得之，以袭昆仑；冯夷得之，以游大川；肩吾得之，以处大山；黄帝得之，以登云天；颛顼得之，以处玄宫；禺强得之，立乎北极；西王母得之，坐乎少广，莫知其始，莫知其终；彭祖得之，上及有虞，下及五伯；傅说得之，以相武丁，奄有天下，乘东维，骑箕尾，而比于列星。”（《大宗师》）得到了“道”，就可逍遥自得于天下。当然，得“道”并不容易。《大宗师》篇曾经提到，以有圣人之道的女偊把道传授给有圣人之才的卜梁倚，尚且需要经过很多步骤，等待着不同的时机：

> 夫卜梁倚有圣人之才而无圣人之道，我有圣人之道而无圣人之才。吾欲以教之，庶几其果为圣人乎！不然。以圣人之道告圣人之才，亦易矣。吾犹守而告之，参日而后能外天下；已外天下矣，吾又守之，七日而后能外物；已外物矣，吾又守之，九日而后能外生；已外生矣，而后能朝彻；朝彻，而后能见独；见独，而后能无古今；无古今，而后能入于不死不生。杀生者不死，生生者不生。其为物，无不将也，无不迎也；无不毁也，无不成也。其名为撄宁。撄宁也者，撄而后成者也。

《天道》篇云：“天道运而无所积，故万物成；帝道运而无所积，故天下归；圣道运而无所积，故海内服。明于天，通于圣，六通四辟于帝王之德者，其自为也，昧然无不静者矣。圣人之静也，非曰静也

① 褚斌杰、谭家健主编：《先秦文学史》，人民文学出版社1998年版，第291页。

善，故静也；万物无足以铙心者，故静也。”指出了正是天道运行而不停滞，所以才生出了世界万物这一道理，同时也说明了天道、帝道、圣道都具有任其自为、自然而然的清静的特点。圣人的清静，并不是因为清静好，而是因为世界万物都不能够扰乱他的内心，所以才清静。同篇，庄子也指出了道包孕万物的一面：“夫道，于大不终，于小不遗，故万物备。广广乎其无不容也，渊渊乎其不可测也。”“通乎道，合乎德，退仁义，宾礼乐，至人之心有所定矣。”从道的视角观察世界万物，自然就超越了世俗，所谓：“以道观之，物无贵贱；以物观之，自贵而相贱；以俗观之，贵贱不在己。以差观之，因其所大而大之，则万物莫不大；因其所小而小之，则万物莫不小；知天地之为稊米也，知毫末之为丘山也，则差数睹矣。以功观之，因其所有而有之，则万物莫不有，因其所无而无之，则万物莫不无；知东西之相反而不可以相无，则功分定矣。以趣观之，因其所然而然之，则万物莫不然；因其所非而非之，则万物莫不非；知尧、桀之自然而相非，则趣操睹矣。”（《秋水》）

庄子还认为道超越了一般的技巧、技能，如庖丁所言：“臣之所好者道也，进乎技矣。”（《养生主》）庄子把道分为天道和人道：“何谓道？有天道，有人道。无为而尊者，天道也；有为而累者，人道也。主者，天道也；臣者，人道也。天道之与人道也，相去远矣，不可不察也。”（《在宥》）而关于道存在于哪里的问题，《知北游》篇还虚构了一段有趣的对话，用以表明道是无处不在的，无时不产生其作用的：

> 东郭子问于庄子曰：“所谓道，恶乎在?”庄子曰：“无所不在。”东郭子曰：“期而后可。”庄子曰：“在蝼、蚁。”曰：“何其下邪?”曰：“在稊、稗。”曰：“何其愈下邪?”曰：“在瓦、甓。”曰：“何其愈甚邪?”曰：“在屎、溺。”东郭子不应。庄子曰：“夫子之问也，固不及质。正获之问于监市履狶也，每下愈况。汝唯莫必，无乎逃物。至道若是，大言亦然。周、遍、咸三者，异名同实，其指一也。”

（二）逍遥游

如果说“道”是庄子哲学思想的核心，那么“逍遥游”就是庄子人生理想的核心，两者皆贯穿于《庄子》全书。“逍遥游”是《庄子》开篇第一篇的题目，同时也是该篇的主旨，它是我们理解庄子哲学思想以及人生主张的一把钥匙。那么何谓“逍遥游”呢？人们对它的理解可谓见仁见智。支道林云：“物物而不物于物，故逍然不我待；玄感不疾不速，故遥然靡所不为。以斯而游天下，故曰逍遥游。”① 穆夜云：“逍遥者，盖是放狂自得之名也。至德内充，无时不适；忘怀应物，何往不通？以斯而游天下，故曰逍遥游。”②《天运》篇云：“逍遥，无为也。”老子讲“无为”，庄子说“逍遥”，其实二者是一回事，不过提法不同，本质上却是一致的，都是无所作为，任顺自然。其实庄子也多次提到无为，并把无为作为天地大德：“天下是非果未可定也。虽然，无为可以定是非。至乐活身，唯无为几存。请尝试言之。天无为以之清，地无为以之宁，故两无为相合，万物皆化。芒乎芴乎，而无从出乎！芴乎芒乎，而无有象乎！万物职职，皆从无为殖。故曰天地无为也而无不为也，人也孰能得无为哉！”（《至乐》）庄子曾讲过一些含义深刻的故事，从反面告诉我们有为的害处，哪怕是这种有为是出于爱心。我们来看庄子讲的故事，一个是混沌之死，一个是鲁侯养鸟：

> 南海之帝为倏，北海之帝为忽，中央之帝为浑沌。倏与忽时相与遇于浑沌之地，浑沌待之甚善。倏与忽谋报浑沌之德，曰：“人皆有七窍以视听食息，此独无有，尝试凿之。”日凿一窍，七日而浑沌死。（《应帝王》）
>
> 昔者海鸟止于鲁郊，鲁侯御而觞之于庙，奏九韶以为乐，具太牢以为膳。鸟乃眩视忧悲，不敢食一脔，不敢饮一杯，三日而死。此以己养养鸟也，非以鸟养养鸟也。（《至乐》）

① （清）郭庆藩撰，王孝鱼点校：《庄子集释》，中华书局1961年版，第7页。
② 同上。

这两个故事警醒我们，“当在爱的名义之下把适用于某一或某些个体的价值和秩序强加于另外的个体时，悲剧就不可避免……如果我们真地爱我之外的存在，最好的方法也许是‘顺其自然’，而不是任何名义下的强人从己。”① 庄子曾明确描述了其“逍遥游”：

> 若夫乘天地之正，而御六气之辩，以游无穷者，彼且恶乎待哉！故曰：至人无己，神人无功，圣人无名。（《逍遥游》）

意思是说：“至于像那乘坐着天地的正道，驾驭着六气的变化，而游行在广漠无穷的境界的人，他又有什么凭借的呢？所以说：至人不知道什么是自己，神人不知道什么是功绩，圣人不知道什么是声名。”② 这就是庄子所说的“逍遥游”。在提出主题句之前，庄子也描绘了一些不逍遥的意象做铺垫，例如体积巨大的鲲、鹏，“定乎内外之分，辩乎荣辱之境”的宋荣子，“御风而行”的列子；提出主题句之后，庄子以不接受尧禅让天下的许由、藐姑射山之神人来说明什么是逍遥游的境界。在《庄子》一书中，多次描写了能够达到逍遥游境界的人物形象，试举几例如下：

> 藐姑射之山，有神人居焉，肌肤若冰雪，淖约若处子。不食五谷，吸风饮露，乘云气，御飞龙，而游乎四海之外。其神凝，使物不疵疠而年谷熟。……之人也，之德也，将旁礴万物以为一。世蕲乎乱，孰弊弊焉以天下为事？之人也，物莫之伤：大浸稽天而不溺，大旱金石流土山焦而不热。是其尘垢秕糠，将犹陶铸尧舜者也。孰肯以物为事！（《齐物论》）
>
> 至人神矣！大泽焚而不能热，河汉沍而不能寒，疾雷破山、飘风振海而不能惊。若然者，乘云气，骑日月，而游乎四海之外。死生无变于己，而况利害之端乎！（《齐物论》）

---

① 王博：《心灵四季》，《文摘报》2012年8月4日。

② 杨柳桥：《庄子译诂》，上海古籍出版社1991年版，第11页。

至德者，火弗能热，水弗能溺，寒暑弗能害，禽兽弗能贼。非谓其薄之也，言察乎安危，宁于祸福，谨于去就，莫之能害也。(《秋水》)

至人潜行不窒，蹈火不热，行乎万物之上而不慄。(《达生》)

夫至人者，上窥青天，下潜黄泉，挥斥八极，神气不变。(《田子方》)

庄子笔下的“神人”、“至人”形象，都能够“独与天地精神往来而不敖倪于万物”(《天下》)，充满了理想化的神仙气息，也为后代文人描绘神仙、隐士的游仙活动，提供了蓝本。其实，庄子这种彻底自由的“逍遥游”，正是对人世间种种束缚、种种苦难、种种无奈的曲折反映，更是对现实人生的否定。庄子的“逍遥游”境界是“一种近乎‘涅槃’的美丽的‘死亡’”，“从审美层面看，固然不乏诗意，但落实到行动中，却远不如儒家富有操作性。因为这种非人间性格偏离了大众的普遍人格，所以，只能以崇高的参照系的身份，悬于道德的至高点，成为可望而不可及的人生彼岸”。[①] 它虽然实际上难以达到，但却作为一种最高理想，成为身心疲惫的文人们的永久期待。你可以说它是阿 Q 式的自欺欺人，但却是调解现实人们心里平衡的一种方法，是现实人们不可或缺的心理安慰。庄子的意义，正在否定了现实社会后，能够展现出一个无比美好的境界，让人们去追求、去期待。

(三) 齐物论

作为道家的代表人物，庄子和老子一样都讲“道”，讲无为，讲自然而然，事物的本性不可违背，但是老子并不否定事物有对立的两面，且两面之间在一定条件下还可以相互转化，而庄子虽然也认为事物有两面性，但是却用“齐物”的理论消灭世间事物的差别，追求

① 郑训佐、李剑锋：《中国文学精神》(魏晋南北朝卷)，山东教育出版社 2003 年版，第 197 页。

不受任何限制的“逍遥游”境界。所谓“齐物论”，就是齐同事物间的彼此、是非，所谓“夫道未始有封，言未始有常，为是而有畛也”（《齐物论》）。在庄子看来，事物不分彼此，没有是非：

> 物无非彼，物无非是。自彼则不见，自知则知之。故曰彼出于是，是亦因彼。彼是方生之说也，虽然，方生方死，方死方生；方可方不可，方不可方可；因是因非，因非因是。是以圣人不由，而照之于天，亦因是也。是亦彼也，彼亦是也。彼亦一是非，此亦一是非。果且有彼是乎哉？果且无彼是乎哉？彼是莫得其偶，谓之道枢。枢始得其环中，以应无穷。是亦一无穷，非亦一无穷也。故曰莫若以明。以指喻指之非指，不若以非指喻指之非指也；以马喻马之非马，不若以非马喻马之非马也。天地一指也，万物一马也。（《齐物论》）

真如庄子所言，天地万物就是“一指”或“一马”，世间没有了彼此的分别，也没有是非的判断标准，无论寿夭、美丑，还是长短、大小，都是没有区别的。庄子认为，“任何具体事物都存在有无、大小、美丑、贵贱、善恶等种种差异，但这些差异只是人们心中的成见，在‘道’的面前，他们根本没有一个区分彼此的界限。”① 由此可见，庄子把老子关于对立面转化的看法引向极端，认为无论大小、长短、贵贱、美丑、成毁等一切差别都不存在，基于这个观点，他认为“天下莫大于秋毫之末，而太山为小；莫寿于殇子，而彭祖为夭”（《齐物论》）。这就混同了大小、寿夭的区别，否定事物的质的规定性，走向“不别同异”、“万物一齐”的相对主义。于是他提出“方生方死，方死方生……是亦彼也，彼亦是也；彼亦一是非，此亦一是非”。这就是说可以不必过问是非，生死如一。他不仅认为“齐是非”、“齐万物”，甚至“齐物我”，正如他所述“天地与我并生，而万物与我为一”，进入了神秘主义境界，否认了客观真理的存在，以

---

① 褚斌杰、谭家健主编：《先秦文学史》，人民文学出版社1998年版，第291页。

为一切皆不可知，这必然会导致虚无主义和诡辩论。

在理论上，庄子的“齐物论”虽然可能导致虚无主义和诡辩论；但就现实而言，庄子乃是有为而发，并非无的放矢的。庄子主要是针对儒家的仁义礼智进行批判，恰如司马迁所说“以诋訾孔子之徒，以明老子之术”，他认为正是因为儒家提倡仁义礼智，这才导致了天下大乱，社会不安：

> 民湿寝则腰疾偏死，鳝然乎哉？木处则惴慄恂惧，猨猴然乎哉？三者孰知正处？民食刍豢，麋鹿食荐，蝍蛆甘带，鸱鸦耆鼠，四者孰知正味？……毛嫱丽姬（丽姬一作西施），人之所美也，鱼见之深入，鸟见之高飞，麋鹿见之决骤。四者孰知天下之正色哉？自我观之，仁义之端，是非之涂，樊然殽乱，吾恶能知其辩！（《齐物论》）

《胠箧》篇还有许多相同的表述：“圣人已死，则大盗不起，天下平而无故矣。圣人不死，大盗不止。”“彼窃钩者诛，窃国者为诸侯。诸侯之门而仁义存焉。”“故绝圣弃知，大盗乃止；擿玉毁珠，小盗不起；焚符破玺，而民朴鄙；掊斗折衡，而民不争。殚残天下之圣法，而民始可与论议。擢乱六律，铄绝竽瑟，塞瞽旷之耳，而天下始人含其聪矣；灭文章，散五采，胶离朱之目，而天下始人含其明矣；毁绝钩绳，而弃规矩，攦工倕之指，而天下始人有其巧矣。削曾、史之行，钳杨、墨之口，攘弃仁义，而天下之德始玄同矣。”这里，庄子对儒家的仁义以及所提倡的聪明德行进行了尖锐地批判，表达了赞同老子“小国寡民”的思想。或许这正是庄子宣扬“齐物论”思想的初衷吧。

此外，庄子关于得失的分析，也是从齐物论出发的，并能给疯狂追名逐利的现代人以警醒：“百年之木，破为牺尊，青黄而文之，其断在沟中。比牺尊于沟中之断，则美恶有间矣，其于失性一也。跖与曾、史，行义有间矣，然其失性均也。且夫失性有五：一曰五色乱目，使目不明；二曰五声乱耳，使耳不聪；三曰五臭薰鼻，困惾中颡；四曰五味浊口，使口厉爽；五曰趣舍滑心，使性飞扬。此五者，皆生之害也。而杨、墨乃始离跂自以为得，非吾所谓得也。夫得者困，可以为得乎？则鸠鸮之在于笼也，亦可以为得矣。且夫趣舍声色以柴其内，皮弁鹬冠搢笏绅修以约其外，内支盈于柴栅，外重缰缴，睆睆然在缰缴之中而自以为得，则是罪人交臂历指而虎豹在于囊槛，亦可以为得矣。”（《天地》）何为得？何为失？在庄子看来，世俗之人所谓的得，也是一种失，只不过是与世俗之失的表现形式不同罢了。原因则在于人们看问题多从自己出发，进行主观论断，所谓：“与己同则应，不与己同则反；同于己为是之，异于己为非之。”（《寓言》）“人同于己则可，不同于己，虽善不善。”（《渔夫》）

（四）无用之用

老子已经看到无的用处，“凡俗之人往往见物之有而不知其无，见物之实而不知其虚，见有之以为利而不知无之以为用。老子因此以车毂、埴器、户牖的实虚有无不同为例，来说明事物的空虚之处也正是他的有用之处。”[①]《老子》第十一章云：“三十辐共一毂，当其无，有车之用。埏埴以为器，当其无，有器之用。凿户牖以为室，当其无，有室之用。有之以为利，无之以为用。”相比之下，庄子更明确地讲到无用之用。《人间世》云：“山木，自寇也；膏火，自煎也。桂可食，故伐之；漆可用，故割之。人皆知有用之用，而莫知无用之用也。”意思是说，山上的树木，是自己劫取自己；膏油的火焰，是自己煎熬自己。桂树的皮可以吃，所以人们砍来去吃；漆树的皮可以使用，所以人们割裂它漆东西。人们都知道有用的用处，却不知道没有用的用处。再如庄子和惠子关于樗树有用无用的辩论：

> 惠子谓庄子曰：“吾有大树，人谓之樗；其大本拥肿，而不中绳墨；其小枝卷曲，而不中规矩。立之涂，匠者不顾。今子之言，大而无用，众所同去也。”庄子曰：“子独不见狸狌乎？卑身而伏，以候敖者；东西跳梁，不辟高下；中于机辟，死于罔罟。今夫斄牛，其大若垂天之云。此能为大矣，而不能执鼠。今子有

① 辛战军：《老子译注》，中华书局2008年版，第44页。

大树，患其无用，何不树之于无何有之乡，广漠之野，彷徨乎无为其侧，逍遥乎寝卧其下，不夭斤斧，物无害者，无所可用，安所困苦哉？（《逍遥游》）

惠子说樗树虽大，却毫无用处，因为树干疙疙瘩瘩，上不得墨线；树枝弯弯曲曲，也不能用做器材。而庄子说，正因为樗树无用，所以工匠不去砍伐它，它由于没有用而保全了自己的生命，对于人们来说无用，但对于樗树来说，却是它最大的用处。庄子认为，只有认识到无用的道理，才可以谈论有用。

惠子谓庄子曰："子言无用。"庄子曰："知无用而始可与言用矣。天地非不广且大也，人之所用容足耳。然则厕足而垫之致黄泉，人尚有用乎？"惠子曰："无用。"庄子曰："然则无用之为用也亦明矣。"（《外物》）

这里，庄子说，天地虽然广大，而人所用的不过容足之地；但是如果把立足之外的土地都挖掉，人所立足的有用之地，也就无用了。庄子以此证明表面上看来无用的事物，其实都是有用的。当然，在庄子看来，仅仅懂得无用之用，还远远不够，必须怀抱道德，顺其自然，才能真正逍遥自在：

庄子行于山中，见大木，枝叶盛茂，伐木者止其旁而不取也。问其故，曰："无所可用。"庄子曰："此木以不材得终其天年。"庄子出于山，舍于故人之家。故人喜，命竖子杀雁而烹之。竖子请曰："其一能鸣，其一不能鸣，请奚杀？"主人曰："杀不能鸣者。"明日，弟子问于庄子曰："昨日山中之木，以不材得终其天年；今主人之雁，以不材死；先生将何处？"庄子笑曰："周将处乎材与不材之间。材与不材之间，似之而非也，故未免乎累。若夫乘道德而浮游则不然。无誉无訾，一龙一蛇，与时俱化，而无肯专为；一上一下，以和为量。浮游于万物之祖，物物

而不物于物，则胡可得而累邪?”(《山木》)

(五) 气论与生死观

和列子一样，对“道”有透彻领悟的庄子不但是一个淡泊名利的隐士，也是一个超脱生死的智者。相对于儒家注重现实社会的伦理道德及其统治秩序不同，道家人物更加看重对宇宙人生的思考，对天地大道的探求。人虽然历来被看作世界上最尊贵的生物，如许慎《说文解字》说：“人，天地之性最贵者也。”《礼记·礼运》篇云：“故人者，其天地之德，阴阳之交，鬼神之会，五行之秀气也。”又云：“故人者，天地之心也，五行之端也，食味别声被色而生者也。”但是在恒久不变的苍茫宇宙的注视下，作为个体的人却显得那么渺小，甚至是微不足道，可以忽略不计。所谓“天地长不没，山川无改时；草木得常理，霜露荣悴之。谓人最灵智，独复不如兹！适见在世中，奄去靡归期。奚觉无一人，亲识岂相思！但余平生物，举目情凄洏”(陶渊明《形赠影》)。作为世上唯一有情感、懂得喜怒哀乐的生物，人又不可能对自己那可怜的、短暂的、单向的生命历程无动于衷，怎能不“举目情凄洏”？通过对庄子气论的考察，我们发现庄子对生命的思考，却是我们很多现代人也难以达到的。

在关于世界构成的认识方面，气论以及由气论而形成的阴阳观念，是我国传统思想的重要组成部分，并在很大程度上影响了中国人的思维方式。从《周易》开始，古人就认为气是构成世界万物的原始物质。《周易·系辞上》就有“精气为物”的话，孔颖达疏云：“精气为物者，谓阴阳精灵之气，氤氲积聚而为万物也。”[①] 也就是刘沅所说：“当夫物之始有，得气之精以成形。”[②]《老子》一书有三处直接提到气，如其第四十二章云：“道生一，一生二，二生三，三生万物。万物负阴而抱阳，冲气以为和。”老子所说的一，就是阴阳未分的一气，二就是阴阳二气，意即阴气、阳气两大类物质，并以阴阳

① 辛战军：《老子译注》，中华书局 2008 年版，第 173 页。

② 马振彪著，张善文整理：《周易学说》，花城出版社 2002 年版，第 635 页。

二气作为构成世界万物的元素。“老子以自然流行、无凝无滞的气为宇宙万物化生的本源，万物的生成变化在于阴阳二气的消长，或聚或散，生生不已。”[①] 庄子也讲气论，且多次提到气。据统计，“‘气’在《庄子》一书中出现43次，其中单独出现17次，作为复合词组出现26次。另外还有以‘阴阳’表‘气’的有20次，以‘一’表‘气’的有13次”[②]。庄子说：“通天下，一气耳。”（《知北游》）意思是说，整个天下都是由一种精气所组成的。那么什么是气呢？《人间世》篇云：“气也者，虚而待物者也。唯道集虚，虚者，心斋也。”庄子认为气是空虚的，却能容纳万物，这和道一样，因为道本身也是空虚的。庄子还认为人生就是由一团精气组成的，所谓：“人之生，气之聚也；聚则为生，散则为死。若死生为徒，吾又何患！故万物一也，是其所美者为神奇，其所恶者为臭腐；臭腐复化为神奇，神奇复化为臭腐。”（《知北游》）既然“气聚为生，气散为死，聚散虽异，为气则同。斯则生死聚散，可为徒伴，既无其别，有何忧色？”[③] 生死虽不同，为气本一体，又有什么可忧虑、害怕的呢？

《大宗师》篇云：“夫大块，载我以形，劳我以生，佚我以老，息我以死。故善吾生者，乃所以善吾死也。”意思是说：“这大地，首先赋予我形体，它又用生存来劳累我，用衰老来安佚我，用死亡来休息我。所以，让我生存得好的，就是要让我死亡得好。”[④] 同篇，庄子还说：“死生，命也。”由此可见庄子不但不畏惧死亡，反而把死亡当作安息的归宿。《至乐》道：“人之生也，与忧俱生；寿者惛惛，久忧不死，何苦也！”意思是说：“人一生下来，就是和忧苦一同生下来的；长寿的人总是昏昏迷迷地希望不死，这是多么苦恼啊！”[⑤] 在这里，庄子以为生不可喜，反而与忧虑同在；长寿不可贺，痛苦却

---

① 黄柏青、朱登武：《庄子的气论及其哲学、美学意义》，《湖南工程学院学报》2004年第2期，第47页。

② 同上。

③ 郭庆藩撰，王孝鱼点校：《庄子集释》，中华书局1961年版，第733页。

④ 杨柳桥：《庄子译诂》，上海古籍出版社1991年版，第120页。

⑤ 同上书，第336页。

多，死亡才是真正的解脱。《至乐》还记载了庄子在妻子死后鼓盆而歌的故事，也充分表现了他对死亡的超然态度：

> 庄子妻死，惠子吊之，庄子则方箕踞鼓盆而歌。惠子曰："与人居，长子老身，死不哭亦足矣，又鼓盆而歌，不亦甚乎！"庄子曰："不然。是其始死也，我独何能无慨然！察其始而本无生，非徒无生也而本无形，非徒无形也而本无气。杂乎芒芴之间，变而有气，气变而有形，形变而有生，今又变而之死。是相与为春秋冬夏四时行也。人且偃然寝于巨室，而我噭噭然随而哭之，自以为不通乎命，故止也。"

这里，庄子认为人的生命本来就是由气形成的，来自于大自然，气散人死之后，又返回了自然，回到了每一个人都必须到达的终点，这是非常正常的社会现象，没有必要因为妻子回到了最终的归宿而号啕大哭。是否因为妻子还不是自己，所以庄子"站着说话不腰疼"，其实不是，《列御寇》记载了庄子自己临死时的故事：

> 庄子将死，弟子欲厚葬之。庄子曰："吾以天地为棺椁，以日月为连璧，星辰为珠玑，万物为赍送。吾葬具岂不备邪？何以加此！"弟子曰："吾恐乌鸢之食夫子也。"庄子曰："在上为乌鸢食，在下为蝼蚁食，夺彼与此，何其偏也！"

心理学家认为，一个人是否冷静地思考过死亡，尤其是关于自己的死亡问题，是判断他心理是否成熟的重要标准。由此而论，庄子的心理是很成熟的。他不但思考自己的死亡问题，而且能超越死亡，穿透生死。庄子认为人死了就死了，按照惯常的做法，把他的尸体往野外一扔完事，何必费事厚葬？又何必担心什么鸟来吃？扔在野外被鸟吃，埋在地下被蝼蚁吃，总之是要被吃，为什么把本来属于鸟的食物夺走，送给蝼蚁呢？为什么对鸟苛刻，对蝼蚁偏爱呢？这样看来，庄子的弟子们真是多事！

第三章

先秦其他学派思想（一）

先秦的春秋战国时代是我国历史上本土文化的定型时期。此时，除了我国传统思想文化的两大支柱——儒家、道家思想外，战国时期与儒家分庭抗礼、并称“显学”的墨家思想，法家、名家、阴阳家等其他思想流派，也都已发展成熟。我国后世的各种学术思想，除了汉代传入中土的印度佛家思想外，无一不发源于此。而即使佛家思想，也在传入我国后，一定程度上被中国本土文化同化了。本章主要以墨子、韩非子、公孙龙子、惠子以及邹衍等人为例，结合其生平经历，来讨论墨家、法家、名家以及阴阳家的学术思想。

第一节　墨家思想的杰出代表——墨子

一、墨子小传

墨子（约前468—前376）名翟，相传为宋国人（一说为鲁国人），后长期居住在鲁国。他是春秋末、战国初墨家学派的开创者和杰出代表，也是著名的思想家、科学家、社会活动家。《史记》卷七十四《孟子荀卿列传》对墨子只有二十四个字的简单记载：“盖墨翟，宋之大夫，善守御，为节用。或曰并孔子时，或曰在其后。”这与司马迁对其他诸子连篇累牍的记载比起来，显得异常奇怪。对此，有学者认为是司马迁反感墨家思想，因而有意冷落墨子；还有学者认为司马迁手头确实没有墨子的生平材料，当然无法多写。还有学者认为：“当是原有较长的墨子传记，但因在《孟子荀卿列传》篇末，竹简散断而佚失致残。今本《孟子荀卿列传》文末文义未足、文气骤止、无‘太史公曰’不合体例等，皆为其证。”① 众说纷纭，各有一定道理而难以判定。

陈柱《诸子概论》曾总结墨子生平事迹，现转录于下：

墨子名翟，姓墨氏，鲁人，或曰宋人。盖生于周定王时。鲁惠公使宰让请郊庙之礼于天子，桓王使史角往，惠公止之，其后在于鲁，墨子学焉。其学务不侈于后世，不靡于万物，不晖于数度，以绳墨自矫，而备世之急，作为《非乐》，命之曰《节用》，生不歌，死无服，氾爱兼利而非斗，好学而博不异，又曰：兼爱尚贤，右鬼非命。以为儒者礼烦扰而不说，厚葬靡财而贫民，久服伤生而害事，故背周道而用夏政。亦道尧舜，又善守御，为世显学。徒属弟子充满天下。

其居鲁，劝鲁君尊天事鬼，爱利百姓，法尧、舜、禹、汤、文、武，以百里取天下，暂卑辞厚币以事齐。

楚人常与越人舟战于江。楚惠王时，公输般自鲁南游楚焉，始为舟战之器，作为钩拒之备。楚人以此亟败越人，公输般善其巧，以语墨子。墨子曰：“我义之钩拒，贤于子舟战之钩拒。”因说以之交相爱之义。

公输般为楚造云梯之械成，将以攻宋。墨子闻之，起于鲁，行十日十夜而至于郢，见公输般，劝以不攻宋。公输般曰：“不可。吾已言之王矣。”墨子见王。王曰：“公输般为我为云梯，必取宋。”于是见公输般。墨子解带为城，以褋为械。公输般九设攻城之机变，墨子九距之。公输般之攻械尽，墨子之守圉有余。公输般诎，而曰：“吾知所以距子矣。吾不言。”墨子亦曰：“吾知子之所以距我，吾不言。”楚王问其故。墨子曰：“公输子之意，不过欲杀臣；杀臣，宋莫能守，乃可攻也。然臣之弟子禽滑厘等三百人，已持臣守圉之器，在宋城上而待楚寇矣。虽杀臣不

① 郑杰文：《〈史记·孟子荀卿列传〉载墨子传记为残篇说》，《中国文化研究》2005年第1期。

能绝也。”楚王曰：“善哉！吾请无攻宋矣。”

楚惠王五十年，墨子至郢，献书惠王。惠王欲养之，墨子辞。鲁阳文君言于王，谓为北方圣贤人，王乃封墨子以书社五百里，不受而去。

宋昭公时，尝为大夫，又尝南游于卫。昭公末年，司城皇喜专政劫君，而囚墨子。

老而至齐，见大王田和，劝以非攻。其将伐鲁，墨子复欲劝止之。卒，盖在周安王末年，所著书，汉刘向校录之，为七十一篇。①

二、墨子的思想

由墨子所开创的墨家学派堪称先秦时期和儒家相对立的最大的一个学派，并同称“显学”。《韩非子·显学》云：“世之显学，儒墨也。儒之所至，孔丘也；墨之所至，墨翟也。”墨子的思想主要体现在《墨子》一书中，该书是其弟子或再传弟子对墨子思想言论的记录。墨子思想，主要有十条五类纲领，即《墨子·鲁问》篇墨子所云：“凡入国，必择务而从事焉。国家昏乱，则语之尚贤、尚同；国家贫，则语之节用、节葬；国家喜音湛湎，则语之非乐、非命；国家淫僻无礼，则语之尊天、事鬼；国家务夺侵凌，即语之兼爱、非攻，必择务而从事焉。”下面以此为依据，对墨子的这十条五类纲领作一简要分析：

（一）兼爱、非攻

兼爱是墨子思想的核心。所谓兼爱，就是“兼相爱、交相利”，包含有平等与博爱的意思。一般认为，这是由儒家的“仁”和《礼记·礼运》篇的“人不独亲其亲，不独子其子”发展而来，并对孟子的“推恩”思想有所启发。孔子将“爱人”含义的“仁”，加上了宗法等级制的内容，改造成为了具备“忠恕”含义的“仁”，这里的

① 陈柱：《诸子概论》，广西师范大学出版社 2010 年版，第 126—127 页。

爱以自己为中心，向外层层扩展；而墨子主张“使天下兼相爱”，则剔除了宗法等级制的内容，因为庶人也是可以被举为天子的，在这里，等级制的界限已被打破了，爱对自己、对亲人或者陌生人都是同样的，没有差别的。所以，墨家的“兼爱”是对儒家“仁”的发展，更是对儒家“仁”的否定；在墨子看来，儒家不兼爱的“仁”，不能算是真正的“仁”。王博这样分析儒、墨之爱的差别：“墨家的开创者墨子不满意于儒家的主张，以之为分歧、冲突和战争的根源，因此提出要‘以兼易别’。所谓别，即是爱有差等，如爱自己的父亲超过爱别人的父亲，爱自己的国家超过爱其他的国家；所谓兼，即兼爱，视人如己的爱，也是普遍而无差别的爱。墨子想用兼爱来取代爱有差等。”① 墨子认为，圣人治理天下，需要知道天下大乱的原因，正像治病需要知道病因一样，而天下大乱的原因就是“不相爱”。正是因为“不相爱”，所以才会出现盗贼，才会出现大夫乱家，诸侯乱国。若想天下大治，必须要“兼爱”：

> 若使天下兼相爱，国与国不相攻，家与家不相乱，盗贼无有，君臣父子皆能孝慈，若此则天下治。（《兼爱》上）

墨子主张“仁人之所以为事者，必兴天下之利，除去天下之害”（《兼爱》中）。所谓天下之害，就是“国之与国之相攻，家之与家之相篡，人之与人之相贼，君臣不惠忠，父子不慈孝，兄弟不和调，此则天下之害也”。产生此害的原因就是人不相爱。只有“兼相爱、交相利”，才能兴利除害，原因很简单：“夫爱人者，人亦从而爱之；利人者，人亦从而利之。恶人者，人亦从而恶之。害人者，人亦从而害之。”这里，墨子从理想的逻辑出发，认为一个人对他人的爱也能换来他人同样的爱，如此，兼爱的结果能够使大家彼此都获得利益。故此，墨子以为兼爱既是“圣王之道”，更是“万民之大利”：“故兼者，圣王之道也，王公大人之所以安也，万民衣食之所以足也。故君

① 王博：《心灵四季》，《文摘报》2012 年 8 月 4 日第 8 版。

子莫若审兼而务行之。为人君必惠，为人臣必忠，为人父必慈，为人子必孝，为人兄必友，为人弟必悌。故君子莫若欲为惠君、忠臣、慈父、孝子、友兄、悌弟，当若兼之不可不行也。”（《兼爱下》）

再说非攻。非攻就是反对一切非正义的侵略性战争，而对防御战，墨子应该是支持的，因为他自己就曾经带人参加过好几次帮人守城的战争。墨子非攻，因为他认为攻国是最大的不义，这代表了当时下层民众对诸侯国之间以强凌弱、以众暴寡的连年不息的兼并战争的深深不满。《非攻》上篇曾两次使用类比的方法，从分析人所共知的是非问题，由浅入深，逐层深入，揭示出攻国的不义，具有很强的逻辑性和说服力。墨子从窃人桃李、攘人犬豕鸡豚、取人马牛、杀不辜人这些人们都知道是不对的事，一直说到攻国，天下君子对攻国“则弗知非，从而誉之，谓之义”，可见人们对于义与不义的判断标准是有问题的。同篇，墨子说：

> 杀一人，谓之不义，必有一死罪矣。若以此说往，杀十人，十重不义，必有十死罪矣。杀百人，百重不义，必有百死罪矣。当此天下之君子皆知而非之，谓之不义。今至大为不义攻国，则弗知而非，从而誉之，谓之义。情不知其不义也，故书其言以遗后世。若知其不义也，夫奚说书其不义以遗后世哉？

攻国既是最大的不义，同时又给国家、人民造成了巨大的损害，带来深重的灾难，因而攻国，发动侵略战争，“非国之务者也”。对于战争的严重危害，《非攻》中篇有着形象、生动的描绘：

> 今师徒唯毋兴起，冬行恐寒，夏行恐暑，此不可以冬夏为者也。春则废民耕稼树艺，秋则废民获敛，此不可以春秋为者也。今唯毋废一时，则百姓饥寒冻馁而死者，不可胜数。今尝计军上，竹箭、羽旄、幄幕、甲盾、拨劫，往而靡弊腑冷不反者，不可胜数。又与矛、戟、戈、剑、乘车，其列往碎折靡弊而不反者，不可胜数。与其牛马，肥而往，瘠而反，往死亡而不反者，

不可胜数。与其途道之修远，粮食辍绝而不继，百姓死者，不可胜数也。与其居处之不安，食饭之不时，饥饱之不节，百姓之道疾病而死者，不可胜数。丧师多不可胜数，丧师尽不可胜计，则是鬼神之丧其主后，亦不可胜数。

（二）尚同、尚贤

尚同就是下皆同于上，即要求百姓与天子皆上同于天，上下一心，实行义政。墨子所谓的尚同是有着较为严密的步骤程序的：首先要求一乡百姓皆同于乡长，叫乡治。其次是一国百姓皆同于国君，叫国治。再次要求天下百姓皆同于天子，则天下治；天子也必须“总天下之义，以尚同于天”；那么就达到了“天子发政于天下之百姓……上之所是，必皆是之；上之所非，必皆非之”的令行禁止的效果。墨子还曾多次论述了尚同的必要性，他说：“若苟百姓为人，是一人一义，十人十义，百人百义，千人千义。逮至人之众，不可胜计也。则其所谓义者，亦不可胜计。此皆是其义，而非人之义，是以厚者有斗，而薄者有争。”（《尚同下》）按照今天的话说，大家都坚持自己的观点，只有民主，没有集中，则人们就不知所措，社会就会混乱无序：“是以人是其义，以非人之义，故交相非也。是以内者父子、兄弟作怨恶，离散不能相和合。天下之百姓，皆以水火、毒药相亏害。至有余力，不能以相劳。腐余财，不以相分。隐匿良道，不以相教。天下之乱，若禽兽然。”（《尚同上》）人们和禽兽一样，天下当然大乱。墨子认为社会人事需要统一，才能令行禁止，这一点是有道理的；但是墨子认为社会百姓最终要统一于天子，“天子又总天下之义，以尚同于天”，则显示出了一定的局限性，为集权专制的君权统治秩序提供了理论依据。

尚贤就是推举贤能之士为官作吏，甚至包括选举贤者为天子国君。墨子认为，国君必须选举国中贤者担任，而百姓理应在公共行政管理上对国君有所服从。墨子把尚贤看得很重，多次提出尚贤是政事之本。《尚贤上》说：“是故子墨子言曰：得意贤士不可不举，不得意贤士不可不举，尚欲祖述尧、舜、禹、汤之道，将不可以不尚贤。

夫尚贤者，政之本也。”“是以知尚贤之为政本也。”（《尚贤中》）墨子以为尚贤必须要任贤用能，唯才是举，因而他特别反对君主用骨肉之亲：“故古者圣王甚尊尚贤，而任使能，不党父兄，不偏贵富，不嬖颜色。贤者，举而上之，富而贵之，以为官长。不肖者抑而废之，贫而贱之，以为徒役。是以民皆劝其赏，畏其罚，相率而为贤者。以贤者众，而不肖者寡，此谓进贤。然后圣人听其言，迹其行，察其所能，而慎予官，此谓事能。故可使治国者，使治国。可使长官者，使长官。可使治邑者，使治邑。凡所使治国家、官府、邑里，此皆国之贤者也。”（《尚贤中》）墨子认为，对于贤者应该不拘于出身，提出了“官无常贵，而民无终贱”的主张，必须“有能则举之，无能则下之。举公义，辟私怨”，才能真正做到举贤任能。墨子主张尚贤，那是因为不尚贤就不能做到尚同；但是“天下之人固不能尽贤，不可尽使之同然也。故明天志，明鬼神以戒惧之，《天志》、《明鬼》诸篇所记是也”[①]。

（三）尊天、事鬼

明确宣扬天志、鬼神思想是墨子不同于其他各家学派的一大特点。上文提及，儒家的代表人物如晏、孔、孟、荀等人基本上都是不信鬼神之说的，虽然有时儒家人物也言天意，那多是现实无奈时的一种呐喊或者宣泄，不足为凭；道家如老、庄等人则以天为天然、自然，或者是一种客观存在的规律，亦是无意志的，也排除了有神论思想。而墨子则不仅坚信鬼神存在，还明确提出天有意志、有人格，是天子的上司，能够对天子进行赏罚；同时天也像人一样，能够饮食起居。《天志》上篇所云甚详：

> 顺天意者，兼相爱，交相利，必得赏。反天意者，别相恶，交相贼，必得罚。然则是谁顺天意而得赏者？谁反天意而得罚者？子墨子言曰：昔三代圣王禹、汤、文、武，此顺天意而得赏也。昔三代之暴王桀、纣、幽、厉，此反天意而得罚者也。然则

---

① 陈柱：《诸子概论》，广西师范大学出版社 2010 年版，第 134 页。

禹、汤、文、武，其得赏何以也？子墨子言曰：其事上尊天，中事鬼神，下爱人，故天意曰："此之我所爱，兼而爱之；我所利，兼而利之。爱人者，此为博焉，利人者，此为厚焉。"故使贵为天子，富有天下，业万世子孙。传称其善，方施天下，至今称之，谓之圣王。然则桀、纣、幽、厉，得其罚何以也？子墨子言曰：其事上诟天，中诟鬼，下贼人。故天意曰："此之我所爱，别而恶之；我所利，交而贼之。恶人者，此为之博也；贼人者，此为之厚也。"故使不得终其寿，不殁其世，至今毁之，谓之暴王。然则何以知天之爱天下之百姓？以其兼而明之。何以知其兼而明之？以其兼而有之。何以知其兼而有之？以其兼而食焉。何以知其兼而食焉？曰：四海之内，粒食之民，莫不犓牛羊，豢犬彘，洁为粢盛酒醴，以祭祀于上帝鬼神。

由此可知，上天、鬼神能够享用人们的贡品，有思想、有意志，能够对人间天子进行赏罚，且丝毫不爽。上天兼爱天下之百姓，因为"今天下无小大国，皆天之邑也。人无幼长贵贱，皆天之臣也。此以莫不犓牛羊、豢犬猪，絜为酒醴粢盛，以敬事天"（《法仪》）。并且"天之爱民之厚"，即使君主、天子，也须顺从天意，否则就要受到惩罚。所谓"爱人利人者，天必福之。恶人贼人者，天必祸之"，"杀不辜者，得不祥焉……是以知天欲人相爱相利，而不欲人相恶相贼也"（《法仪》）。

此外，《墨子》一书还有三篇《明鬼》（上篇、中篇缺，仅存下篇），不但专门讨论了鬼神的真实存在："自古以及今，生民以来者，亦有尝见鬼神之物，闻鬼神之声，则鬼神何谓无乎？"（《明鬼下》）而且还认为鬼神能够像上天一样赏善罚恶："则皆以疑惑鬼神之有与无之别，不明乎鬼神之能赏贤而罚暴也。今若使天下之人，偕若信鬼神之能赏贤而罚暴也，则夫天下岂乱哉。"（《明鬼下》）《法仪》篇亦云："昔之圣王禹、汤、文、武，兼爱天下之百姓，率以尊天事鬼，其利人多，故天福之，使立为天子，天下诸侯皆宾事之。暴王桀、纣、幽、厉，兼恶天下之百姓，率以诟天侮鬼，其贼人多，故天祸之，使遂失其国家，身死为僇于天下，后世子孙毁之，至今不息。”正因如此，墨子认为人们必须尊天、事鬼，这样才能兴利除害，是圣王之正道：“是故子墨子曰：今天下之王公大人士君子，中实将欲求兴天下之利，除天下之害，当若鬼神之有也，将不可不尊明也，圣王之道也。”这中间的一个“若”字意味深长，值得深思。《周易·观·彖》云：“圣人以神道设教，而天下服矣。”《礼记·祭义》曰：“因物之精，制为之极，明命鬼神，以为黔首则，百众以畏，万民以服。”在利用迷信手段治理国家、统治百姓这一点上，墨子比儒、道两家学派的代表人物更为自觉，也表述得更为明确。韩兆琦说：“墨子虽提倡尊天事鬼，但无非是用来影响现实，其核心思想仍在救世。”[①] 一语道破了其中的玄机。

（四）节用、节葬

节用即节俭费用，这是墨子非常强调的一种观点。墨子抨击君主、贵族等统治阶级的奢侈浪费，尤其反对儒家看重的久丧厚葬之俗，振聋发聩地提出“俭节则昌，淫佚则亡”（《辞过》）的观点。墨子认为君主、贵族都应该像古代的大禹一样，过着清廉俭朴的生活，并要求墨者在这方面都能身体力行，其中墨子自己的衣食住行就是节用的典范。《节用》中篇特别指出了古代圣王的节用之法：“凡天下群百工，轮车、鞼匏、陶冶、梓匠，使各从事其所能……凡足以奉给民用，则止。诸加费不加于民利者，圣王弗为。”对于饮食，则“足以充虚继气，强股肱，耳目聪明，则止。不极五味之调、芬香之和，不致远国珍怪异物”。对于衣服，则“冬服绀緅之衣轻且暖，夏服絺绤之衣轻且清，则止。诸加费不加于民利者，圣王弗为”。对于房屋住所，则“其旁可以圉风寒，上可以圉雪霜雨露，其中蠲洁可以祭祀，宫墙足以为男女之别，则止。诸加费不加民利者，圣王弗为”。在《辞过》篇，墨子系统分析了宫室、衣服、饮食、舟车、蓄私等五个方面，都必须要节俭，并总结说：“凡此五者，圣人之所俭节也，小人之所淫佚也。俭节则昌，淫佚则亡。此五者，不可不节。夫妇节

---

① 韩兆琦主编：《先秦两汉散文专题》，高等教育出版社2003年版，第7页。

而天地和，风雨节而五谷孰，衣服节而肌肤和。”综上可知，墨子从各个方面都提倡节俭、节约，反对浪费。

节葬主要反对厚葬、久丧，这是墨子节用主张的一个组成部分，主要是从丧葬的角度来分析的。《节用》中篇提及了古代圣王制定的节葬之法：“衣三领足以朽肉，棺三寸足以朽骸，堀穴深不通于泉，流不发泄，则止。死者既葬，生者毋久丧用哀。”《节葬》下篇再次论及：“棺三寸足以朽体，衣衾三领足以覆恶。以及其葬也，下毋及泉，上毋通臭，垄若参耕之亩，则止矣……死者既以葬矣，生者必无久哭，而疾而从事，人为其所能，以交相利也。此圣王之法也。”同时墨子还极力反对以人、财殉葬：“存乎王公大人有丧者，曰棺椁必重，葬埋必厚，衣衾必多，文绣必繁，丘陇必巨。存乎匹夫贱人死者，殆竭家室……存乎诸侯死者，虚车府，然后金玉珠玑比乎身……曰天子杀殉，众者数百，寡者数十。将军、大夫杀殉，众者数十，寡者数人。”（《节葬下》）这和以孔子为代表的儒家提倡三年之丧，有着巨大区别。《论语・阳货》记载孔子话语：“子生三年，然后免于父母之怀。夫三年之丧，天下之通丧也。”《论语》的《学而》和《里仁》也都记载孔子的话：“三年无改于父之道，可谓孝矣。”当然，对于三年之丧，孔子弟子宰我就曾提出反对意见，并提出了一年丧期：“三年之丧，期已久矣。君子三年不为礼，礼必坏；三年不为乐，乐必崩。旧谷既没，新谷既升，钻燧改火，期可已矣。”（《论语・阳货》）但是却为孔子所不齿，并斥之为“不仁”。

司马谈、司马迁父子对于墨子的节用、节葬等主张，态度是非常复杂的。他们既赞成墨子的主张，也认为有些地方人民难以做到，甚至会导致社会出现“尊卑无别”的状况。《史记・太史公自序》云：

> 墨者俭而难遵，是以其事不可遍循；然其强本节用，不可废也。……
>
> 墨者亦尚尧舜道，言其德行曰：“堂高三尺，土阶三等，茅茨不翦，采椽不刮。食土簋，啜土刑，粝粱之食，藜霍之羹。夏日葛衣，冬日鹿裘。”其送死，桐棺三寸，举音不尽其哀。教丧

礼，必以此为万民之率。使天下法若此，则尊卑无别也。夫世异时移，事业不必同，故曰“俭而难遵”。要曰强本节用，则人给家足之道也。此墨子之所长，虽百家弗能废也。

（五）非乐、非命

墨子非乐并不是一味反对音乐，而是反对过度沉迷于音律。《非乐》上篇明确说，他非乐，并非音乐不美，而是不符合圣王要求，对民众不利：“墨子之所以非乐者，非以大钟、鸣鼓、琴瑟、竽笙之声以为不乐也，非以刻镂华文章之色以为不美也，非以犓豢煎炙之味以为不甘也，非以高台厚榭邃野之居以为不安也。虽身知其安也，口知其甘也，目知其美也，耳知其乐也，然上考之不中圣王之事，下度之不中万民之利。”同篇，墨子以为当时民众有三种巨大的忧患：“民有三患：饥者不得食，寒者不得衣，劳者不得息。三者，民之巨患也”，而“撞巨钟、击鸣鼓、弹琴瑟、吹竽笙而扬干戚，民衣食之财，将安可得乎？即我以为未必然也”。演奏音乐，攻打敌国，不能解决民众的三大忧患。而仁人志士，须当牢记民众忧患，兴利除害：“仁之事者，必务求兴天下之利，除天下之害，将以为法乎天下。利人乎即为，不利人乎即止。且夫仁者之为天下度也，非为其目之所美，耳之所乐，口之所甘，身体之所安。以此亏夺民衣食之财，仁者弗为也。”“大钟、鸣鼓、琴瑟、竽笙之声，以求兴天下之利，除天下之害，而无补也。”沉迷音乐，不但于事无补，而且劳民伤财，“使丈夫为之，废丈夫耕稼树艺之时；使妇人为之，废妇人纺绩织纴之事。今王公大人，唯毋为乐，亏夺民衣食之财以拊乐，如此多也”。“与君子听之，废君子听治；与贱人听之，废贱人之从事。今王公大人惟毋为乐，亏夺民之衣食之财以拊乐，如此多也。”由此可知，墨子非乐，主要是从反对统治阶级沉溺音律，奢侈享乐，从而侵夺农时、劳民伤财的角度出发来立论的。

非命即主张摆脱传统天命思想的束缚。《非命》上篇首先提及传统的天命思想：“命富则富，命贫则贫，命众则众，命寡则寡，命治则治，命乱则乱，命寿则寿，命夭则夭。命虽强劲，何益哉？”墨子认为强调天命的危害性很大，如果相信天命的学说并用以指导行动，则“上不听治，下不从事。上不听治，则刑政乱；下不从事，则财用不足。上无以供粢盛酒醴，祭祀上帝鬼神，降绥天下贤可之士；外无以应待诸侯之宾客，内无以食饥衣寒，将养老弱。故命，上不利于天，中不利于鬼，下不利于人。而强执此者，此持凶言之所自生，而暴人之道也!”所以，墨子认为：“今天下之士君子，忠实欲天下之富而恶其贫，欲天下之治而恶其乱，执有命者之言不可不非，此天下之大害也。”（《非命上》）“今天下之士君子，中实将欲求兴天下之利，除天下之害，当若执有命者之言，不可不强非也。曰：命者，暴王所作，穷人所术，非仁者之言也。今之为仁义者，将不可不察而强非者此也。”（《非命下》）上文论及儒、道人物都有命定论思想。儒家代表人物不相信鬼神之说，却相信命运，强调祭祀的重要性。墨子相信鬼神，却又“非命”，反对宿命论思想。这看似矛盾，其实不然。冯友兰分析得相当精辟：“儒家和墨家这种似乎自相矛盾的地方只是表面上的不一致。丧葬祭祀在古代受到重视，起初是源于对鬼神的信仰，但儒家重视丧葬礼仪，不是由于信奉鬼神，而是由于重视去世的祖先。可以说，儒家重视仪礼，是一种诗情，而不是出自宗教。”① 有趣的是，墨子也有看似矛盾的地方，他既主张“天志”，即上天有意志，相信鬼神之说，但是又反对丧葬和祭祀祖先时贡献大量牺牲的繁文缛节，主张“非命”。当然，“墨子的观点其实也没有自相矛盾。他论证鬼神的存在，是为他的兼爱理论作张本，而不是对超自然有什么特别的兴趣……墨子的思想从极端功利主义出发，崇奉鬼神，而主张薄葬节礼，两者之间并不矛盾，因为都有利于大众实行兼爱。”②

① 冯友兰著：《中国哲学简史》，赵复三译，天津社会科学院出版社 2005 年版，第 52 页。

② 同上书，第 52 页。

第二节 法家思想的集大成者——韩非子

一、韩非子小传

韩非子（约前280—前233），名非，战国晚期韩国人（今河南新郑），与秦相李斯同为荀子的学生。他和乃师荀子一样，都是战国末期集诸子学说之大成的思想家。其中，韩非子对于法家学说贡献极大，他继承和总结了战国时期法家的思想和实践，提出了君主专制中央集权的理论，从而成为法家思想的集大成者，对后代产生了深远的影响。司马迁《史记·老子韩非列传》这样记载韩非子生平：

韩非者，韩之诸公子也。喜刑名法术之学，而其归本于黄老。非为人口吃，不能道说，而善著书。与李斯俱事荀卿，斯自以为不如非。

非见韩之削弱，数以书谏韩王，韩王不能用。于是韩非疾治国不务修明其法制，执势以御其臣下，富国强兵而以求人任贤，反举浮淫之蠹而加之于功实之上。以为儒者用文乱法，而侠者以武犯禁。宽则宠名誉之人，急则用介胄之士。今者所养非所用，所用非所养。悲廉直不容于邪枉之臣，观往者得失之变，故作《孤愤》、《五蠹》、《内外储》、《说林》、《说难》十余万言。

然韩非知说之难，为《说难》书甚具，终死于秦，不能自脱。

人或传其书至秦。秦王见《孤愤》、《五蠹》之书，曰："嗟乎，寡人得见此人与之游，死不恨矣！"李斯曰："此韩非之所著书也。"秦因急攻韩。韩王始不用非，及急，乃遣非使秦。秦王悦之，未信用。李斯、姚贾害之，毁之曰："韩非，韩之诸公子也。今王欲并诸侯，非终为韩不为秦，此人之情也。今王不用，久留而归之，此自遗患也，不如以过法诛之。"秦王以为然，下吏治非。李斯使人遗非药，使自杀。韩非欲自陈，不得见。秦王后悔之，使人赦之，非已死矣。

二、韩非子的思想

作为法家思想的集大成者，韩非子对于前代法家人物的思想都能够有充分的理解和吸收，也能对其他各家学派思想进行批判的继承，为我所用，故能自成一家。韩非子的思想主要体现在《韩非子》一书中。今本《韩非子》一般作二十卷，五十五篇，这和《汉书·艺文志》、《隋书·经籍志》的记载一致，可见其在流传的过程中并未残缺。下面，笔者主要依据《韩非子》一书，来分析其思想特点。

（一）法、术、势相结合

在韩非子之前，法家已有很多著名的代表人物，其中不乏一些实干家，他们或著书立说，流传后世；或变法图强，建功立业。按照陈柱先生的说法，主要有："第一派尚实派为尚实业，如李悝、商君是也……第二派尚法派，为商鞅……第三派尚术派，为申不害……第四派尚势派，则慎子是也……至于韩非实业诸派之大成。何以言之？韩非极注重功利，实受李悝、商鞅之影响，其对于申子之有术而无法，商鞅之有法而无术，均深致不满，以为二者不可偏废也。其对于势。虽无慎子之重视，亦不如儒者之轻蔑，然则谓集法家之大成，又岂过乎？"① 后三派分别强调法、术、势。所谓法，指的是国家的成文法令；所谓术，指的是国君驾驭群臣的权术、方法；所谓势，指的是国君的权势地位。韩非子前，商鞅注重"明法"，认为"国无明法，不肖者敢为非"（《商君书·画策》），"苟非明法以守之也，与危亡为邻"（《商君书·弱民》）。申不害强调"任术"，曾经"十使昭侯用术"（《韩非子·定法》），慎到强调"乘势"，以为"贤不足以服不肖，而势位足以屈贤矣"（《慎子·威德》）。

商鞅、申不害、慎到三人各有所重，也各有所偏，韩非子主张把三者结合起来。首先，韩非子主张法、术并用，不可偏废："君无术则弊于上，臣无法则乱于下，此不可一无，皆帝王之具也。"（《定

① 陈柱：《诸子概论》，广西师范大学出版社2010年版，第74—75页。

法》）同篇认为“徒术而无法，徒法而无术”，都不可行，“则申不害虽十使昭侯用术，而奸臣犹有所谲其辞矣。故托万乘之劲韩，七十年而不至于霸王者，虽用术于上，法不勤饰于官之患也。”“商君虽十饰其法，人臣反用其资。故乘强秦之资，数十年而不至于帝王者，法不（不当为虽）勤饰于官，主无术于上之患也。”而对于申不害之术，商鞅之法，韩非子以为都未尽善尽美：“申子未尽于术，商君未尽于法也……二子之于法术，皆未尽善也。”

其次，韩非子尚势，对势位的重要性有深刻的认识：“抱法处势则治，背法去势则乱。今废势背法而待尧、舜，尧、舜至乃治，是千世乱而一治也；抱法处势而待桀、纣，桀、纣至乃乱，是千世治而一乱也。且夫治千而乱一，与治一而乱千也，是犹乘骥駬而分驰也，相去亦远矣。夫弃隐栝之法，去度量之数，使奚仲为车，不能成一轮；无庆赏之劝，刑罚之威，释势委法，尧、舜户说而人辩之，不能治三家。夫势之足用亦明矣。”（《难势》）

韩非子虽对法、术、势主张不可偏废，但他更为看重的还是法，法可看作三者的中坚或者核心内容，“则以一切纳之于法，为无为而无不为矣”①。他主张严刑峻法，赏罚如一，不能半途而废：“故明王峭其法而严其刑也……是以赏莫如厚而信，使民利之；罚莫如重而必，使民畏之；法莫如一而固，使民知之。故主施赏不迁，行诛无赦。誉辅其赏，毁随其罚，则贤不肖俱尽其力矣。”（《五蠹》）“故明主之治国也，众其守而重其罪，使民以法禁而不以廉止。”（《六反》）总之，韩非子崇尚法治，主张把法、术、势相结合的思想，为建立中央集权的封建统治提供了一整套的理论武器。当然，其局限性也相当明显：“韩非过于崇拜权力，强调生杀予夺集于一人之身，既否认尊重民意的必要，也不承认统治阶级内部的有限民主。这就必然导致独裁的寡头政治。”②

---

① 陈柱：《诸子概论》，广西师范大学出版社 2010 年版，第 87 页。

② 褚斌杰、谭家健主编：《先秦文学史》，人民文学出版社 1998 年版，第 323 页。

（二）社会历史进化论

为了能够更好地为其崇尚法治张本，为提倡革新作铺垫，韩非子提出了社会历史是不断发展进化的观点。正是因为社会处在不停地发展变化之中，所以不同的时代应该有不同的法令条文与之相适应，否则就像那个“守株待兔”的宋国人那样迂腐可笑。《五蠹》首先从人们的生活条件出发，说明随着社会的发展，时间的推移，每个历史阶段的社会状况都不相同，因而不能泥古不化的道理：“古者丈夫不耕，草木之实足食也；妇人不织，禽兽之皮足衣也。不事力而养足，人民少而财有余，故民不争。是以厚赏不行，重罚不用而民自治。今人有五子不为多，子又有五子，大父未死而有二十五孙，是以人民众而货财寡，事力劳而供养薄，故民争，虽倍赏累罚而不免于乱。”生活在战国末期的韩非子，看到人口增长的速度超过了生产力发展的能力，故此把社会动乱的根源归为民众劳苦而收获财物不足，这点虽不完全准确，但还是有一定道理的。由此出发，同篇引出了当时和古代情况不同，法治也须不同的观点：

> 上古之世，人民少而禽兽众，人民不胜禽兽虫蛇。有圣人作，构木为巢，以避群害，而民悦之，使王天下，号之曰有巢氏。民食果蓏蚌蛤，腥臊恶臭而伤害腹胃，民多疾病。有圣人作，钻燧取火以化腥臊，而民悦之，使王天下，号之曰燧人氏。中古之世，天下大水，而鲧、禹决渎。近古之世，桀、纣暴乱，而汤、武征伐。今有构木钻燧于夏后氏之世者，必为鲧、禹笑矣。有决渎于殷、周之世者，必为汤、武笑矣。然则今有美尧、舜、汤、武、禹之道于当今之世者，必为新圣笑矣。是以圣人不期修古，不法常可，论世之事，因为之备。
>
> 上古竞于道德，中世逐于智谋，当今争于气力……夫古今异俗，新故异备，如欲以宽缓之政、治急世之民，犹无辔策而御駻马，此不知之患也。

这里，韩非子首先指出社会是不断地发展变化的：上古是构木为巢、钻燧取火的时代，中古是鲧、禹决渎治水的时代，近古是汤、武征伐革命的时代，而当今是争于气力的时代。历史条件不同，社会发展变化了，治国的方法也必须随之变化，不能墨守成规。因此新时代的君主应该“不期修古，不法常可，论世之事，因为之备”。按照今天的话说，就是应该与时俱进，不断革新方式方法，才能更好地进行统治。客观地说，这种观点是符合社会历史发展规律的，具有一定合理性和科学性。前文讨论孔子礼制思想时提及，儒家以礼治国既是革命的，也是迂腐的。“法家的思想也和儒家一样，没有社会阶级高下的区别。人人在法律和统治者面前，地位都一样。但是，法家所做的不是把庶民的地位提高，而是把贵族的地位降低，靠奖惩来统治一切人，这就把‘礼’抛到一边去了。”① 总之，韩非子“较之一味颂扬古代，取法尧舜的儒家和墨家以及想还复上古的老庄思想显然是很大的进步”②。

（三）重君轻民思想

与儒家具有的民本思想、重视民众的观念截然不同，法家一些人则根本看不起民众，提倡实行愚民政策。韩非子前，商鞅就有明确的弱民、轻民思想，并提出“民弱国强，国强民弱。故有道之国，务在弱民”（《商君书·弱民》）的观点；而弱民的根本方法，就是愚民：“民不贵学，则愚；愚则无外交；无外交则国安而不殆。”（《商君书·垦令）韩非子继承了商鞅的观点，有着十分明确的重君轻民思想。

首先，韩非子把一切希望都寄托在国君身上，他的许多政治见解都是从国君的立场上出发的。上文已可看出，韩非子讨论法、术、势及其社会进化论观点，都是站在统治阶级的立场上来立论的，具体来说，就是站在统治阶级的突出代表——国君的立场上展开其理论的，因此笔者称韩非子为国君的代言人。在《韩非子》一书中，有许多

① 冯友兰著：《中国哲学简史》，赵复三译，天津社会科学院出版社 2005 年版，第 148 页。

② 曹道衡、刘跃进：《先秦两汉文学史料学》，中华书局 2005 年版，第 259 页。

篇目都是专门讨论巩固君权问题的，如《爱臣》向国君了提出了一系列削弱臣下势力、防止犯上作乱的措施，《主道》讲述了君主如何驾驭臣下的权术，《二柄》告诉国君怎样使用刑德加强自己的统治，《扬权》要国君高扬君权，表现得神秘莫测，与臣下保持距离，《八奸》分析了对国君权力构成威胁的八种政治阴谋，《十过》指出了君主常常会犯的十种过失及其严重后果，提出警戒等等。再如《奸劫弑臣》、《亡征》、《三守》、《备内》、《南面》等篇，都告诫国君不要过分信任臣下，以免大权旁落。韩非子接受了荀子的性恶论思想，其《外储说左上》篇通过分析父母与子女、雇主与雇工关系，得出了人“皆挟自为心也”的结论。正因为韩非子认为人性自私，所以对一切人都有猜忌，更是教导国君不要相信任何人，这对于封建君主专制思想的形成起到了很大的推动作用。对此，《备内》一篇表现得非常露骨，认为君主连自己的妻子和孩子都不能相信：

> 人主之患在于信人。信人，则制于人。人臣之于其君，非有骨肉之亲也，缚于势而不得不事也。故为人臣者，窥觇其君心也，无须臾之休，而人主怠傲处其上，此世所以有劫君弑主也。为人主而大信其子，则奸臣得乘于子以成其私，故李兑傅赵王而饿主父。为人主而大信其妻，则奸臣得乘于妻以成其私，故优施傅丽姬杀申生而立奚齐。夫以妻之近与子之亲而犹不可信，则其余无可信者矣。

其次，正因为韩非子一味强调国君的重要性，因此非常轻视人民群众，看不起人民群众的智慧，也看不到人民群众在社会历史发展中的巨大作用，套用乃师荀子的话说就是“韩子蔽于君而不知民”。在韩非子看来，人民群众根本是愚昧无知的，他们不能理解国家政策对他们是有用的，只是一味吵闹着反抗，因此不足与议国事。《显学》篇对此点所说甚详：

> 今不知治者必曰：“得民之心。”欲得民之心而可以为治，则

是伊尹、管仲无所用也，将听民而已矣。民智之不可用，犹婴儿之心也。夫婴儿不剔首则腹痛，不揊痤则浸益。剔首、揊痤必一人抱之，慈母治之，然犹啼呼不止，婴儿子不知犯其所小苦致其所大利也。今上急耕田垦草以厚民产也，而以上为酷；修刑重罚以为禁邪也，而以上为严；徵赋钱粟以实仓库，且以救饥馑备军旅也，而以上为贪；境内必知介而无私解，并力疾斗，所以禽虏也，而以上为暴。此四者所以治安也，而民不知悦也。夫求圣通之士者，为民知之不足师用。昔禹决江濬河，而民聚瓦石；子产开亩树桑，郑人谤訾。禹利天下，子产存郑，皆以受谤，夫民智之不足用亦明矣。故举士而求贤智，为政而期适民，皆乱之端，未可与为治也。

由此可知，韩非子看不起人民群众，认为“民智不可用”，具有反智论的观点。余英时先生认为：“中国政治思想史上的反智论在法家的系统中获得最充分的发展，无论就摧残智性或压制知识分子言，法家的主张都是最彻底的。”① “‘焚书’和‘坑儒’这两件大事便是法家反智论在政治实践上的最后归宿。”② 在韩非子的思想中，“爱和信任等对于这个世界来说就是多余的。去除了爱、信任、血缘亲情之后，法就成为韩非世界里的唯一主角。一个明智的君主应该意识到，除了法之外，国家不需要其他任何的文字和主张”③。

（四）对其他学派的批判

为了宣扬自己的理论主张，思想家会对前代或者同时的人物作出肯定或者否定的评价，这都是非常自然的事情。如孔子曾赞扬过晏子：“晏平仲善与人交，久而敬之。”（《论语·公冶长》）墨子不但有《非儒》上、下篇批判儒家，而且其兼爱、节葬、非乐等观点，都与儒家观点截然对立。孟子把杨朱和墨子视为洪水猛兽：“圣王不作，

① 余英时：《文史传统与文化重建》，三联书店 2004 年版，第 169 页。

② 同上书，第 179 页。

③ 王博：《心灵四季》，《文摘报》2012 年 8 月 4 日。

诸侯放恣，处士横议，杨朱、墨翟之言盈天下。天下之言不归杨，则归墨。杨氏为我，是无君也；墨氏兼爱，是无父也。无父无君，是禽兽也……杨墨之道不息，孔子之道不著，是邪说诬民，充塞仁义也。仁义充塞，则率兽食人，人将相食。吾为此惧，闲先圣之道，距杨墨，放淫辞，邪说者不得作……昔者禹抑洪水而天下平，周公兼夷狄、驱猛兽而百姓宁，孔子成《春秋》而乱臣贼子惧……能言距杨墨者，圣人之徒也。”（《孟子·滕文公》下）庄子也在其著作的最后一篇——《天下》篇对当时各家学说进行过总体评论与归纳，涉及墨子、禽滑厘、慎到、田骈、关尹、老聃、惠施、公孙龙等人。韩非子之师荀子有《非十二子》一文，对它嚣、魏牟、陈仲、史鳝、墨翟、宋钘、慎到、田骈、惠施、邓析、子思、孟轲等都作出了严厉批评；其《解蔽》一文也曾对其他学派人物作过评判：“墨子蔽于用而不知文，宋子蔽于欲而不知得（德），慎子蔽于法而不知贤，申子蔽于势而不知知，惠子蔽于辞而不知实，庄子蔽于天而不知人……孔子仁知且不蔽，故学乱术，足以为先王者也。”

作为战国末期集大成的思想家，韩非子自然也不例外地会评判到其他学派及其代表人物。《五蠹》一文提出了国君应该清除的“五蠹之民”及其原因：“其学者，则称先王之道以籍仁义，盛容服而饰辩说，以疑当世之法而贰人主之心。其言古（古一作谈）者，为设诈称，借于外力，以成其私而遗社稷之利。其带剑者，聚徒属，立节操，以显其名而犯五官之禁。其患御者，积于私门，尽货赂而用重人之谒，退汗马之劳。其商工之民，修治苦窳之器，聚弗靡之财，蓄积待时而侔农夫之利。此五者，邦之蠹也。人主不除此五蠹之民，不养耿介之士，则海内虽有破亡之国，削灭之期，亦勿怪矣。”这五类人民，分别是学者（儒家）、言古者（纵横家）、带剑者（受到墨家影响的游侠）、患御者（依附贵族私门逃避兵役的人）、工商之民。

对于儒、墨二家，韩非子深为不满。虽然韩非子和李斯一同师事荀子，其学术最早来源于儒家学派，但是他认为儒家的文士和墨家的侠客都是社会动乱的根源：“儒以文乱法，侠以武犯禁，而人主兼礼之，此所以乱也。”（《五蠹》）儒家和墨家所说“先王兼爱天下”的观点，毫无道理，而且不合时宜。反而是“儒服、带剑者众，而耕战之士寡。”（《问辩》）对于儒家的开创者孔子，韩非子讥刺他“自相矛盾”，因为他同时赞美尧、舜二人，但是：“今尧、舜之不可两誉，矛盾之说也。”（《难一》）其《显学》一篇，特别批判儒、墨二家学术的混乱和无据，进而认为其不可服众：“故孔、墨之后，儒分为八，墨离为三，取舍相反不同，而皆自谓真孔、墨；孔、墨不可复生，将谁使定后世之学乎？孔子、墨子俱道尧、舜，而取舍不同，皆自谓真尧、舜；尧、舜不复生，将谁使定儒、墨之诚乎？殷、周七百余岁，虞、夏二千余岁，而不能定儒、墨之真；今乃欲审尧、舜之道于三千岁之前，意者其不可必乎！无参验而必之者，愚也；弗能必而据之者，诬也。故明据先王，必定尧、舜者，非愚则诬也。愚诬之学，杂反之行，明主弗受也。”

道家思想对韩非子有很大的影响。对于道家，韩非子的做法是吸收对自己有利的部分，而摒弃其余。虽然司马迁认为韩非子“喜刑名法术之学，而其归本于黄老”。不过，韩非子的书中尽管有《解老》、《喻老》二篇，好像是为阐述道家思想而作的，其实不然。韩非子是用法家思想来解释老子的，其观点和道家思想已有较大差别。可以说，韩非子对“老子的‘道’、‘虚静无为’、形名观念和祸福相生等哲学概念进行了自利性改造，把这些概念纳入到自己的法术理论体系中，从而为自己的法术理论寻觅哲学基础”①。例如“无为无不为”本是老子的观点，提倡统治者无欲无为，虚静不争，不扰民生事，那样人民自然就会质朴、纯真，生活安定、富裕。这一点韩非子也是认可的，他认为“君王应该具备的一项品质便是‘为无为’，自己表现出‘无为而治’：君王不应当亲自动手做任何事情，一切需要办的事情都应假手别人去做”②。当然，道家和法家思想也有本质区别，它

---

① 殷传杰：《论韩非子对道家思想的变异和革新》，《消费导刊》2008 年 7 期，第 202 页。

② 冯友兰著：《中国哲学简史》，赵复三译，天津社会科学院出版社 2005 年版，第 146 页。

们“代表中国思想传统的两个极端：道家认为，人本来是天真无邪的，法家则认为人生来性恶；道家鼓吹个人绝对自由，法家主张社会控制一切。但是在‘无为’这一点上，两个极端倒会合了”①。

司马谈、司马迁父子较为辩证地评价了法家：“法家严而少恩；然其正君臣上下之分，不可改矣。”“法家不别亲疏，不殊贵贱，一断于法，则亲亲尊尊之恩绝矣。可以行一时之计，而不可长用也，故曰‘严而少恩’。若尊主卑臣，明分职不得相逾越，虽百家弗能改也。”（《史记·太史公自序》）既揭示了法家的严刑峻法而刻薄寡恩，同时也指出了其“尊主卑臣，明分职不得相逾越”，对于社会统治的有利一面。

第三节　名家思想的代表人物——惠子、公孙龙子

张采田《史威·原名篇》曾说：“名家之学，百家莫不兼治之。荀子有《正名篇》矣，则儒家之有名也；墨子有《辨经》及《大取》、《小取》矣，则墨家之有名也；韩非子尝言刑名参同矣，则法家有名也；《吕氏春秋》亦有《正名篇》矣，则杂家之有名也。”② 由此可知，诸家均重视名家之学，当然他们的出发点并不一致：“孔子重礼，故重名；老子居礼之反，故薄礼而尚无名；墨子虽反古之礼乐，而自有尚同兼爱之法，故亦重名。”③ 名家在先秦时期的代表人物有惠子、公孙龙子、桓团、邓析等，他们著书立说，辩论名实，更反常名，反常识，给我们展示了一个思辨诡谲的奇异境界。司马谈、司马迁父子这样评价名家：“名家使人俭而善失真；然其正名实，不可不察也。”“名家苛察缴绕。使人不得反其意，专决于名而失人情，故曰‘使人俭而善失真’。若夫控名责实，参伍不失，此不可不察

---

① 冯友兰著：《中国哲学简史》，赵复三译，天津社会科学院出版社 2005 年版，第 146 页。

② 陈柱：《诸子概论》，广西师范大学出版社 2010 年版，第 91 页。

③ 同上。

也。”（《史记·太史公自序》）下面以惠子、公孙龙子为例，进行重点分析。

一、惠子及其思想

（一）惠子生平

惠子（前390？—前317？），名施，战国中期宋国（今河南商丘）人。他是名家思想开创者和主要代表，也是著名的政治家和哲学家。惠子曾担任魏相，是合纵抗秦最主要的组织者和支持者，主张魏、齐、楚等国联合起来抗秦，并建议尊齐为王，欲破张仪连横之策。后惠子被张仪所逐，先去楚国，终返回宋国。惠子和庄子是朋友，两人经常在一起辩论，例如著名的关于“鱼之乐”（《庄子·外篇·秋水》）、“无用之用”（《庄子·内篇·逍遥游》）的辩论等。虽然二人志趣不同，一个是道家学派的代表人物、典型的隐士，一个是名家思想的开创者、出色的政治家，且经常为一些问题争执得面红耳赤，但并不妨碍他们有真挚的友谊。惠子死后，庄子慨叹：“自夫子之死也，吾无以为质矣，吾无与言之矣！”（《庄子·杂篇·徐无鬼》）惠子知识渊博，读书无数，著书无数，“学富五车”一词即来源于惠子。《汉书·艺文志》云：“《惠子》一篇。”可见，惠子著述在汉代已大多亡失；而“《惠子》一篇”，现在也不能见到。惠子的生平、思想，主要依赖《庄子》、《荀子》、《韩非子》和《吕氏春秋》等书的记载。《战国策》也多次记载了其从政的事迹，可参看。

（二）“历物十事”

惠子的思想以及论题，现在主要保存在《庄子》一书中。《庄子·杂篇·天下》篇云：

> 惠施多方，其书五车，其道舛驳，其言也不中。历物之意，曰：“至大无外，谓之大一；至小无内，谓之小一。无厚，不可积也，其大千里。天与地卑，山与泽平。日方中方睨，物方生方死。大同而与小同异，此之谓小同异；万物毕同毕异，此之谓大同异。南方无穷而有穷。今日适越而昔来。连环可解也。我知天

下之中央，燕之北、越之南是也。泛爱万物，天地一体也。”

惠施以此为大，观于天下而晓辩者，天下之辩者相与乐之。卵有毛。鸡三足。郢有天下。犬可以为羊。马有卵。丁子有尾。火不热。山出口。轮不蹍地。目不见。指不至，至不绝。龟长于蛇。矩不方，规不可以圆。凿不围枘。飞鸟之景未尝动也。镞矢之疾，而有不行不止之时。狗非犬。黄马骊牛三。白狗黑。孤驹未尝有母。一尺之捶，日取其半，万世不竭。辩者以此与惠施相应，终身无穷。

上文第一段，就是惠子的“历物十事”，它们是先秦名家思想中非常重要的组成部分。对此，刘利民认为：“惠施的‘历物十事’是与现实无关的分析理性思辨。这并没有否定惠施命题的科学精神……他对于万事万物感兴趣，却没有直接进行关于事物的经验性研究。这一点可以从他的‘反常识’的论题明显地看出来。惠施所探索的不是物，而是‘物之为物’的形而上学理念，是真正的‘自然之后（之上）［meta / physics］’的理念。”① “惠施的‘历物十事’既不是经验科学式结论，也不是辩证逻辑，更不是相对主义认识论；其一以贯之的哲学精神是对于语言意义确定性的理性追问。”② 由此可知，惠子的“历物十事”是对世界万物的理性思考，大多超出了当时人们的社会经验和生活常识。即使以今天的眼光来看，很多提法与观点也大违常识。笔者这里不打算进行详细论证，只作简要的分析理解。

1. “至大无外，谓之大一；至小无内，谓之小一。”意思是说，最大的包括一切，不可穷尽，了无边际，没有别的可以在它的外面；而最小的则不可分割，没有别的可以在它的里面。成玄英说：“囊括无外，谓之大也；入于无间，谓之小也。虽复大小异名，理归无二，

① 刘利民：《惠施“历物十事”的语言哲学新探》，《四川大学学报》2007 年第 2 期，第 83 页。

② 同上。

故曰一也。”[①] 牟宗三说：“‘至大’以‘无外’定，‘至小’以‘无内’定。此种规定是形式的规定，或逻辑的规定。至于事实上有无合乎这种规定的至大或至小者，则颇难说。”[②] 高尔吉亚（Gorigias）指出：一个事物“如果它是无限的，那它便不在任何地方”[③]。正因为如此，惠子的这个思考不可能有实践经验来佐证，而只能从理性的维度进行抽象的思辨。今天看来，这个思辨还是有其科学的合理性的。

2. “无厚，不可积也，其大千里。”意思是说，没有厚度的东西，是不能累积起来的，但是它的广度能够推到千里之外。牟宗三认为，惠子的命题，“从虚的空间方面说，是存有地说。从几何概念方面说，是逻辑地说”[④]。的确，没有厚度的东西，没有办法让它厚起来，就此而言，它是“至小无内”的“小一”；恰如几何学中的平面，虽然没有厚度，但是却能无限地延长、无限地加宽，直至“千里”，当然，这里的“千里”并非实指，就此而言，它又是“至大无外”的“大一”。

3. “天与地卑，山与泽平。”意思是说，天和地一样低下，山和泽一样齐平。这该如何理解呢？李颐说：“以地比天，则地卑于天，若宇宙之高，则天地皆卑；天地皆卑，则山与泽平矣。”[⑤] 成玄英则从“道”的角度来说：“夫物情见者，则天高而地卑，山崇而泽下；今以道观之，则山泽均平，天地一致矣。《齐物论》云：‘莫大于秋毫，而泰山为小。’即其义也。”[⑥] 由此可见，这里的高低上下关系并非在某一固定标准之下的比较，牟宗三解释道：“此主要在泯除因比较而显之上下高低等之差别相。比较必立一标准，而标准之立是主观的，原无定准，因比较而显之上下高低是关系词，原是虚概念，本非

① 杨柳桥：《庄子译诂》，上海古籍出版社 1991 年版，第 718 页。

② 牟宗三：《名家与荀子》，台湾学生书局 1979 年版，第 6 页。

③ ［古希腊］高尔吉亚：《论自然或非存在》，转引自苗力田《古希腊哲学》，中国人民大学出版社 1989 年版，第 190 页。

④ 牟宗三：《名家与荀子》，台湾学生书局 1979 年版，第 12 页。

⑤ 杨柳桥：《庄子译诂》，上海古籍出版社 1991 年版，第 719 页。

⑥ 同上。

一物之属性。”①

4. “日方中方睨，物方生方死。”意思是说，太阳正在当中，同时也正在偏斜，万物正在生长，同时也正在死亡。成玄英说：“睨，侧视也。据西者呼为中，处东者呼为侧，则无中侧也。犹生死也，生者以死为死，死者以生为死。日既中侧不殊，物也死生无异也。”②成玄英从道家或者说庄子的角度来解释惠子，认为站在不同的立场，所得的结论当然会不一样，这是有一定道理的。而笔者认为也能把“方”字理解为“正在”或者“方才”，这样就能和西方学者赫拉克利特的“人不能两次踏入同一条河”的命题精神相一致，即事物都是处在不停地运动之中的。当你刚刚说太阳正中，太阳就开始偏斜了；而世界万物（包括人）在生成之后，就是一步步向死亡迈进的，所以说，生长的同时，也伴随着死亡。

5. “大同而与小同异，此之谓小同异；万物毕同毕异，此之谓大同异。”意思是说，万物间的“大体相同”和“小部分相同”不同，这叫作“小同异”；万物间完全相同或者完全不同，这叫作“大同异”。可以这样理解，同一类属的事物之间既有同又有异，这是一种同异关系；任何不同的事物之间都有同又都有异，这也是一种同异关系。例如大山和小山本质相同而形式不同，称之为“大同”；大山和大树本质、形式均不同，称之为“小同”。但是惠子讲的是“同”、“异”概念的关系，而非具体事物间的关系，所以举这样的例子也不恰切。“大同”是“同”占据主导，而“小同”则是“异”占据主导，但是不管“大同”还是“小同”，它们都是相异的，故此叫作“小同异”。而“大同异”指“万物无不相同又无不相异，其‘大’不在于其所涉之事，而在于它是就‘同’、‘异’概念的极致说的，即无不相同、无不相异……而大同大异作为极限性的概念，是对立又

① 牟宗三：《名家与荀子》，台湾学生书局1979年版，第12页。

② 杨柳桥：《庄子译诂》，上海古籍出版社1991年版，第719页。

统一的，故曰‘万物毕同毕异’”[①]。叶锦明说得也有道理：“从这一条看来，惠施是对‘同’、‘异’作形式的区分，其方法与第一条分析‘大’、‘小’的意思基本相同……一切事物都是事物，这是‘毕同’；而一切事物都只是其自己而不是另一个事物，这是‘毕异’。”[②]其实也可这样简单化地把“大同异”、“小同异”理解为“大同”而“小异”，如此一来，世界上的万事万物均不完全相同，可称为“小异”；而世界上的万事万物均是事物，“道通为一”，则为“大同”。可见，事物之间的异同区分都不是绝对的。[③]

6.“南方无穷而有穷。”意思是说，南方是无穷尽的，同时南方也是有穷尽的。如果说第四个命题“日方中方睨，物方生方死”主要从时间维度思辨的话，那么这个论题则从空间切入。“南方无穷”是春秋战国时人常常论及的话题，而惠子的回答颇具新意。或许惠子已经意识到地球是圆形的，所以才会有此论；或许惠子从想象出发，对于有限与无限进行了一次超越时空的思考。周云之等人的解释较为精到：“南方可以是无穷的远，但又是由无数的有穷所组成的，因而某一具体的南方则是有穷的。”[④] 马叙伦这样解释：“地形既圆，则竟无南方也。假立为南，南则又南，是南方无穷也，至于无可复南而止矣，是南方无穷而有穷也。又复假立南方，则南而复南，势无穷止。然既立南方，竟止于南，故云南方无穷而有穷。”[⑤] 这是在设定地球是圆形的基础上得出的结论，但是惠子是否已经知道地球是圆形的，则不得而知了。

---

① 尤炜、赵山奎：《论惠施的“历物十事”及其学术风格》，《贵州社会科学》2003年第2期，第48页。

② 叶锦明：《逻辑分析与名辩哲学》，台湾学生书局2003年版，第150页。

③ 吕思勉认为：“此破同异之说也。天下无绝对相同之物，无论如何相类，其所占之时间空间决不同，便为相异之一点，此万物毕异之说也。天下无绝对相异之物。无论如何相异，总可籀得其中之同点。如牛与马同为兽，兽与人同为动物，动物与植物同为生物是也。此万物毕同之说也。”见吕思勉《先秦学术概论》，中国人民大学出版社2011年版，第98页。

④ 周云之、刘培育：《先秦逻辑史》，中国社会科学出版社1984年版，第56页。

⑤ 杨柳桥：《庄子译诂》，上海古籍出版社1991年版，第720页。

7. “今日适越而昔来。”意思是说，今天到越国去，而昨天就已经到了。对此，《庄子·内篇·齐物论》曾云：“未成乎心而有是非，是今日适越而昔至也。是以无有为有。无有为有，虽有神禹且不能知。”庄子认为观点还没有形成，就说有对与错，这就像说“今天去越国而昨天就到了”一样，把尚且不存在之物说成是已经存在之物，那么即使是神圣的大禹也不知道是什么了。庄子是站在惠子反对者的立场发表言论的，认为这个说法荒谬。沈有鼎的解释比较有趣：“这话完全正确，只要‘而’字在说的时候放慢，慢到至越之后再说‘昔来’。故此断言为真，如它所说。”[①] 也有人从时间的相对论来分析，假如今天是 28 日，一个人 26 日去北京，27 日到达，他在 26 日当然可以说：“我今天到北京去。”而站在 28 日来看，他可以说：“我是昨天（即 27 日）到的北京。”如此，则“我今天到北京去”和“我是昨天到的北京”是可以并存的。综上，在惠子这里，“今日”与“昔”都不确定，只是具有相对的意义。

8. “连环可解也。”意思是说，连环是可以解开的。连环是一个套着一个的一串玉环，本来是解不开的。于是人们想尽各种办法去解连环，甚至像齐君王后那样引椎椎破玉连环（《战国策·齐策》六）。郭沫若在《十批判书》中以“不解解之”：“‘连环可解也’，大约是以不解解之。庄子所谓‘得其环中以应无穷’，连环如各得环中以运，则彼此不相拘束，是不解而自解了。”这里有两层意思，第一层是“连环的‘解’就是‘不可解’，类似于数学中方程的‘无解’就是方程的‘解’；第二层意思，就是援引庄子的观点，‘得其环中以应无穷’，讨论约束与自由的辩证关系，各个圆环只要在相连接的圆环范围之内运行就是畅达的，也就是圆环之内的‘解’”[②]。尤炜、赵山奎的说法也有一定的道理：“学者们大多注意了‘解’，却忽视了‘可’。此事只是讲貌似‘不可解’的连环存在‘解’的可能性。指出可能性无处不在，论题的含义到此为止。学者们争论的‘如何解’

---

① 沈有鼎：《沈有鼎文集·中国古代辩者的悖论》，人民出版社 1992 年版，第 206 页。

② 王菲菲：《“连环”究竟如何“可解”》，《中国社会科学报》2013 年 1 月 28 日。

已不是可能性，而是可能性的实现过程或实现的结果，这其实是偏题的。"①

9. "我知天下之中央，燕之北、越之南是也。"意思是说，我知道天下的中央，在燕国的北方，越国的南方。对此一般有三种解释：一是认为地球既是圆形的，那么燕国的北方和越国的南方的任何一点，自然都可以是天下的中央，因为本来任何一点都是中央。二是说大地是无穷大的，燕国和越国在无穷大之中，其实是没有差别的，所以处处皆可是中央，如司马彪所说："燕去越有数，而南北之远无穷。由无穷观有数，则燕、越之间，未始有分也。天下无方，故所在为中；循环无始，故所在为始也。"② 三是所谓的"燕越二邦，相去迢递，人情对执，各是其方。故燕北越南，可为天下中者也"③。

10. "泛爱万物，天地一体也。"意思是说，要博爱世间万物，因为天地是一体的。一般认为这一句，是惠子"历物十事"的总纲。在惠子看来，世间万物"毕同毕异"，即使差别大如天地的事物也有相同之处，自然也是统一的；而人当然也是和天地万物有相同之处，和天地万物是统一的，一体的。《庄子·内篇·德充符》说："自其异者视之，肝胆楚越也；自其同者视之，万物皆一也。"因此，就此而论，世间万物没有绝对的不同和隔离，就本质而言是一致的，即"道通为一"，万物为一。成玄英说："万物与我为一，故泛爱之；二仪与我并生，故同体也。"④ 因此，人应该泛爱世间万物，不加区别，才是正理。

惠子"历物十事"是相辅相成的，密切联系在一起的。陈柱认为："第十事'泛爱万物，天地一体也'为一个大主义。前九条是九种辩证，后一条是全篇之断案……第一组论一切空间的分割区别都非实有……第二组论一切时间的分割区别都非实有……第三组论一切同

① 尤炜、赵山奎：《论惠施的"历物十事"及其学术风格》，《贵州社会科学》2003年第2期，第49页。

② 杨柳桥：《庄子译诂》，上海古籍出版社1991年版，第720页。

③ 郭庆藩撰、王孝鱼点校：《庄子集释》，中华书局1961年版，第1105页。

④ 杨柳桥：《庄子译诂》，上海古籍出版社1991年版，第720页。

异都非绝对的……三组的断案天地一体也。”① 至于其具体的划分，笔者并不完全赞同。笔者以为，第一组包括第一、二、三、六、八、九条，第二组包括第四、七条，第三组为第五条。

（三）惠子的二十一个论题

上面引文的第二自然段，就是惠子的二十一个论题。这二十一个论题包含着非常丰富的内容，不能简单地斥之为“诡辩”论。下面逐一作简要分析。

1. 卵有毛。意思是说，鸡卵里面有羽毛。司马彪认为：“胎卵之生，必有毛羽……毛气成毛，羽气成羽，虽胎卵未生，而毛羽之性已著矣。”② 也就是说，虽然我们看鸡蛋里没有羽毛，但是鸡蛋将来孵出来的小鸡是有羽毛的，这说明在鸡蛋里肯定有羽毛的因素，所以说“卵有毛”。

2. 鸡三足。意思是说，鸡有三只脚。《公孙龙子·通辩论》云：“谓鸡足，一；数足，二；二而一，故三。”其实是说鸡脚之名与鸡脚之数，共为三。

3. 郢有天下。意思是说，郢邑占有整个天下。李颐说：“九州之内，于宇宙之中，未万中之一分也。故举天下者，以喻尽而名大。夫非大，若各指其有，而言其未足，虽郢方千里，亦可有天下也。”③ 也可以说，因为郢邑是天下不可分割的一部分，所以可以说“郢有天下”。

4. 犬可以为羊。意思是说，犬可以叫作羊。所谓“名以名物，而非物也……形在于物，名在于人”④。犬与羊的名字都是人叫的，如果大家都叫犬为羊，约定俗成，那么犬就是羊了。

5. 马有卵。意思是说，马是卵生的。李颐云：“形之所托，名之所宗，皆假也，非真也。故犬、羊无定名，胎、卵无定形，故鸟可以

---

① 陈柱：《诸子概论》，广西师范大学出版社2010年版，第114—115页。

② 杨柳桥：《庄子译诂》，上海古籍出版社1991年版，第721页。

③ 同上。

④ 同上。

有胎，马可以有卵也。”① 成玄英说：“夫胎、卵湿化，人情分别；以道观者，未始不同。鸟卵既有毛，兽胎可妨名卵乎？”② 也有人这样认为，马虽然是胎生的，但是其胎之初期也如同卵，因此能够说“马有卵”。

6. 丁子有尾。丁子即蛤蟆。成玄英曾说“楚人呼虾蟆为丁子”。意思是说，蛤蟆是有尾巴的。蛤蟆是由蝌蚪发育而成的，蝌蚪是有尾巴的，因此可以推断蛤蟆也是有尾巴的。

7. 火不热。意思是说，火不够热。有几种理解。一种认为热和冷的感觉都是相对而言的，因为对象不同，对火的感觉亦不相同，有感到火热的（例如凡人），也有感到火不热的（例如孙悟空）。一种是成玄英的观点，认为火本身当然是不热的：“火热、水冷，起自物情，据理言之，非冷非热。臂杖加于体，而痛发于人，人痛而杖不痛；亦犹火加于体，而热发于人，人热而火不热也。”③ 再就是司马彪的观点，以为：“木生于水，火生于木，木以水润，火以木光。金寒于水，而热于火。而寒热相兼无穷，水火之性有尽。谓火热、水寒，是偏举也。偏举，则火寒可也。”④

8. 山出口。意思是说，山有嘴巴。因为在山间呼喊，众山皆应，山有回荡之声，可见山能够发出声音，这就说明山有嘴。也有人说，山能够吐纳云雾，因此说山有嘴。

9. 轮不蹍地。意思是说，车轮碾不着地。车轮转动时，只有其中一点与地面相接，就整个轮子而言，其实并没有着地。

10. 目不见。意思是说，眼睛看不见。眼睛看见东西是有条件的，眼睛在夜间就看不见东西，因此说“目不见”。司马彪说：“光之曜形，异于不曜，则视见于曜形，非见形也。目不夜见，非暗；昼见，非明；有假也。所见者，明也。目不假光而复明，无复见光。故

---

① 杨柳桥：《庄子译诂》，上海古籍出版社 1991 年版，第 721 页。

② 同上。

③ 杨柳桥：《庄子译诂》，上海古籍出版社 1991 年版，第 721—722 页。

④ 同上书，第 721 页。

目之于物，未尝有见也。”①

11. 指不至，至不绝。意思是说，手指指不到事物的实际，即使触摸到了也不能穷尽事物的本质。《列子·仲尼》篇援引公孙龙所说的“有意不心，有指不至，有物不尽，有影不移，发引千钧，白马非马，孤犊未尝有母”。据此，则可分为两个论题。《公孙龙子·指物论》云：“物莫非指，而指非指。天下无指，物无可以谓物。非指者，天下之物可谓指乎？指也者，天下之所无也；物也者，天下之所有也。以天下之所有，为天下之所无，未可。”《庄子·内篇·齐物论》的话比公孙龙子的话好理解：“以指喻指之非指，不若以非指喻指之非指也；以马喻马之非马，不若以非马喻马之非马也。天地一指也，万物一马也。”《世说新语·文学》载：“客问乐令‘旨不至’者，乐亦不复剖析文句，直以麈尾柄确几曰：‘至不？’客曰：‘至！’乐因又举麈尾曰：‘若至者，那得去？’于是客乃悟服。”这里，乐广用麈尾柄敲击几案，说明对具体的事物可以描述，能够触摸得到；随后又拿开，表示描述或者触摸到事物并不等于与事物融为一体，也不等于穷尽了事物的本质，实质上还是“至不绝”。

12. 龟长于蛇。意思是说，乌龟比蛇长。乌龟有大小，蛇有长短，大龟自然比小蛇长。这里，也能以其“历物十事”的第三事来解释。

13. 矩不方，规不可以为圆。意思是说，矩不是方的，规不可以用来画圆。有人理解为规和矩画出来的都不是绝对标准的方和圆。也可以用其第四个论题“名称是约定俗成”的来分析。即成玄英所说：“夫规矩方圆，其来久矣，而名谓不定，方圆无实，故不可也。”②

14. 凿不围枘。意思是说，凿孔不能围住榫头。凿孔虽然是套榫头的，但是凿孔与榫头之间还是有空隙的，不可能围得完全紧贴。司马彪说：“凿、枘异质，合为一形，凿积于枘，则凿、枘异围，凿、

---

① 杨柳桥：《庄子译诂》，上海古籍出版社1991年版，第722页。

② 同上。

枘异围是不相围也。”①

15. 飞鸟之景未尝动也。意思是说，飞鸟的影子未尝移动。飞鸟及其影子在某一时间是停留在某一个点上的，所以说“飞鸟之景未尝动”。一说如僧肇《物不迁论》云：“旋风偃岳而常静，江河竞逐而不流，野马飘鼓而不动，日月历天而不周。”再解就如六祖慧能所说“不是风动，不是幡动，仁者心动”（《坛经》），则陷入了唯心主义的旋涡。

16. 镞矢之疾，而有不行不止之时。意思是说，疾飞的箭矢，也有不前进和不停止的时候。射出的箭矢在疾飞，这是谁都看得见的，一般没有人会说箭头不动。但是惠子却说，疾飞的箭矢既不前进、也不停止。令人惊叹的是，名家此说与古希腊数学家芝诺（Zeno of Elea）提出的“飞矢不动”说相映成趣（笔者注：这个观点和惠子的第十五个论题道理一致“飞鸟之景未尝动也”）。芝诺这样解释，一支射出的箭在飞，在一定时间内经过许多点，每一瞬间都停留在某一点上；许多静止的点集合起来，仍然是静止的，所以说飞箭是不动的。惠子的观点则是，疾飞的箭矢，每一瞬间既在某点又不在某点；在某点便是“不行”，不在某点便是“不止”，故云飞矢不行不止。与芝诺说相比，既在又不在（不行不止），显然比纯粹“不动”说深刻了许多。

17. 狗非犬。意思是说，狗不是犬。古人一般称大狗为犬，小狗为狗，二者大小不同，所以说“狗非犬”。司马彪这样分析：“狗、犬同实而异名。名实合，则彼所谓狗，此所谓犬也。名实离，则彼所谓狗，异于犬也。”② 成玄英则说：“狗之与犬，一物两名。名字既空，故狗非犬也。”③

18. 黄马骊牛三。意思是说，黄马、黑牛是三个东西。黄马和黑牛分开是两个概念，合起来是一个集合的概念，加起来就成了三个概

---

① 杨柳桥：《庄子译诂》，上海古籍出版社 1991 年版，第 722 页。

② 同上书，第 723 页。

③ 同上。

念，所以说“黄马骊牛三”。也有人这样解释，一牛，二马，三牛马，所以形状上为三；一黄，二骊，三黄骊，颜色上也是三。

19. 白狗黑。意思是说，白狗是黑色的。白毛狗的身上也有黑色，例如眼珠。根据白毛可以叫白狗，那也可以根据黑色眼珠叫黑狗。

20. 孤驹未尝有母。意思是说，孤独的马驹没有母亲。虽然所有的马驹都是母亲生的，但是既然称为“孤驹”，就没有母亲。李颐的解释颇为合理：“驹生有母。言孤，则无母。孤称立，则母名去也。母尝为驹之母，故孤驹未尝有母也。”①

21. 一尺之捶，日取其半，万世不竭。意思是说，一尺长的木棍，每天截掉一半，永远也截不完。一尺之捶是一个有限的物体，但它却可以无限地分割下去。这个论题讲的是有限和无限的统一，有限之中有无限，这就是辩证的思想。

对于惠子的“历物十事”和二十一个论题，以庄子为代表的道家学派其实是大部分都不认同的。好在庄子不以言废人，如实记录下了惠子的言论。在惠子著作失传的情况下，我们有幸能够通过庄子了解到名家这个思想深刻的哲学家。在《庄子·外篇·天下》篇的末尾，庄子对惠子做出了嬉笑怒骂式的否定：“桓团、公孙龙辩者之徒，饰人之心，易人之意，能胜人之口，不能服人之心。辩者之囿也。惠施日以其知与人之辩，特与天下之辩者为怪，此其柢也。然惠施之口谈，自以为最贤，曰：‘天地其壮乎！施存，雄而无术。’南方有倚人焉，曰黄缭，问天地所以不坠不陷，风雨雷霆之故。惠施不辞而应，不虑而对，遍为万物说，说而不休，多而无已，犹以为寡，益之以怪。以反人为实，而欲以胜人为名，是以与众不适也。弱于德，强于物，其涂隩矣。由天地之道，观惠施之能，其犹一蚊一虻之劳者也。其于物也何庸？夫充一尚可，曰愈贵道，几矣！惠施不能以此自宁，散于万物而不厌，卒以善辩为名。惜乎！惠施之才，骀荡而不得，逐万物而不反，是穷响以声，形与影竞走也。悲夫！”荀子《非

---

① 杨柳桥：《庄子译诂》，上海古籍出版社 1991 年版，第 723 页。

十二子》篇也严厉地批判了惠子及其思想："不法先王，不是礼义，而好治怪说，玩琦辞，甚察而不惠，辩而无用，多事而寡功，不可以为治纲纪；然而其持之有故，其言之成理，足以欺惑愚众，是惠施、邓析也。"

二、公孙龙及其思想

（一）公孙龙生平

公孙龙（约前325—前250），姓公孙，名龙，字子秉，战国时赵国人，名家学派的代表人物。据梁涛《公孙龙行年考》所述，公孙龙早年曾游于魏国的封国中山，深得中山公子魏牟的欣赏。公元前284年，当燕昭王准备攻打齐国时，反对兼并战争的公孙龙曾劝其罢兵。公元前283年，秦国与赵国盟会缔约，答应相互援助。但是秦国不久却发兵攻打魏国，赵国出兵援救，秦王责备赵国违约。此时公孙龙已来到赵国，他向平原君建议说也可以派使者去责备秦王，说赵国想援救魏国，秦国却攻打魏国，是秦国首先违背了盟约。公元前280年，公孙龙与赵惠文王论"偃兵"，他认为赵惠文王十余年来一直想偃兵，却始终没有成功，是因为赵王不真正具有兼爱之心，所以偃兵一直不能成功。公元前265年，公孙龙在平原君家会见孔子后代孔穿。孔穿说放弃你的白马非马说，我就做你的弟子。公孙龙说，自己赖以成名的就是白马非马说，如果放弃了它，拿什么来教别人呢？公元前257年，赵平原君守邯郸抗秦有功，有人为其请封。公孙龙听说，连夜套车晋见平原君，以此前已无功受封为由，劝平原君放弃受封。公元前256年，邹衍替齐国出使赵国，平原君请其对公孙龙的"白马非马"发表意见。邹衍于是对公孙龙进行了批驳，认为他"烦文以相假，饰词以相惇，巧譬以相移，引人使不得及其意，如此害大道"（《资治通鉴》卷三），其后果只能是增加纷争，产生混乱，有害大道，使在座者都拍手称好。公孙龙从此失去影响，而邹衍的名声更加显赫了。几年之后，公孙龙在抑郁中去世。

公孙龙著作有《公孙龙子》一书。《汉书·艺文志》著录为十四篇，《隋书·经籍志》著录《守白论》（即《公孙龙子》）一卷，《旧唐书·经籍志》著录《公孙龙子》三卷。宋时仅存六篇，流传至今。在这六篇中，《迹府》篇系后人辑录公孙龙事迹的传记。其余《白马论》、《指物论》、《通变论》、《坚白论》、《名实论》五篇约一千九百字，保存了"白马非马"、"离坚白"等名辩论题。下面，笔者即以《公孙龙子》六篇为主，来分析公孙龙的思想。

（二）正名、重名

公孙龙为人善辩，能"困百家之知，穷众口之辩"（《庄子·外篇·秋水》），但是却"不能服人之心"（《庄子·杂篇·天下》）。在名家学派之中，公孙龙与惠子一派对立，"惠子强调现实中存在的事物都是相对的、可变的"①，被称之为"合同异"派；而公孙龙则"用这些认识论和形而上学的论辩证明'坚'与'白'是分离的"②，被人称之为"离坚白"派。不管是"合同异"派，还是"离坚白"派，其做法是一致的，都"据名学以破除世俗一切之常名，推翻世俗一切之常识而已"③。惠子的反常名、反常识，通过上文已知一斑，下面我们来分析公孙龙。

公孙龙重名，希望一切能够名实相副，即"正名"。其《名实论》篇云：

> 天地与其所产者，物也。物以物其所物，而不过焉，实也。实以实其所实，而不旷焉，位也。出其所位非位，位其所位焉，正也。以其所正，正其所不正；不以其所不正，疑其所正。其正者，正其所实也；正其所实者，正其名也……其以当而当也。以当而当，正也……夫名，实谓也。
>
> 至矣哉，古之明王！审其名实，慎其所谓。至矣哉，古之明王！

① 冯友兰著：《中国哲学简史》，赵复三译，天津社会科学院出版社2005年版，第80页。

② 同上书，第81页。

③ 陈柱：《诸子概论》，广西师范大学出版社2010年版，第104页。

这里，公孙龙把世界上形形色色的事物统称之为“物”，而“物”的对象就是各种具体事物。被“物”名所称而又没有超出“物”名称范围的，就是“实”。“实”就是具有各种特定的形状、色泽以及特征等的具体事物或具体物类。据此，公孙龙子给“名”做出了界定：“夫名，实谓也。”名称是某具体事物的名称符号，它是和该事物的“实”紧密联系在一起的，名实相副而“不旷焉”，就是“正”，这与我们今天对“名”概念的界定是一致的。正是因为“名”和事物的“实”紧密联系在一起，所以世界万物必须名实相副，才叫得位，才是正名。应该以“正”为标准，使天下混乱不正的归于正位。而作为统治者，更应该“审其名实，慎其所谓”，才能更好地治理民众，进行统治。公孙龙子通过“循名责实”，曾规劝燕昭王罢兵，建议赵国责备秦国等，与赵惠文王论“偃兵”，以名实论干预现实政治，“欲推是辩，以正名实而化天下焉”（《公孙龙子·迹府》）。可惜的是，在那样一个崇尚武力、秩序混乱的时代，公孙龙的理想是注定要失败的。《迹府》篇记载公孙龙转述齐王与尹文的故事，恰恰表现了“以正名实而化天下”的艰难。孔穿希望公孙龙放弃“白马非马”，然后投其门下做弟子，于是公孙龙借题发挥，指出孔穿和齐王同样是名实混乱，荒谬绝伦：

> 先生之所以教龙者，似齐王之谓尹文也。齐王之谓尹文曰：“寡人甚好士，以齐国无士，何也？”尹文曰：“愿闻大王之所谓士者。”齐王无以应。尹文曰：“今有人于此，事君则忠，事亲则孝，交友则信，处乡则顺，有此四行，可谓士乎？”齐王曰：“善！此真吾所谓士也。”尹文曰：“王得此人，肯以为臣乎？”王曰：“所愿而不可得也。”
>
> 是时齐王好勇。于是尹文曰：“使此人广庭大众之中，见侵侮而终不敢斗，王将以为臣乎？”王曰：“钜士也？见侮而不斗，辱也！辱则寡人不以为臣矣。”尹文曰：“唯见侮而不斗，未失其四行也。是人未失其四行，其所以为士也然。而王一以为臣，一不以为臣，则向之所谓士者，乃非士乎？”齐王无以应。

尹文曰："今有人君，将理其国，人有非则非之，无非则亦非之；有功则赏之，无功则亦赏之，而怨人之不理也，可乎？"齐王曰："不可。"尹文曰："臣窃观下吏之理齐，齐方若此矣。"王曰："寡人理国，信若先生之言，人虽不理，寡人不敢怨也。意未至然与？"

尹文曰："言之敢无说乎？王之令曰：'杀人者死，伤人者刑。'人有畏王之令者，见侮而终不敢斗，是全王之令也。而王曰：'见侮而不斗者，辱也。'谓之辱，非之也。无非而王非之，故因除其籍，不以为臣也。不以为臣者，罚之也。此无而王罚之也。且王辱不敢斗者，必荣敢斗者也；荣敢斗者是，而王是之，必以为臣矣。必以为臣者，赏之也。彼无功而王赏之。王之所赏，吏之所诛也；上之所是，而法之所罪也。赏罚是非，相与四谬，虽十黄帝，不能理也。"齐王无以应焉。

（三）"白马非马"

白马非马是公孙龙非常著名的观点，也是他赖以成名的基础。用他自己的话说就是："龙之所以为名者，乃以白马之论尔！""龙之学，以白马为非马者也。"（《公孙龙子·迹府》）其实公孙龙不仅要证明白马非马，他更是要借助正名之术进而证明马不是马，故先以白马非马发难。有庄子的话为证："以指喻指之非指，不若以非指喻指之非指也；以马喻马之非马，不若以非马喻马之非马也。"（《庄子·内篇·齐物论》）公孙龙著有《指物论》，也有《白马论》，恰好说明庄子的话是有的放矢的。

笔者以为，公孙龙的白马非马论可从三个方面展开分析。首先，公孙龙从概念的内涵来论证白马非马。《公孙龙子·白马论》篇云："'白马非马，可乎？'曰：可。曰：何哉？曰：马者，所以命形也；白者，所以命色也。命色者非名形也。故曰：'白马非马'。"意思是说，"马"这个名指称马的形体，它的内涵是一种动物；"白"则指称马的毛色，它的内涵是一种色彩；而"白马"则是一种动物加上一种色彩。由此可知，这三个词语的内涵是不同的，内涵既然不同，当然不能说“白马”和“马”一样，如果以白马为马，那么“白”字则旷，非《公孙龙子·名实论》篇所说“实以实其所实，而不旷焉”，所以说“白马非马”。

其次，公孙龙从概念的外延来论证白马非马。《公孙龙子·白马论》篇云：“曰：有白马不可谓无马也。不可谓无马者，非马也？有白马为有马，白之，非马何也？曰：求马，黄、黑马皆可致；求白马，黄、黑马不可致。使白马乃马也，是所求一也。所求一者，白者不异马也。所求不异，如黄、黑马有可有不可，何也？可与不可，其相非明。故黄、黑马一也，而可以应有马，而不可以应有白马。白马之非马，审矣！”意思是说，如果有人要征求一匹马，则黄马、黑马都可应命；如果征求一匹白马，则黄马、黑马都不能应命。可见，如果只有黄马、黑马，征求一匹马和一匹白马，给出的回答是不一样的；假如白马和马没有区别，则不应该出现这样的情况。因为马包括各种颜色的马，而白马仅是白色的马，二者的外延不同，所以马和白马不同，因此说“白马非马”。

接着，又针对客的提问：“以马之有色为非马，天下非有无色之马。天下无马，可乎？”公孙龙分析道：“马固有色，故有白马。使马无色，有马如已耳，安取白马？故白者非马也。白马者，马与白也。马与白马也。故曰白马非马也。”意思是说，正是因为马都有颜色，所以才会有白马、黑马、黄马；如果马无色，那么世上就只有马，怎么会有白马呢？所谓白马，就是有白又有马，一个是白马，一个是马，所以说“白马非马”。

再次，公孙龙以白马非黄马作为前提来论证白马非马。《公孙龙子·白马论》篇云：“曰：以有白马为有马，谓有白马为有黄马，可乎？曰：未可。曰：以有马为异有黄马，是异黄马与马也。异黄马于马，是以黄马为非马。以黄马为非马，而以白马为有马，此飞者入池而棺椁异处，此天下之悖言乱辞也。”意思是说，按照客的论断：有白马不能说有黄马，那如果说有白马是有马，那有白马不能说有黄马，也就是说有黄马不能说是有马，那么黄马就不是马，既然黄马不是马，那么黑马、红马也都不是马，当然也能由此推知白马非马。如果以为有白马是有马，有黄马则不能说是有马，那就是说飞翔是游泳，棺在椁中是不在一起的，是荒谬的、极不合理的。最后，公孙龙子分析道：

> 以“有白马不可谓无马”者，离白之谓也；不离者，有白马不可谓有马也。故所以为有马者，独以马为有马耳，非以白马为有马，故其为有马也不可。以谓马，马也，曰白者不定所白，忘之而可也。
>
> 白马者，言白，定所白也。定所白者，非白也？马者，无去取于色，故黄、黑马皆所以应；白马者，有去取于色，故黄、黑马皆所以色去。故唯白马独可以应耳。无去者，非有去也，故曰“白马非马”。

意思是说，有白马不可以说没马，那是离弃了白而言的；认为白马中的白不限定白马于马之外，那是忽视了白的存在。单纯求马，对于毛色没有规定，所以黄马、黑马都可以应征；求白马，是对于毛色有所规定的，黄马、黑马都因为毛色而被排除，只有白马可以应征。没有规定排除的，和有规定排除的，当然不是一回事，所以说“白马非马”。这里，公孙龙子基于白马和马名称上的差异，提出了“白马非马”的论断，在逻辑学上有较高的认识价值。当然，在现实生活中，我们一般不需要辨析什么“白马非马”。陈柱还作了进一步的分析：“此谓天下有马，故求马则黄白马皆可应也。白马非黄马黑马，故黄黑马皆以色去，而天下之马，则谓为白马非黄马，犹云白马非马也。白马非马之义既立，然白马有色之马也。除白马之外，亦皆有色之马也。白马既非马，则有色之马皆非马也。如是证之，所谓马者非马明矣。夫天下非无马，而竟不能有适合于马之名者，以是见名实之难也。”① 名实难副，名不副实，这恐怕才是公孙龙子倡导“白马非马”论的初衷吧。

---

① 陈柱：《诸子概论》，广西师范大学出版社 2010 年版，第 120 页。

（四）“离坚白”

离坚白的意思是说石头的坚硬和白色是分离的。以我们常识来理解，石头的坚硬和白色是统一于石头本身的，不能截然分离的。那么公孙龙是怎么论述“离坚白”的？其《公孙龙子·坚白论》篇云：“坚白石三，可乎？曰：不可。曰：二，可乎？曰：可。曰：何哉？曰：无坚得白，其举也二；无白得坚，其举也二……曰：视不得其所坚而得其所白者，无坚也；拊不得其所白，而得其所坚，得其坚也，无白也。”意思是说，从对事物的认识论角度而言，坚硬和白色是分离的。因为当你用眼睛去看，你只能看到一块白色的石头，至于它的质地是软是硬，你看不出来；而当你用手去摸，你也只能摸到一块坚硬的石头，至于它的颜色是黑是白，你摸不出来。所以，你只能得到坚石或者白石，却没有“坚白石”，这就是所谓的“无坚得白，其举也二；无白得坚，其举也二”的意思。

《公孙龙子·坚白论》接着说：“曰：目不能坚，手不能白；不可谓无坚，不可谓无白……曰：坚未与石为坚，而物兼。未与物为坚，而坚必坚。其不坚石物而坚，天下未有若坚而坚藏。白固不能自白，恶能白石物乎？若白者必白，则不白（石）物而白焉。黄、黑与之然，石其无有。恶取坚白石乎？故离也。……白以目，以火见，而火不见；则火与目不见而神见。神不见而见离。坚以手，而手以捶。是捶与手知而不知，而神与不知。神乎？是之谓离焉。离也者，天下故独而正。”意思是说，就事物的共性而言，质地的坚硬和颜色的白都能够与石相离。坚硬和白色作为事物的不同特性，并未标明哪些事物应该是坚硬的，哪些事物应该是白色的。坚硬并不是因为石头而坚硬，很多事物都有坚硬的特点；白色也不是因为石头而白，许多事物也都能焕发出白色。即使在物质世界里没有坚硬或者白色的事物存在，坚硬和白色的概念依然存在，它们具有不因为任何具体的事物而独立存在的特性，即“天下故独而正”。而且，在现实世界中，有些事物坚而不白（如黄金），而有些事物却白而不坚（如棉花），这就说明，坚硬和白色并不一定联系在一起，它们是能够彼此分离的。当然，在现实生活中，坚白石是不能分的，它既不能分为二，也不能分为三，所谓的“坚白石三”、“坚白石二”，只能是认识上的，是存在于逻辑思维中的理性判断。谭业谦认为坚白石“只能分析为坚、白二，而不能分析为坚、白、石三”。“一是对象的统一，二是不在感觉里统一的特质……这是从感觉上分为二。因为举出的特质是二，所以无论怎样分析都是二。”①“离坚白”论题和“白马非马”一样，也同样具有认识论上的重大意义。

第四节　阴阳家思想的卓越代表——邹衍

一、邹衍小传

邹衍（司马迁写作驺衍），也称邹子，是战国晚期齐国人，生卒年不详。一般认为他大约生于公元前305年，死于约公元前240年。也有人认为他在世的时间约前350年至前270年之间。② 邹衍曾活动于齐国稷下学宫③，先学儒术，后改阴阳五行学说。其实不管是儒术也好，阴阳学说也罢，目的都是在寻求经世致用之学，体现了其匡世济民的入世精神。桓宽《盐铁论·论儒》篇云：“邹子以儒术干世主，不用，即以变化、始终之论，卒以显名……邹子之作变化之术，亦归于仁义。”其实是重复了司马迁的话，站在儒家的立场来评价邹衍。邹衍先后去过魏、赵、燕等国，都受到了特别的礼遇。《汉书·艺文志》记载邹衍著《邹子》四十九篇和《邹子终始》五十六篇，皆已亡佚不见。司马迁《史记·孟子荀卿列传》在记完孟子之后，是这样记载邹衍的：

> 其后有邹子之属。齐有三邹子。其前邹忌，以鼓琴干威王，

① 谭业谦：《公孙龙子译注》，中华书局1997年版，第45页。

② 李约瑟：《中国古代科学思想史》，陈立夫等译，江西人民出版社1999年版，第296页。

③ 同上书，第298页。李约瑟认为：“至于那个坐落在齐国都城城门以外的‘稷下学院’，邹衍似乎是那里资格最老的成员，或许因他是齐人，劝齐宣王建立的。”

因及国政，封为成侯而受相印，先孟子。

其次邹衍，后孟子。邹衍睹有国者益淫侈，不能尚德，若大雅整之于身，施及黎庶矣。乃深观阴阳消息而作怪迂之变，《终始》、《大圣》之篇十于万言。其语闳大不经，必先验小物，推而大之，至于无垠。先序今以上至黄帝，学者所共术，大并世盛衰，因载其机祥度制，推而远之，至天地未生，窈冥不可考而原也。先列中国名山大川，通谷禽兽，水土所殖，物类所珍，因而推之，及海外人之所不能睹。称引天地剖判以来，五德转移，治各有宜，而符应若兹。以为儒者所谓中国者，于天下乃八十一分居其一分耳。中国名曰赤县神州。赤县神州内自有九州，禹之序九州是也，不得为州数。中国外如赤县神州者九，乃所谓九州也。于是有裨海环之，人民禽兽莫能相通者，如一区中者，乃为一州。如此者九，乃有大瀛海环其外，天地之际焉。其术皆此类也。然要其归，必止乎仁义节俭，君臣上下六亲之施，始也滥耳。王公大人初见其术，惧然顾化，其后不能行之。

是以邹子重于齐。适梁，惠王郊迎，执宾主之礼。适赵，平原君侧行撇席。如燕，昭王拥彗先驱，请列弟子之座而受业，筑碣石宫，身亲往师之。作《主运》。其游诸侯见尊礼如此，岂与仲尼菜色陈蔡，孟轲困于齐梁同乎哉！故武王以仁义伐纣而王，伯夷饿不食周粟；卫灵公问陈，而孔子不答；梁惠王谋欲攻赵，孟轲称大王去邠。此岂有意阿世俗苟合而已哉！持方枘而内圆凿，其能入乎？或曰，伊尹负鼎而勉汤以王，百里奚饭牛车下而缪公用霸，作先合，然后引之大道。邹衍其言虽不轨，傥亦有牛鼎之意乎？

自邹衍与齐之稷下先生，如淳于髡、慎到、环渊、接子、田骈、驺奭之徒，各著书言治乱之事，以干世主，岂可胜道哉！……驺奭者，齐诸邹子，亦颇采邹衍之术以纪文。

二、邹衍的思想

邹衍的著作虽然已经失传，但是我们还能通过司马迁的记载以及其他古籍了解到他的思想。司马谈、司马迁父子在《史记·太史公自序》这样评价阴阳家："尝窃观阴阳之术，大祥而众忌讳，使人拘而多所畏；然其序四时之大顺，不可失也。""夫阴阳四时、八位、十二度、二十四节各有教令，顺之者昌，逆之者不死则亡，未必然也，故曰'使人拘而多畏'。夫春生夏长，秋收冬藏，此天道之大经也，弗顺则无以为天下纲纪，故曰'四时之大顺，不可失也。'"下面，笔者即以司马迁记载为线索，主要从以下几个方面来分析邹衍的思想。

（一）五德始终说

司马迁《史记·孟子荀卿列传》曾提及邹衍："称引天地剖判以来，五德转移，治各有宜，而符应若兹。"《史记·历书》："是时独有邹衍，明于五德之传，而散消息之分，以显诸侯。"《史记·历书》："自齐威、宣之时，邹子之徒论著终始五德之运，及秦帝而齐人奏之，故始皇采用之。"多次提到了邹衍的五德始终理论，或许他的《终始》、《主运》也是具体论述这种理论的。所谓五德也就是五行之德，它的本义是"五种动因、五种活动"，意思是"五种能力"，"它们是五种能动的、相互作用的力量"。① 邹衍之前，《尚书·周书·洪范》篇曾有关于"五行"的可靠记录："五行：一曰水，二曰火，三曰木，四曰金，五曰土。水曰润下，火曰炎上，木曰曲直，金曰从革，土爰稼穑。润下作咸，炎上作苦，曲直作酸，从革作辛，稼穑作甘。"不过这里的五行，还是具体的水、火等物，并没有以它们来代表抽象的能力。《国语·郑语》中有"先王以土与金、木、水、火杂，以成百物"的猜想，《左传·襄公二十七年》也有"天生五材，民并用之，废一不可"的观念。慢慢地，人们把五行属性抽象出来，并推演到其他事物，构成了一个固定的组合形式。在《礼记·月令》篇，五行已经和一年四季以及东南西北中的方位联系在了一起：春季和东方结合，"某日立春，盛德在木"；夏季和南方结合，"某日立夏，盛德在火"；秋季和西方结合，"某日立秋，盛德在金"；冬季

① 冯友兰著：《中国哲学简史》，赵复三译，天津社会科学出版社 2005 年版，第 120 页。

和北方结合，“某日立冬，盛德在水”；而中央和土联系在一起，“中央土，其日戊己。其帝黄帝，其神后土”，在季节上，仅是夏秋之间的一段短暂时间。

到了邹衍，提出了五德始终说这个新的理论。他“用五德的转移来解释历史，它既是变化的，又是有规律的”①。他认为开天辟地以来，金、水、木、火、土五种德性相生相克（胜），而历代王朝的更替都正好与它们相配合，同时天降祥瑞与社会人事变化也是相互呼应的。司马迁虽语焉不详，但是《吕氏春秋·有始览》则详细介绍了这个理论，虽然没有提及邹衍的名字：

> 凡帝王者之将兴也，天必先见祥乎下民。黄帝之时，天先见大螾大蝼。黄帝曰：“土气胜。”土气胜，故其色尚黄，其事则土。
>
> 及禹之时，天先见草木秋冬不杀。禹曰：“木气胜。”木气胜，故其色尚青，其事则木。
>
> 及汤之时，天先见金刃生于水。汤曰：“金气胜。”金气胜，故其色尚白，其事则金。
>
> 及文王之时，天先见火，赤乌衔丹书集于周社。文王曰：“火气胜。”火气胜，故其色尚赤，其事则火。
>
> 代火者必将水，天且先见水气胜。水气胜，故其色尚黑，其事则水。
>
> 水气至而不知，数备，将徙于土。

这里认为，王朝更迭的顺序是遵照五德相克的顺序进行的：黄帝以土德王，而木克土，所以被木德的夏禹取代；而金克木，所以夏朝被金德的商朝取代；而火克金，所以商朝被火德的周朝所取代；而水克火，所以周朝将被水德的王朝取代；而土克水，所以水德的王朝又

① 冯友兰著：《中国哲学简史》，赵复三译，天津社会科学院出版社2005年版，第123页。

会被土德的王朝取代。如此，则周而复始，运转不休。朱自清先生这样解释五德始终说："五行是古代的信仰。邹衍以为五行是五种天然势力，所谓'德'。每一德，各有盛衰的循环。在它当运的时候，天道人事，都受它支配。等到它运尽而衰，为别一德所胜所克，别一德就继起当运……历史上的事变都是这些天然势力的表现。每一朝代，代表一德；朝代是常变的，不是一家一姓可以永保的。"① 这种把世运盛衰和五德变化相结合的理论，对新兴的王朝来说是有利的，因为旧朝代不管是得到五德中的什么德，总有替代它的新德；但是对现有的王朝，则是很不利的。这种学说，为后代的帝王们所接受。例如秦朝统一六国之后，秦始皇"推终始五德之传，以为周得火德，秦代周德，从所不胜。方今水德之始，改年始，朝贺皆自十月朔。衣服旄旌节旗皆上黑……更名河曰德水，以为水德之始。"（《史记·秦始皇本纪》）汉朝建立之初，有人认为秦朝残暴寡恩，不能算是一个朝代，因而推断汉朝取代周朝德水；后来经过多次争论，到汉武帝时，方承认自己代秦而兴，"汉得土德"，于是改用夏历。"汉以后各朝对这个问题，不像汉朝那样激烈争论。但直到一九一一年清朝覆亡之前的历代皇帝，都称自己是'奉天承运'，所指就是承受'五德'转移的时运。"② 邹衍的五德始终理论，认为社会历史的发展既是不断变化的，同时又是有规律可循的。不同朝代的兴亡更迭，只是五德运行的表象而已；推动社会历史前进的根本动力，则是来源于五德。

（二）阴阳思想

中国古人用阴阳解释宇宙万物的化生，不管是天地、日月、昼夜、男女等，都分阴阳，这是古人对宇宙万物普遍具有的两种相反相成性质的一种概括。阴和阳都是抽象的概念，而不是具体的事物。阴代表消极、退守、柔弱等特性和具有这些特性的事物和现象，阳代表积极、进取、刚强等特性和具有这些特性的事物和现象。司马迁《史

① 朱自清：《经典常谈》，北京出版社 2003 年版，第 90 页。

② 冯友兰著：《中国哲学简史》，赵复三译，天津社会科学院出版社 2005 年版，第 124 页。

记·孟子荀卿列传》只是简单提到邹衍："乃深观阴阳消息而作怪迂之变，《终始》、《大圣》之篇十于万言。"并没有详细说明邹衍的阴阳思想到底如何，而邹衍的五德始终说，也主要是一种历史哲学，里面没有掺杂阴阳观念，从五德转移交替中也丝毫看不到阴阳的影子。下面笔者结合其他古籍，简单分析我国古人的阴阳观念。

我国的阴阳思想，最早应当是来源于《周易》。《周易》分为《易经》和《易传》两部分。一般认为《易经》成书于商末周初，它有一套自己的符号系统，以阴爻（- -）、阳爻（—）两个符号，首先组成八卦，然后八卦重叠组成六十四卦。每卦有卦画、卦名、卦辞。一卦有六爻，每爻有爻辞。《易传》包括七种十篇，即《彖传》、《象传》、《系辞》各上下，《文言》、《说卦》、《序卦》、《杂卦》，这些都是对《易经》的解释或哲理的阐发，合称《十翼》或《周易大传》。一般认为《易传》成书于战国时期。仅就《易经》来看，阴阳思想遍布全书。《易传》也留下了很多关于阴阳观念的名言话语。《系辞上》云："一阴一阳之谓道。"这句话的意思是，"宇宙内只有两种原动力或作用，有时此占优势，有时彼占优势，成波浪式地交替。"①《系辞上》云："是故《易》有太极，是生两仪，两仪生四象，四象生八卦。"一般认为，太极是天地未形成之前、元气混同为一的混沌状态，或称为太一、太初；两仪即阴阳，四象即四季。《系辞下》云："乾，阳物也；坤，阴物也。阴阳合德，而刚柔有体。"又云："昔者圣人之作《易》也，幽赞于神明而生蓍，参天两地而倚数，观变于阴阳而立卦，发挥于刚柔而生爻，和顺于道德而理于义，穷理尽性以至于命。"

《周易》外，其他如《老子》、《墨子》、《庄子》、《荀子》、《尚书》、《左传》等，也都或多或少地提及过阴阳思想。而较早把阴阳观念和五行联系在一起的，则首推《管子》。《管子》并非管仲自著，可能是战国中后期以齐国稷下为中心的一批学者编著的。《管子·枢

---

① 李约瑟：《中国古代科学思想史》，陈立夫等译，江西人民出版社1999年版，第344页。

言》云：“凡万物，阴阳两生而参视。”《管子·四时》道：“是故阴阳者，天地之大理也；四时者，阴阳之大经也。”都认为阴阳是天地间的大理。《管子·乘马》则把阴阳和四季联系起来：“春秋冬夏，阴阳之推移也；时之短长，阴阳之利用也；日夜之易，阴阳之化也。”《管子·五行》则讨论了五行如何轮流主掌一年的时令：“睹甲子，木行御……睹丙子，火行御………睹戊子，土行御………睹庚子，金行御………睹壬子，水行御。”既然四季和五行相联系，而阴阳思想也和四季关联，那么阴阳思想就和五行联系起来了。

其实真正把阴阳和五行结合在一起，完成了天人感应、天人合一思想的乃是汉儒。西汉董仲舒利用阴阳五行理论，为其天人感应论张本。他在《春秋繁露》中大谈阴阳，认为：“物莫无合，而合各相阴阳”，“君臣、父子、夫妇之义，皆取诸阴阳之道”（《基义》），“天有阴阳，人亦有阴阳”（《同类相动》）。他还论述了五行和四季以及方位的关系：“五行之随，各如其序；五行之官，各致其能。是故木居东方而主春气，火居南方而主夏气，金居西方而主秋气，水居北方而主冬气；是故木主生而金主杀，火主暑而水主寒，使人必以其序，官人必以其能，天之数也。土居中央，为之天润，土者，天之股肱也，其德茂美，不可名以一时之事，故五行而四时者，土兼之也，金木水火虽各职，不因土，方不立。”（《春秋繁露·五行之义》）也把四季的变化纳入到阴阳运行之中：“阳气始出东北而南行，就其位也，西转而北入，藏其休也；阴气始出东南而北行，亦就其位也，西转而南入，屏其伏也。是故阳以南方为位，以北方为休；阴以北方为位，以南方为伏。阳至其位，而大暑热；阴至其位，而大寒冻；阳至其休，而入化于地；阴至其伏，而避德于下。是故夏出长于上，冬入化于下者，阳也；夏入守虚地于下，冬出守虚位于上者，阴也。阳出实入实，阴出空入空，天之任阳不任阴，好德不好刑如是也，故阴阳终岁各一出。”（《阴阳位》）桓宽《白虎通义》则进一步发展和引申了董仲舒的思想，用之为皇权至上的中央专制集权制服务，特别突出和发挥了“土位在中央，至尊”的观点，把土列为五行之首，其他的金木水火都依赖土而存在。

阴阳观念和五行理论虽然都有其朴素的社会经验和人生道理，恰如李约瑟所说："中国人的科学或原始科学思想认为：宇宙内有两种基本原理或'力'，即阴与阳，此一阴阳的观念，乃是得自于人类本身性交经验上的正负投影。另外，还要构成一切实体及其演变程序的五种元素，即所谓'五行'。由这五种元素之符号间的关联。宇宙万物之可纳入一个五元的系统者，皆与五行配合之。"① 但是后来者把二者结合起来，用它为统治阶级维护统治作势，甚至用它推测人的吉凶祸福，则没有多少科学依据而显得牵强附会了。

（三）"大九州"说

中国古人对广大世界的认识，既是相当浪漫，又是比较合理的。邹衍就是其中著名的代表。邹衍从社会的实际经验出发，运用推理的方法，让当时的人们相信世界的广阔无边，于是提出了"大九州"说。这既是一种地理观，也是一种历史观。依照《史记》的记载，笔者理解邹衍的"大九州"说应该是这样的：中国称作"赤县神州"，赤县神州又分为九州，周围有海岛围绕，这就是传说中夏禹按次序排列的九个州②，但不能算是州的全部数目，而"赤县神州"不过是九州中的一州而已。这是因为在远古时候，还有大九州。只是到了黄帝以后，德行衰落，才在"赤县神州"内划分九州。清人马骕《绎史·黄帝纪》记载："自神农以上有大九州，柱州、迎州、神州之等，黄帝以来，德不及远，惟于神州之内分为九州，黄帝受命，风后受图，割地布九州，置十二国。"《淮南子·地形训》云："何谓九州？东南神州曰农土，正南次州曰沃土，西南戎州曰滔土，正西弇州曰并土，正中冀州曰中土，西北台州曰肥土，正北泲州曰成土，东北薄州曰隐土，正东阳州曰申土。"这就是所谓的"大九州"。而"大

① 李约瑟：《中国古代科学思想史》，陈立夫等译，江西人民出版社 1999 年版，第 349 页。

② 《尚书·夏书·禹贡》记载："禹别九州，随山浚川，任土作贡。"九州分别是冀州、兖州、青州、徐州、扬州、荆州、豫州、梁州和雍州。《尔雅·释地》的九州没有青州、梁州，有幽州、营州。《周礼·夏官·职方氏》的九州没有徐州、梁州，有幽州、并州。

九州”的每个州，都有小海环绕着，人和禽兽不能与其他州相通，像是一个独立的区域，这样“大九州”再构成一个大州。像这样的大州还有九个，更有大海环在它的外面，那就到了天地的边际了。而儒家所说的中国，只不过是天下的八十一分之一罢了。如果我们按照九九之数依次向外推想，那么天地之间就会是无穷大的了。这是中国古人对世界、宇宙无限大的朴素认识。

（四）儒家思想

至于邹衍的思想中到底有多少儒家思想的成分，这一点现在很难进行分析了。司马迁说邹衍看到统治者骄奢淫逸，不能推行德政，于是提出“五德始终”说和“大九州”说，使统治者感到惊奇、敬畏，从而采取他的治国主张；而其根本仍在仁义礼制：“然要其归，必止乎仁义节俭，君臣上下六亲之施。”因此认为他的“五德始终”说和“大九州”说，不过走的是一种曲线谏君道路，也就是司马迁所说的“邹衍其言虽不轨，傥亦有牛鼎之意乎?”李约瑟这样解释，司马迁说“邹衍的自然科学理论，不过是标新立异的说法，用以引起诸侯国君的兴趣，获取他们对他的信心而已，邹衍的最终目的，仍然是想把那些国君们纳入儒家的善行正道。”“总之，他是要表示出邹衍的学说，在某些方面，实际上是属于儒家的”。[①] 桓宽《盐铁论·论儒》重复了司马迁的话，也是站在儒家的立场来评价邹衍，“邹子之作变化之术，亦归于仁义”，并对不知变通的孔、孟进行了讥刺：“故马效千里，不必胡、代；士贵成功，不必文辞。孟轲守旧术，不知世务，故困于梁宋。孔子能方不能圆，故饥于黎丘。今晚世之儒勤德，时有乏匮，言以为非，困此不行。”因为邹衍的著作失传，所以我们无法确切考察出在他的思想成分中，儒家思想到底占据什么样的位置。

钱穆认为：“阴阳之论，盛自邹衍，貌近儒说，而实源于道

① ［英］李约瑟：《中国古代科学思想史》，陈立夫等译，江西人民出版社 1999 年版，第 299 页。

家。”[①] 根据司马迁《史记》、桓宽《盐铁论》等的记载，结合钱穆先生的论断，可以作这样的假设：邹衍把阴阳观念和五行思想联系起来，提出五德始终说；而五德之间的相互转化，即每一德持续时间的长短，主要看统治者能否实行仁政、德治，获得民心。如果统治者关心民生疾苦，推行仁政，以德治国，那么该德就能长久当运不衰，而不会被代表其他德的王朝所替代；相反，如果统治者残暴不仁，刻薄寡恩，百姓生活困苦不堪，民怨沸腾，那么该朝之德则很快就会呈现衰败之势，而被代表其他德的新朝所取代。这就是说，朝运的长短不仅在于五德本身的运行，每行的气运之德的长短，更在于统治者是否实行仁政，如能实行仁政，则能在一定程度上延长该德，否则亦然。所以，虽然邹衍的阴阳、五行思想颇具神秘色彩，大九州说让人耳目一新，但其根基仍然在仁政、德治，这就是为什么会出现司马迁所说的状况了：“王公大人初见其术，惧然顾化，其后不能行之。”当然，上述观点仅是笔者的假说，没有可靠的资料来证明。

① 钱穆：《国学概论》，商务印书馆 1997 年版，第 94 页。

第四章

先秦其他学派思想（二）

除了前面讨论的六家学派外，班固提及的农家、小说家由于没有著名的代表人物或著作传世，笔者略而不论。虽然兵家和医家未被班固列入诸子，但这两家早已被后人认可，且也均在先秦时期有了长足的发展；虽然治先秦诸子者，传统上常把它们排除在外，如陈柱《诸子概论》、冯友兰《中国哲学简史》等，但是笔者认为这两家也都是非常重要的子学思想，同时加上它们也凑足了十家之数。故而，本章以孙子、鬼谷子、扁鹊和吕不韦为例，结合其生平事迹以及著作，重点分析兵家、纵横家、医家和杂家的学术思想。

第一节　兵家思想的翘楚——孙子

一、孙子小传

孙子名武，字长卿，春秋末期齐国乐安（今山东惠民县，一说为今山东广饶县）人。具体生卒年代不详，大约与孔子同时或稍晚。出色的政治家、思想家，被后人尊为“兵圣”。公元前 532 年，因为齐国发生内乱——四姓之乱，孙子就逃到吴国隐居起来。后来由于伍子胥的极力推荐，且吴王阖闾非常赞赏他的十三篇兵书，因而孙子被委以重任，封为上将军。于是孙子和伍子胥一起协助吴王称霸，训练军队，指挥战争。公元前 506 年，孙子带领吴军出奇制胜，大败楚军，并攻入郢都，使齐国、晋国都感到畏惧，扬名于天下。后来吴国打败世仇越国，吴王夫差不但接受了越国的投降，还骄傲自满，重用佞臣。孙子知事不可为，于是重新隐居起来，修订兵法，后不知所终。

司马迁《史记·孙子吴起列传》重点记载了孙子“吴宫教战斩美姬”的故事，以展现其治军的严明：

> 孙子武者，齐人也。以兵法见于吴王阖庐。阖庐曰：“子之十三篇，吾尽观之矣，可以小试勒兵乎?”对曰：“可。”阖庐曰：“可试以妇人乎?”曰：“可。”于是许之。出宫中美女，得百八十人。孙子分为二队，以王之宠姬二人各为队长，皆令持戟。令之曰：“汝知而心与左、右手、背乎?”妇人曰：“知之。”孙子曰：“前，则视心；左，视左手；右，视右手；后，即视背。”妇人曰：“诺。”约束既布，乃设铁钺，即三令五申之。于是鼓之右，妇人大笑。孙子曰：“约束不明，申令不熟，将之罪也。”复三令五申而鼓之左，妇人复大笑。孙子曰：“约束不明，申令不熟，将之罪也；既已明而不如法者，吏士之罪也。”乃欲斩左右队长。吴王从台上观，见且斩爱姬，大骇。趣使使下令曰：“寡人已知将军能用兵矣。寡人非此二姬，食不甘味，愿勿斩也。”孙子曰：“臣既已受命为将，将在军，君命有所不受。”遂斩队长二人以徇。用其次为队长，于是复鼓之。妇人左右前后跪起皆中规矩绳墨，无敢出声。于是孙子使使报王曰：“兵既整齐，王可试下观之，唯王所欲用之，虽赴水火犹可也。”吴王曰：“将军罢休就舍，寡人不愿下观。”孙子曰：“王徒好其言，不能用其实。”于是阖庐知孙子能用兵，卒以为将。西破彊楚，入郢，北威齐晋，显名诸侯，孙子与有力焉。

二、孙子的思想

孙子的思想，主要保存在《孙子兵法》十三篇中。这十三篇虽然只有短短的五千多字，却体现了孙子完整的军事思想体系。孙子把战争和战道作为研究对象，指出战争是有规律可循的。《孙子兵法》内容博大精深，思想精邃富赡，既是中国古典军事文化遗产中的一颗璀璨的明珠，也是中国优秀文化传统的重要组成部分，被誉为世界三大兵书之一（另外两部分别是：克劳塞维茨的《战争论》和宫本武藏的《五轮书》)。今天看来，《孙子兵法》的意义不仅仅在于军事学，甚至包含了人类所有的智力、权术活动。人们这样评价《孙子兵法》的现代意义："当《孙子兵法》不但被作为军事学院的课本，而且成为美国商学院的主要参考书时，这部对中国古代战争经验进行理论总结的军事学著作，在当代社会发生的影响，早已超出了军事学的范畴。"① 下面笔者以《孙子兵法》为依据，来分析其思想特点。

（一）重战、慎战

《左传·成公十三年》记载道："国之大事，在祀与戎。"战争非小事，任何时代，对于任何国家和民族来说，都是如此。诸子生活在战乱频仍的春秋战国时期，虽对战争的态度不尽一致，但是都非常看重战争，认为应该慎战。老子云："兵者不祥之器，非君子之器，不得已而用之。"（《老子》第三十一章）"师之所处，荆棘生焉；大兵之后，必有凶年。"（《老子》第三十章）孔子力主德治仁政，明确反对战争，因此当卫灵公询问战阵，则曰："俎豆之事，则尝闻之矣；军旅之事，未之学也。"（《论语·卫灵公》）并且第二天就离开了卫国。孔子还认为对战争应该谨慎："子之所慎：斋，战，疾。"（《论语·述而》）墨子旗帜鲜明地反对战争，提出"非攻"主张，因为战争会给国家人民带来严重恶果："入其国家边境，芟刈其禾稼，斩其树木，堕其城郭以湮其沟池，攘杀其牲牷，燔溃其祖庙，劲杀其万民，覆其老弱，迁其重器。"（《墨子·非攻下》）

相比其他各家人物偶尔触及军事战争，兵家的论述则显得更专业，也更有深度。《孙子兵法》首篇为《计篇》，本篇开门见山地指出了战争的重要性，提出了"慎战"的观点，堪称振聋发聩："孙子曰：兵者，国之大事，死生之地，存亡之道，不可不察也。"孙子认为，战争是国家的大事，它关系到人民的生死，国家的存亡，必须要认真研究，谨慎对待。为什么这么说呢？因为战争需要雄厚的财力支持，且耗资巨大，可谓劳民伤财，无论胜败，都会对国家、民众造成重大影响。对这一点，孙子深有体会："孙子曰：凡用兵之法，驰车

① 杨义主编：《孙子兵法评注》，岳麓书社2006年版，第4页。

千驷，革车千乘，带甲十万，千里馈粮，则内外之费，宾客之用，胶漆之材，车甲之奉，日费千金，然后十万之师举矣。”（《作战篇》）“凡兴师十万，出征千里，百姓之费，公家之奉，日费千金；内外骚动，怠于道路，不得操事者七十万家。相守数年，以争一日之胜。”（《用间篇》）孙子的时代，要想出动十万大军，需要轻型、重型战车各一千辆来运送粮草，包括接待使节、置办器械等各种费用，每天都需要耗费千金巨资，且耽误农事生产，劳民伤财，伤残生命。其实不管是古代还是现代的战争，战争双方主要拼的仍然是财力、物力，亦即国家的综合实力。因此，对于任何一个国家和民族的统治者而言，都不能轻言战争，更不能穷兵黩武。

（二）谋胜思想

正是因为战争劳民伤财，残伤生灵，长期战乱更容易消耗国家、民族的元气，给人民造成深重灾难，所以孙子主张谋胜，“利战”，认为“不战而屈人之兵”是战争的最高境界：“孙子曰：凡用兵之法，全国为上，破国次之；全军为上，破军次之；全旅为上，破旅次之；全卒为上，破卒次之；全伍为上，破伍次之。是故百战百胜，非善之善者也；不战而屈人之兵，善之善者也。”（《谋攻篇》）百战百胜并不是最高明的，最高明的是不通过战斗就能使敌人屈服。所谓“故善用兵者，屈人之兵而非战也，拔人之城而非攻也，毁人之国而非久也”。这里，孙子把战争分为了“战”与“不战”，这并非单纯的分类，而是以辩证的眼光来对待战争了。如果不是一个既具有实际战争经验，又具有理论素养的优秀的战略家，孙子是不可能达到这种高度的。这种认识超越了一般人对战争的理解，非常难能可贵。作为一个热爱和平的国家或者民族，虽然不愿参与战争，但是当侵略者无理入侵以后，也不能惧怕战争。最好的办法就是以最少的代价获得最大的胜利，那才是最大的成功。也就是孙子说的：“必以全争于天下，故兵不顿而利可全，此谋攻之法也。”以“全”争胜于天下，那样军队不疲劳就能获得完全的胜利。还有《九地篇》和《火攻篇》都提到的：“合于利而动，不合于利而止。”“利战”就是强调一切从现实的利害出发，以保民利国为根本原则。故此，孙子总结道：“故上兵伐谋，其次伐交，其次伐兵，其下攻城。”意思是说，用兵打仗的上策是运用计谋使敌人屈服，其次是利用外交手段使之屈服，再次就是攻打敌人的军队，最下策就是攻城了，那是“不得已”的办法。

战前的谋划、安排也是“谋胜”思想的重要组成部分，意即孙子所说的“庙算”：“夫未战而庙算胜者，得算多也；未战而庙算不胜者，得算少也。多算胜，少算不胜，而况于无算乎！吾以此观之，胜负见矣。”（《计篇》）所谓“庙算”，就是在庙堂（即朝廷）举行兴师仪式时召开的军事会议，对交战双方的力量进行对比，对作战的计划进行商定，对胜负的结果进行预判等。孙子提出了“庙算”的五个基本条件，即“五事”：“故经之以五事，校之以计而索其情：一曰道，二曰天，三曰地，四曰将，五曰法。道者，令民与上同意也，故可以与之死，可以与之生，而不畏危。天者，阴阳、寒暑、时制也。地者，远近、险易、广狭、死生也。将者，智、信、仁、勇、严也。法者，曲制、官道、主用也。”由此可知，孙子堪称具有朴素唯物主义思想的军事家，因为他没有把战争的胜败归结于神秘难测的天意、鬼神，而是归之于人事，即“五事”：道义、天时、地利、将领、法令。他还断言：“凡此五者，将莫不闻，知之者胜，不知者不胜。”孙子还从七个方面来预判战争的胜负，即“七情”：“主孰有道？将孰有能？天地孰得？法令孰行？兵众孰强？士卒孰练？赏罚孰明？吾以此知胜负矣。”这不仅是说具体的战役、战争，而是达到了战略的高度。

（三）诡道观

对于战争的本质，孙子在《计篇》中一针见血地指出：“兵者，诡道也。”诡就是诡诈、欺骗的意思；道原意是途径，引申为方法与计谋。孙子认为，诡道是一切战略、战争的核心与基础，用兵打仗是一种诡诈之术，需要运用种种方法、手段欺骗迷惑敌人，即所谓兵不厌诈，这是战争的基本规律。在同篇，孙子接着解释“诡道”说：“故能而示之不能，用而示之不用，近而示之远，远而示之近。利而诱之，乱而取之，实而备之，强而避之，怒而挠之，卑而骄之，佚而劳之，亲而离之。攻其无备，出其不意。此兵家之胜，不可先传也。”

意思是说，与敌人对阵，要不断地制造玄虚，让敌人摸不透我方的真实意图，从而打乱敌人的战略思想、兵力部署和运行节奏，在这种情况下，敌人就会由实转虚，由有备转化为无备，而我就能“攻其无备，出其不意”，从而获得胜利。《形篇》云：“守则有余，攻则不足。善守者，藏于九地之下；善攻者，动于九天之上，故能自保而全胜也。”孙子认为，防守的关键在于示敌以有余，使敌人不敢来攻击；而进攻的关键在于示敌以不足，使敌人放松警惕。善于防守的人隐藏起自己的兵力，如同深藏于地下；而善于进攻的人用兵神速，如同从天而降。这样就能保全自己，并获得完全的胜利。这既是攻守转换的策略，更是对“兵者，诡道也”思想的进一步深化。《虚实篇》认为攻守之际，兵力部署要做到微妙至极，无形无影，才能制敌获胜：“出其所不趋，趋其所不意。行千里而不劳者，行于无人之地也。攻而必取者，攻其所不守也；守而必固者，守其所不攻也。故善攻者，敌不知其所守；善守者，敌不知其所攻。微乎微乎，至于无形；神乎神乎，至于无声，故能为敌之司命。”“兵之形，避实而击虚。”掌握兵势变化规律，及时准确了解敌情，虚虚实实，集中优势兵力，攻打敌人薄弱之处，就能“因敌而制胜”。

《势篇》也充分体现出孙子兵为“诡道”的观念。本篇的中心就是造势和任势，所谓势就是以自己的军事实力为基础，充分展现将帅的指挥才能所形成的一种态势。一位好的将帅，必须具备“择人而任势”的才能，意即能够正确分析敌情，利用有利条件打击敌人的能力。怎么来造势呢？孙子认为：“凡战者，以正合，以奇胜。故善出奇者，无穷如天地，不竭如江河。终而复始，日月是也；死而复生，四时是也。声不过五，五声之变，不可胜听也；色不过五，五色之变，不可胜观也；味不过五，五味之变，不可胜尝也；战势不过奇正，奇正之变，不可胜穷也。奇正相生，如循环之无端，孰能穷之?”奇、正是一对相反的概念，所谓奇、正大致就是常规战术与非常规战术。造势就是用奇兵和正兵相配合，灵活运用，形成对己有利的局势。“由于战争是一个动态发展的过程，因此，正兵可做奇兵之用，而奇兵亦可做正兵之用，这就是所谓的‘奇正相生’。奇正之变，实际上是双方将领智慧与谋略的角逐，集中地反映了战局的瞬息万变，意即战争本身的机动性与灵活性。”① 同篇又云：“故善动敌者，形之，敌必从之；予之，敌必取之。以利动之，以卒待之。”意思是说，善于驱使敌人采取行动的将帅，使用假象迷惑敌人，敌人就会上当；给敌人以小利，敌人就会接受。利用利益驱动敌人，用精兵以逸待劳消灭敌人。声东击西，虚虚实实，敌人防不胜防，自然能克敌获胜，这是孙子“诡道”观的进一步完善。

（四）军事名言

作为中国古代最优秀的军事家、兵家之祖，“兵圣”孙子的思想当然不止上述三个方面。下面，笔者简略分析孙子军事思想的传世名言。

知己知彼，百战不殆。《谋攻篇》云：“知彼知己者，百战不殆；不知彼而知己，一胜一负；不知彼不知己，每战必殆。”意思是说，将帅用兵打仗，既了解敌人，又了解自己，即使打一百次仗都不会有危险；不了解敌人，只了解自己，胜负一半一半；既不了解敌人，也不了解自己，每战都有危险。孙子告诉我们，了解敌人重要，了解自己同样重要。虽然孙子是以战争为对象而言的，但是我们把这句话移用到其他领域，如教育、商场、爱情等方面，同样适用。

归师勿遏，围师必阙，穷寇勿迫。《军争篇》云：“故用兵之法：高陵勿向，背丘勿逆，佯北勿从，锐卒勿攻，饵兵勿食，归师勿遏，围师必阙，穷寇勿迫，此用兵之法也。”意思是说，将帅用兵打仗的方法是：敌人占据高地，不可仰攻；敌人背负丘陵，不可迎击；敌人假装失败，不可追赶；敌人是精锐部队，不可攻击；敌人是诱敌之兵，不可理睬；敌人撤退回国，不可阻拦；包围敌人，一定要留下空隙；敌人穷途末路，不可逼迫。孙子虽是讨论用兵打仗的一些具体方式方法，却闪耀着人性的光辉：为人要厚道，要给人留下余地，不要欺人太甚、逼人太甚，否则将会付出惨重代价，甚至得不偿失。

君命有所不受。《九变篇》云：“途有所不由，军有所不击，城有所不攻，地有所不争，君命有所不受。”意思是说，将帅领兵出征，

---

① 杨义主编：《孙子兵法评注》，岳麓书社 2006 年版，第 48 页。

有的道路不要走，有的敌人不要攻，有的城池不要打，有的土地不要争，国君的命令有的也不能接受。虽然军人必须服从命令，但是战场形势错综复杂，情况瞬息万变，战机稍纵即逝，因此主帅必须灵活睿智，不能一味听从上级的命令，只要是有利于国家、有利于战争的决策，主帅应该当机立断，哪怕是与上级命令相违背，也不能犹豫。

静如处子，动如脱兔。《九地篇》云："是故始如处女，敌人开户，后如脱兔，敌不及拒。"意思是说，战争开始之前，军队要像未出嫁的女子那样沉静，等到敌人松懈，防守出现漏洞时，军队就要像逃脱的兔子那样迅速行动，让敌人措手不及，难以抗拒。所谓"不动如山"，而"动如雷震"（《军争篇》），当静则静，当动则动，动静结合，虚实交错，自能制敌获胜。

少则能逃之，不若则能避之。《谋攻篇》云："故用兵之法，十则围之，五则攻之，倍则战之，敌则能分之，少则能逃之，不若则能避之。故小敌之坚，大敌之擒也。"意思是说，将帅用兵打仗的原则是：如果军队十倍于敌人就包围他们，五倍于敌人就进攻他们，两倍于敌人就布阵迎战，势均力敌就要分散敌人兵力，兵力少于敌人就要逃走，实力不如敌人要避免交战。力量弱小的军队如果一味硬拼，必然会成为强敌的俘虏。作为主帅，必须清楚地了解敌我双方的军事实力，灵活决策，到底是战是走，要视具体情况而定。

第二节　纵横家思想的鼻祖——鬼谷子

一、鬼谷子小传

鬼谷子，战国时人，具体生卒年不详，具体名字亦不详。元代马端临《文献通考·经籍考》云："陆龟蒙诗谓鬼谷先生名训，不详所从出。"宋李昉《太平御览》卷四引《仙传拾遗》云："鬼谷先生，晋平公时人，隐居鬼谷，因为其号。先生姓王名栩，亦居清溪山中。苏秦、张仪从之学纵横之术。"还有人认为他叫王诩等。至于鬼谷一地在哪里？亦众说纷纭。他是我国历史上一位极具神秘色彩的人物，被誉为千古奇人。鬼谷子是纵横家的鼻祖，也是著名的教育家，曾教育出苏秦与张仪这两个最杰出的纵横家人物。《史记·苏秦列传》记载苏秦“东事师于齐，而习之于鬼谷先生”。《史记·张仪列传》记载张仪“始尝与苏秦俱事鬼谷先生，学术，苏秦自以不及张仪”。一说孙膑与庞涓亦为其弟子，有人认为尉缭子也为其学生。

关于鬼谷子与苏秦、张仪故事，宋李昉《太平御览》卷五百三十载：“周有豪士，居鬼谷，号为鬼谷先生。苏秦、张仪往见之。先生曰：‘吾将为二子陈言至道，子其斋戒，择日而学。’后秦、仪斋戒而往。”《太平御览》卷四百六十三云：“苏秦初与张仪俱事鬼谷先生十一年，皆通六艺，经营百家之言。鬼谷先生弟子五百余人，为之土窟，窖深二丈。先生曰：‘有能独下，说窖中，使我泣出者，则能分人主之地。’久，苏秦下说窖中，鬼谷先生泣下沾衿。次张仪下说窖中亦泣。先生曰：‘苏秦词说与张仪一体也。’”《太平御览》卷五百一十还记载了鬼谷子给苏秦、张仪的书信：“鬼谷先生，不知何许人也。隐居鬼谷山，因以为称。苏秦、张仪师之，遂立功名。先生遗书勉之曰：‘二君岂不见河边之树乎？仆御折其枝，风浪荡其根。此木岂与天地有仇怨？所居然也。子见嵩岱之松柘乎？上枝干于青云，下根通于三泉，千秋万岁不逢斧斤之患。此木岂与天地有骨肉？所居然也。’”

二、鬼谷子的思想

鬼谷子著有《鬼谷子》一书，这是目前纵横家学派所留存的唯一著作。① 该书现存十四篇，以及《本经阴符七术》、《持枢》、《中经》

① 吕思勉：《先秦学术概论》，中国人民大学出版社 2011 年版，第 117 页。吕思勉认为：“纵横家之书，今所传者惟《战国策》。此书多记纵横家行事，而非事实。”并认为韩非子《说难》一文揣摩人君心理之术，阐明了纵横家之学理：“凡说之难，非吾知之有以说之之难也；又非吾辩之能明吾意之难也；又非吾敢横失而能尽之难也。凡说之难：在知所说之心，可以吾说当之。所说出于为名高者也，而说之以厚利，则见下节而遇卑贱，必弃远矣。所说出于厚利者也，而说之以名高，则见无心而远事情，必不收矣。所说阴为厚利而显为名高者也，而说之以名高，则阳收其身而实疏之；说之以厚利，则阴用其言显弃其身矣。此不可不察也。”

等篇，其中第十三、十四篇已失传，有目而无内容。《鬼谷子》一书主要研究社会政治斗争以及谋略权术的智慧，堪称智谋宝典。许富宏认为《鬼谷子》是“中国传统文化中一枝吐着智慧芬芳的奇葩”，“书中所提供的智谋，至今仍可以广泛应用于人们的现实生活，大到如何制定军事、外交斗争的策略来处理国家之间的关系，中至如何制定企业的经营策略，小至如何处理人际关系，在方方面面具有指导意义，被称为‘旷世奇书’、‘智慧禁果’，深受广大人民群众的喜爱”。[①]《鬼谷子》还崇尚权谋策略及言谈辩论之技巧，其指导思想与儒家所推崇的仁义礼制大相径庭，而与兵家思想有相通之处，所以不少人认为鬼谷子是兵家。其实前面已经提及，诸子各家的分类仅仅是为了便于我们了解和把握，只是具有相对意义。具体来说《孙子兵法》侧重于总体战略，而《鬼谷子》则专于具体技巧，二者相辅相成。下面，笔者以《鬼谷子》一书为主要依据，来分析鬼谷子的思想。

（一）提出“纵横”术语

纵横家是战国时期形成的一家学派。因南北向称为纵，东西向称为横，故此六国结盟为南北向的联合，故称合纵；六国分别与秦国结盟为东西向的联合，故称连横。《韩非子·五蠹》篇云：“从者，合众弱以攻一强也；而衡者，事一强以攻众弱也。”则从国家强弱的角度进行了概括。在该学派正式形成前，《鬼谷子》一书就多次提到“纵横”一语，为该学派名称的确立奠定了基础。在该书中，纵横一词有时作为一个词语，有时则分开来用。《鬼谷子》首篇《捭阖》篇就明确提出“纵横”一词：“捭阖者，天地之道。捭阖者，以变动阴阳，四时开闭，以化万物。纵横反出，反覆反忤，必由此矣。”意思是说，捭阖就是天地之道，能够使阴阳发生变动；阴阳变动则产生四季，四季更替则化育万物。而纵与横、返与出、翻与覆、反与背，都是由捭阖而产生的。而这里提及的纵横，“即纵横说之纵横，非谓废

① 许富宏译注：《鬼谷子·前言》，中华书局2012年版，第1页。

起也”[①]。不仅如此，尹桐阳还认为这里所说的捭、阖与合纵、连横是一种对等的关系，“合纵曰阖，连横反之则曰捭。故云，纵横之反出”[②]。《飞箝》篇则把纵横分开来讲：“（飞箝）用之于人，则空往而实来，缀而不失，以究其辞。可箝而从，可箝而横；可引而东，可引而西；可引而南，可引而北；可引而反，可引而覆。虽覆能复，不失其度。”这里的纵横是分别就空间而言的，纵指垂直方向，横指水平方向。《忤合》篇也是分开来讲：“故忤合之道，己必自度材能知睿，量长短远近孰不如，乃可以进，乃可以退，乃可以纵，乃可以横。”这里的纵横和进退一词的意思一样，“不是指动作上的进退或纵横，而是指是否自如地选择与背离君主的意志。换句话说，‘纵横’的意思是能否随意地与君主和而共事或离而结怨。”[③] 如此，纵横就不仅具有合纵、连横之义，也指纵横家人物能否运用策略、权术，自由地侍奉或者背离君主。

（二）以“利”为核心的价值观

纵横家学派的价值观念也和纵横一语的含义紧密相连。笔者以为，纵横家价值观的核心就是一个“利”字。这个“利”字作名词解释，就是利益、名利等；作为动词来讲，就是利用、操纵别人来实现自己的目的。纵横家不像孔子那样把利作为义的对立面，重义轻利，也不像孟子那样羞于言利，而是“以我为主，以是否最终取得成功为主，体现出灵活性，没有儒家的‘忠君’观念，更没有‘舍利而取义，杀身以成仁’的‘殉道’精神”[④]。他们所有的计谋，“都是以是否能实现自我的目的为中心。纵横家反对愚忠是建立在实现自我利益的基础之上的，这是纵横家区别于儒墨的本质所在”[⑤]。《鬼谷子》一书多次言“利”。其《捭阖》篇云：“微排其所言而捭反之，以求其实，贵得其指；阖而捭之，以求其利。”意思是说，首先暗暗

---

① 许富宏译注：《鬼谷子》，中华书局2012年版，第11页。

② 同上。

③ 许富宏译注：《鬼谷子·前言》，中华书局2012年版，第10页。

④ 同上。

⑤ 许富宏译注：《鬼谷子》，中华书局2012年版，第68页。

排查对方言辞，然后依据已知情况反问来了解实情，把握对方的旨意，从而从中获得利益。同篇还把“财利”与“亡利”对举，分别作为“阳”“始”和“阴”“终”立说游说的两面。《揣篇》还说，熟练运用“量权”和“揣情”法，就“乃可贵，乃可贱；乃可重，乃可轻；乃可利，乃可害；乃可成，乃可败”，能够趋利避害，得到富贵。同篇甚至说：“故观蜎飞蠕动，无不有利害，可以生事。”意思是说，观看小虫子的飞动或者爬动，都隐含有利害关系，并由此可以生出种种事端。《权篇》说：“故口者，机关也，所以闭情意也。耳、目者，心之佐助也，所以窥瞷奸邪。故曰参调而应，利道而动。”意思是说口、耳、目三者相互协调，选择有利的途径再行动，仍是以利作为目的。同篇还说：“言其有利者，从其所长也；言其有害者，避其所短也。”亦是把利害对举。同篇还讨论病、怨、忧、怒、喜云：“此五者，精则用之，利则行之。”许富宏翻译道：“这五种言辞只有人精气通畅了才能使用，只有有利才可实行。”① 也是把财利作为首要目标。其他如《决篇》也说：“有利焉，去其利则不受也，奇之所托。若有利于善者，隐托于恶，则不受矣，致疏远。故其有使失利者，其有使离害者，此事之失。”都表现了以利为核心的价值观。

由此可见，鬼谷子非常重视其策略、权术、才干能否得到应用，取得功名富贵等实际利益，至于为哪一国的君主所用，则并不重要。虽然鬼谷子一生没有出仕，不过从他教导出来的学生苏秦、张仪身上，也能明显看到这一点。《战国策》卷三记载其弟子苏秦“始将连横说秦惠王”，但是“说秦王书十上而说不行”，于是转而主张合纵，“见说赵王于华屋之下”，从而获得成功，“约从散横，以抑强秦。”在他经历家人前倨后恭之后，发出了这样的感叹：“嗟乎！贫穷则父母不子，富贵则亲戚畏惧。人生世上，势位富贵，盍可忽乎哉！”明确表现了追求势位富贵的思想，很明显接受了乃师的教导。《史记·张仪列传》记载苏秦在东方六国以合纵得志后，张仪去拜见苏秦，希望能够得到提携；而苏秦却故意不予接见，并蓄意激怒他，使得张仪

① 许富宏译注：《鬼谷子》，中华书局 2012 年版，第 68 页。

到秦国实施连横之策。由此可见，张仪和苏秦一样，既没有一贯的政治主张，也没有儒家标榜的忠君观念，而都是把现实的功名富贵放在第一位。

（三）“制人”

除了讲利益、名利，在处理人际关系上，《鬼谷子》一书还讲利用，即利用、操纵别人，为己所用，以到达自己的目的，实现自己的利益，这也是该书探讨的一个中心问题。《谋篇》指出：“故曰事贵制人，而不贵见制于人。制人者，握权也；见制于人者，制命也。”意思是说，不管做任何事情，都贵在控制别人，而不是被别人所控制。控制了别人，自己就掌握了主动权；如果被别人控制，自己的命运就操纵在别人的手里了。《中经》篇也说：“故道贵制人，不贵制于人也。制人者握权，制于人者失命。”表达了和上文相同的意思，提出为人处世之道，贵在控制别人，而不是被人所控制。控制别人就掌握着主动权，被别人控制随时都会丢掉生命。为了考察别人、利用和控制别人，《中经》篇提出了七种了解人、制约人的方法，即所谓“七术”：“见形为容、象体为貌，闻声知音，解仇斗郄，缀去，却语，摄心，守义。”对于如何知人、用人，先秦诸子有不同的主张，“儒家主张以德感化，让臣民为君主自觉地尽心尽力；道家主张顺人之性；法家主张严刑峻法，让人畏惧害怕而不敢违背自己的意志。纵横家则主张使用权术来达到自己的目的，显示出纵横学特点”①。

为了能够达到自己的目的，鬼谷子甚至不惜采用我们一般认为不恰当的手段，投其所好，可谓无所不用其极。如《内揵》篇认为对于不同喜好的国君，应该区别对待：“或结以道德，或结以党友，或结以财货，或结以采色。”意思是说，君主尚德，则自己以德行自居，以道德结交；君主重情，则以志趣相投的朋友之道结交；君主爱财，则以贡献财物结交；君主好色，则以美色娱乐结交。如此就能做到顺着君主之意，自己则“欲入则入，欲出则出；欲亲则亲，欲疏则疏；欲就则就，欲去则去；欲求则求，欲思则思”。恰恰也契合了前面对

① 许富宏译注：《鬼谷子》，中华书局2012年版，第173—174页。

纵横一词含义的理解。《飞箝》篇也讲了通过言辞控制对方的方法："引钩箝之辞，飞而箝之。钩箝之语，其说辞也，乍同乍异。其不可善者，或先征之而后重累，或先重以累而后毁之。或以重累为毁，或以毁为重累。其用或称财货、琦玮、珠玉、璧帛、采色以事之，或量能立势以钩之，或伺候见涧而箝之。"这里讲的是"飞箝"之术，意即假装宣扬对方，提高他的声誉，获得对方好感后，对方的内情毕露无遗，自己因而可以控制他。当然，具体运用时，应该随机应变，也可根据对方好恶不同，采取不同的手段，以达到控制对方的目的。《谋篇》则根据人的不同性格，采取不同的方式方法来设定计谋，以达到各得其用的目的："夫仁人轻货，不可诱以利，可使出费；勇士轻难，不可惧以患，可使据危；智者达于数，明于理，不可欺以诚，可示以道理，可使立功，是三才也。"意思是说，仁义之人看轻财物，不能用物质利益诱惑他，但是能使他献出财物，提供费用；勇士看轻灾难，不能用祸患使他恐惧，但是能使他到危险之地解除祸患；智者通达事理，不能使用欺诈的方法欺骗他，但是可以跟他讲道理使他立功。如此，这三种人才，就能各得其用。

（四）谋略、权术

为了能够控制别人，获得实际利益，《鬼谷子》一书还提到并分析了各种谋略、权术。下面按照原书顺序，摘要进行介绍。

"捭阖"。捭阖原意是开合的意思，这里指"心之门户"——口的开合，主要和纵横策士们的游说相关。《捭阖》把捭阖提升到"道"的高度，所谓"捭阖者，天地之道。"认为捭阖是天地间的大道。还说："捭阖者，道之大化，说之变也。"意思是说，捭阖是道的无限变化，是游说时应变的关键。同时，鬼谷子还把捭阖与阴阳观念联系起来："捭阖者，以变动阴阳，四时开闭，以化万物。""捭之者，开也，言也，阳也；阖之者，闭也，默也，阴也。阴阳其和，终始其义。"认为开口说话是阳，闭嘴沉默为阴；所谓"病从口入，祸从口出"，嘴巴的开合不仅关乎着生存，也是自然大道、宇宙规律的体现。捭阖是纵横家谋略的根本方法，是"秉承《易》之阴阳理论，为阴阳法则在纵横理论中的具体应用。阴阳之间相互转化，这种属性影响了策士的世界观，他们在国际局势下纵横捭阖，一切随形势变化而变化，或合纵或连横，选择有利于自己利益的论调。所以捭阖是纵横家的立论基础，为其立身处世、游说诸侯、干主求禄之总原则”①。

“反应”。反应也叫反覆，意思是反覆回应，这是为了打探情报、弄清真相的一种方法。因为任何事物都有阴阳两面，所以就会有反覆。反是反观对方，覆就是审察自己。反过来站在对方的立场看问题之后，再来审查自己的做法。从对方和自己两个方面反复多次论证后，才能找出正确的做法，从而获得成功。《反应》篇所说的反应术，包括“象比之辞”、“钓语”、“反听”、“见微知类”等几种方法。因为，“言有象，事有比。其有象比，以观其次。象者象其事，比者比其辞也。以无形求有声。”这就是“象比之辞”。所谓“钓语”，就是“其钓语合事，得人实也。其张置网而取兽也，多张其会而司之。道合其事，彼自出之，此钓人之网也，常持其网驱之”。“反听”就是从正反两个方面反复倾听，“或反观对方，或审察自己；或反回站在对方立场，或回到自己的做法来反思”②。“见微知类”就是通过类推的方法，把现在发生的事情与历史上的同类事件进行对比，然后从历史经验中找出应对的方法。

“抵巇”。抵有击打和堵塞两个意思，巇就是缝隙。因此抵巇既有击打缝隙，也有弥合缝隙的意思。许富宏说：“本篇认为事物的运动总有离有合，总有缝隙可寻，抵巇乃一种或弥补缝隙、或从缝隙入手破坏事物的处世之术。内容上主要包含抵巇之原理与抵巇之方法两个部分。”③ 鬼谷子认为，万事万物遵循自然法则，不可避免地会出现缝隙，“物有自然，事有合离”。而小的缝隙是可以弥合的，但是大的缝隙则努力使它越来越大，最终毁掉旧秩序，建立一个新秩序：“巇始有朕，可抵而塞，可抵而却，可抵而息，可抵而匿，可抵而得。此谓抵巇之理也。”意思是说，“小的缝隙在内部开始显示征兆的时

① 许富宏译注：《鬼谷子》，中华书局2012年版，第2页。

② 同上书，第19页。

③ 同上书，第47页。

候，可以用‘抵’的方式来堵塞上；小的缝隙在外部出现的时候，可以用‘抵’的方式来消除它；小的缝隙公开出现的时候，可以用‘抵’的方式来让它闭息；小的缝隙在暗中成长的时候，可以用‘抵’的方式来让它藏匿。如果小的缝隙已经大得不能弥补了，那么就用‘抵’的方式来取代它。”①

“飞箝”。飞就是飞语，即假装称赞对方，抬高他的声誉，从而获得对方的好感。箝是箝制的意思。飞箝就是“故意高扬对方，待对方戒心消除，内情毕露，进而箝制对方的制人之术”②。《飞箝》篇云：“引钩箝之辞，飞而箝之。钩箝之语，其说辞也，乍同乍异。其不可善者，或先征之而后重累。或先重以累而后毁之。或以重累为毁，或以毁为重累。”意思是说，使用言辞勾引出对方的实情，用赞扬的话语使对方内情毕露，从而箝制对方。而钩箝的话语要根据具体情况而灵活应变，一会儿表示赞同对方，一会儿又表示与对方相异。对于飞箝之语难以相诱的人，可以先离开奉承的话题，不断抬高他的名誉地位，使之名实不副，为后面诋毁他做准备。一次飞箝不成，就反复使用，直到毁掉对方。有时则反复高扬对方的优点使其缺点充分暴露，有时历数其缺点使其优点显现出来，这也是一种重累飞扬的方法，目的还是要最终诋毁对方。

“忤合”。忤是相背，合是相向。忤合就是相背与趋向的意思。《忤合》篇云：“凡趋合倍反，计有适合。化转环属，各有形势。反覆相求，因事为制。”意思是说，凡事都有趋向融合统一或者向背逆相反的方向发展两种趋势，且两者之间相互转化，首尾相互连接像圆环一样，而运用计谋就应该尊重或“趋合”、或“倍反”的客观规律，这是忤合的原理。因为“世无常贵，事无常师”，世上没有永久高贵的人，也没有永久不变的师法对象，所以“圣人无常与，无不与；无所听，无不听。成于事而合于计谋，与之为主。合于彼而离于此，计谋不两忠，必有反忤。反于此，忤于彼；忤于此，反于彼”。

---

① 许富宏译注：《鬼谷子》，中华书局2012年版，第51页。

② 同上书，第56页。

所谓忤合就是合于此一定会逆于彼，合于彼一定会逆于此，不能同时适用于相反的双方，因而需要根据实际情况，灵活运用忤合之术。就策士与君主的关系而言，合则留，不合则去。短暂地合，则短暂地留；长久地合，则长久地留。不合时则离开，去寻找能与己相合的君主，而不是一味愚忠，一棵树上吊死，这体现了纵横家一贯的思想特点。

第三节　医家思想的优秀代表——扁鹊

一、扁鹊小传

扁鹊姓秦，名越人，一说名缓，字越人，因曾寓居齐国卢村而号卢医，春秋战国时期著名的医学家，具体生卒年不详。河北任丘人，一说为山东长清人，或临淄附近的郑阳人。他在总结前人医疗经验的基础上创造性地总结出望（看气色）、闻（听声音）、问（问病情）、切（按脉搏）的诊断疾病的方法，在这四诊法中，他尤其擅长脉诊和望诊来诊断疾病。扁鹊还精于内、外、妇、儿、五官等科，能够综合运用砭刺、针灸、按摩、汤液、热熨等法治疗疾病，治好了不少疑难杂症，名扬天下，被尊为医祖，被当时人民称之为“扁鹊”（传说扁鹊是黄帝时代的名医，也有人认为是古代传说中能为人解除病痛的一种鸟）。司马迁《史记·扁鹊仓公列传》记载了他的生平经历，也详细交代了他精妙医术的来源，节选如下：

> 扁鹊者，勃海郡郑人也，姓秦氏，名越人。少时为人舍长。舍客长桑君过，扁鹊独奇之，常谨遇之。长桑君亦知扁鹊非常人也。出入十余年，乃呼扁鹊私坐，间与语曰：“我有《禁方》，年老，欲传与公，公毋泄。”扁鹊曰：“敬诺。”乃出其怀中药予扁鹊：“饮是以上池之水，三十日当知物矣。”乃悉取其《禁方》书尽与扁鹊。忽然不见，殆非人也。扁鹊以其言饮药三十日，视见垣一方人。以此视病，尽见五藏症结，特以诊脉为名耳。为医

或在齐，或在赵。在赵者名扁鹊。……

扁鹊名闻天下。过邯郸，闻贵妇人，即为带下医；过雒阳，闻周人爱老人，即为耳目痹医；来入咸阳，闻秦人爱小儿，即为小儿医：随俗为变。秦太医令李醯自知伎不如扁鹊也，使人刺杀之。至今天下言脉者，由扁鹊也。

二、扁鹊的思想

扁鹊是一位著名的医生，有着相当丰富的医学思想。汉代出现的《难经》一书，有人认为是后人根据扁鹊的医术，尤其是他关于脉诊的知识而整理成书的，并且署名扁鹊（秦越人）所著。近代还有人认为他的学说影响深远，形成了扁鹊学派。司马迁《史记·太史公自序》说："扁鹊言医，为方者宗，守数精明；后世循序，弗能易也，而仓公可谓近之矣。"论断了他在医学上的崇高地位。扁鹊的出现，可以看出我国的医学思想，在先秦时期就已经相当发达了。因为资料所限，笔者主要根据司马迁《史记·扁鹊仓公列传》的记载，来分析其医学思想。

（一）重视预防，兼治各科疾病

扁鹊十分重视疾病的预防，并且是一位能兼治各科疾病的多面手，齐桓侯、虢太子等案例，都说明他是内科方面的能手。不仅如此，扁鹊还能根据当地的需要，随俗为变地开展医疗活动。上文司马迁记载他在邯郸、洛阳、咸阳等地，都能根据各地习俗不同来治病，已能说明这点。从齐桓侯这个案例来看，他之所以多次劝说及早治疗，就寓有防病于未然、小病早治的思想。他认为对疾病只要预先采取措施，把疾病消灭在初起阶段，是完全可以治好的。这一思想，成为现代医学提倡预防为主的理论根据。司马迁《史记·扁鹊仓公列传》的记载，让我们现代人对预防疾病有了生动的认识，有病就得治，像齐桓侯（非春秋五霸之一的齐桓公小白，一般认为是田氏齐国的桓公午）那样讳疾忌医，结果只能是自己害了自己：

扁鹊过齐，齐桓侯客之。入朝见，曰："君有疾在腠理，不治将深。”桓侯曰：“寡人无疾。”扁鹊出，桓侯谓左右曰：“医之好利也，欲以不疾者为功。”后五日，扁鹊复见，曰：“君有疾在血脉，不治恐深。”桓侯曰：“寡人无疾。”扁鹊出，桓侯不悦。后五日，扁鹊复见，曰：“君有疾在肠胃间，不治将深。”桓侯不应。扁鹊出，桓侯不悦。后五日，扁鹊复见，望见桓侯而退走。桓侯使人问其故。扁鹊曰：“疾之居腠理也，汤熨之所及也；在血脉，针石之所及也；其在肠胃，酒醪之所及也；其在骨髓，虽司命无奈之何。今在骨髓，臣是以无请也。”后五日，桓侯体病，使人召扁鹊，扁鹊已逃去。桓侯遂死。使圣人预知微，能使良医得蚤从事，则疾可已，身可活也。人之所病，病疾多；而医之所病，病道少。

此外，《鹖冠子·世贤》记载的扁鹊三兄弟的故事，也颇耐人寻味：“魏文王问扁鹊曰：‘子昆弟三人其孰最善为医？’扁鹊曰：‘长兄最善，中兄次之，扁鹊最为下。’魏文侯曰：‘可得闻邪？’扁鹊曰：‘长兄于病视神，未有形而除之，故名不出于家。中兄治病，其在毫毛，故名不出于闾。若扁鹊者，镵血脉，投毒药，副肌肤，闲而名出闻于诸侯。’”医术最高超的不为人所知，医术最差的反而名气最大，这是因为医术高超的医生，治病于无形，在人刚刚有生病征兆时，就已经为人治好了病症。

（二）“六不治”原则

司马迁《史记·扁鹊仓公列传》还记载了扁鹊的“六不治”的原则：“故病有六不治：骄恣不论于理，一不治也；轻身重财，二不治也；衣食不能适，三不治也；阴阳并，藏气不定，四不治也；形羸不能服药，五不治也；信巫不信医，六不治也。有此一者，则重难治也。”意思是说，医生对于病人有“六不治”：病人为人骄傲任性，不讲道理，是第一种不治；病人不爱惜身体，重视钱财，是第二种不治；病人衣服不知增减，饮食不知节制，是第三种不治；病人阴阳相争，气血不定，是第四种不治；病人形体瘦弱，不能服药，是第五种不治；病人笃信巫术，不信医生，是第六种不治。人生了病，再有以上六种情形的，则就更加难以医治了。

扁鹊虽有“六不治”原则，但他有时治病，也颇有巫术那样的神秘色彩，例如他为赵简子治病就是如此。《史记·扁鹊仓公列传》记载：

当晋昭公时，诸大夫强而公族弱，赵简子为大夫，专国事。简子疾，五日不知人，大夫皆惧，于是召扁鹊。扁鹊入视病，出，董安于问扁鹊，扁鹊曰：“血脉治也，而何怪！昔秦穆公尝如此，七日而寤。寤之日，告公孙支与子舆曰：‘我之帝所甚乐。吾所以久者，适有所学也。帝告我：‘晋国且大乱，五世不安。其后将霸，未老而死。霸者之子且令而国男女无别。’公孙支书而藏之，秦策于是出。夫献公之乱，文公之霸，而襄公败秦师于肴而归纵淫，此子之所闻。今主君之病与之同，不出三日必间，间必有言也。”

居二日半，简子寤，语诸大夫曰：“我之帝所甚乐，与百神游于钧天，广乐九奏万舞，不类三代之乐，其声动心。有一熊欲援我，帝命我射之，中熊，熊死。有罴来，我又射之，中罴，罴死。帝甚喜，赐我二笥，皆有副。吾见儿在帝侧，帝属我一翟犬，曰：‘及而子之壮也以赐之。’帝告我：‘晋国且世衰，七世而亡。嬴姓将大败周人于范魁之西，而亦不能有也。’”董安于受言，书而藏之。以扁鹊言告简子，简子赐扁鹊田四万亩。

（三）在治疗方法上，扁鹊能熟练运用综合治疗的方法

综合疗法为扁鹊行医时的主要治疗措施，从治疗虢太子“尸蹶”症中，能够看到他所用的方法有砭石，还有热熨法和服汤药法等。扁鹊不仅表现出高超的诊断和治疗水平，还有高尚的医德。他谦虚谨慎，从不居功自傲，这一点从他治好虢太子“尸蹶”症后的话语中，也能充分地体现出来：

其后扁鹊过虢。虢太子死，扁鹊至虢宫门下，问中庶子喜方

者曰：“太子何病，国中治穰过于众事?”中庶子曰：“太子病血气不时，交错而不得泄，暴发于外，则为中害。精神不能止邪气，邪气畜积而不得泄，是以阳缓而阴急，故暴蹶而死。”扁鹊曰：“其死何如时?”曰：“鸡鸣至今。”曰：“收乎?”曰：“未也，其死未能半日也。”“言臣齐勃海秦越人也，家在于郑，未尝得望精光侍谒于前也。闻太子不幸而死，臣能生之。”中庶子曰：“先生得无诞之乎？何以言太子可生也！臣闻上古之时，医有俞跗，治病不以汤液醴洒，镵石挢引，案扤毒熨，一拨见病之应，因五藏之输，乃割皮解肌，诀脉结筋，搦髓脑，揲荒爪幕，湔浣肠胃，漱涤五藏，练精易形。先生之方能若是，则太子可生也；不能若是而欲生之，曾不可以告咳婴之儿。”终日，扁鹊仰天叹曰：“夫子之为方也，若以管窥天，以郄视文。越人之为方也，不待切脉、望色、听声、写形，言病之所在。闻病之阳，论得其阴；闻病之阴，论得其阳。病应见于大表，不出千里，决者至众，不可曲止也。子以吾言为不诚，试入诊太子，当闻其耳鸣而鼻张，循其两股以至于阴，当尚温也。”

中庶子闻扁鹊言，目眩然而不瞚，舌挢然而不下，乃以扁鹊言入报虢君。虢君闻之大惊，出见扁鹊于中阙，曰：“窃闻高义之日久矣，然未尝得拜谒于前也。先生过小国，幸而举之，偏国寡臣幸甚。有先生则活，无先生则弃捐填沟壑，长终而不得反。”言末卒，因嘘唏服臆，魂精泄横，流涕长潸，忽忽承睫，悲不能自止，容貌变更。扁鹊曰：“若太子病，所谓‘尸蹶’者也。夫以阳入阴中，动胃繵缘，中经维络，别下于三焦、膀胱，是以阳脉下遂，阴脉上争，会气闭而不通，阴上而阳内行，下内鼓而不起，上外绝而不为使，上有绝阳之络，下有破阴之纽，破阴绝阳，色废脉乱，故形静如死状。太子未死也。夫以阳入阴支兰藏者生，以阴入阳支兰藏者死。凡此数事，皆五藏蹷中之时暴作也。良工取之，拙者疑殆。”

扁鹊乃使弟子子阳厉针砥石，以取外三阳五会。有间，太子苏。乃使子豹为五分之熨，以八减之齐和煮之，以更熨两胁下。

> 太子起坐。更适阴阳，但服汤二旬而复故。故天下尽以扁鹊为能生死人。扁鹊曰：“越人非能生死人也，此自当生者，越人能使之起耳。”

综上可知，扁鹊医术高明是毫无疑问的。而在《列子》中，甚至记载了他能够为人进行心脏置换的手术。据《列子·汤问》篇记载道，鲁国的公扈和赵国的齐婴二人生了病，一同请扁鹊治疗。治好疾病以后，为了彻底治好他们先天患有的病症，提出为他们进行心脏置换手术。征得二人同意后，扁鹊“遂饮二人毒酒，迷死三日，剖胸探心，易而置之；投以神药，既悟如初”。如记载可信，则表明我国医学在先秦时期已发展到了相当高的水准。

第四节 杂家思想的代表人物——吕不韦

一、吕不韦小传

吕不韦，生年不详，卒于公元前235年，卫国濮阳（今河南濮阳）人。他本是战国末期卫国的著名商人，后为秦国丞相，被封为文信侯，食邑河南洛阳十万户。政治家、思想家，也是杂家思想的代表人物。他以“奇货可居”闻名于世，曾辅佐秦庄襄王登上王位，任秦国相十三年，其门客有三千人，家僮万人。吕不韦担任秦相时，曾组织门客编写了著名的《吕氏春秋》一书。司马迁《史记·吕不韦列传》记载了《吕氏春秋》的编撰过程：

> 当是时，魏有信陵君，楚有春申君，赵有平原君，齐有孟尝君，皆下士喜宾客以相倾。吕不韦以秦之强，羞不如，亦招致士，厚遇之，至食客三千人。是时诸侯多辩士，如荀卿之徒，著书布天下。吕不韦乃使其客人人著所闻，集论以为八览、六论、十二纪，二十余万言。以为备天地万物古今之事，号曰《吕氏春秋》。布咸阳市门，悬千金其上，延诸侯游士宾客有能增损一字

者予千金。

二、《吕氏春秋》的思想

吕不韦生活的战国末期，“百家争鸣”已经到了尾声，思想界有要求统一的趋向。所以吕不韦要求门下客人，个个著其所闻，综合百家九流之说，畅论天地万物古今之事，最后汇编成了《吕氏春秋》。《吕氏春秋》是我国古代杂家的代表作，说它属于“杂家”，因为它兼收并蓄，博采众家之说，调和了儒、道、法、阴阳等学派的思想观点，形成了自己独特的体系。该书以道教、阴阳家思想为基调，“兼儒、墨，合名、法，知国体之有此，见王治之无不贯”（《汉书·艺文志》），提倡在君主集权下实行无为而治，顺其自然，无为而无不为。用这一思想治理国家对于缓和社会矛盾，使百姓获得休养生息，恢复经济发展非常有利。吕不韦主编《吕氏春秋》的目的，是为秦朝统一天下进行理论论证的。这是韩非之前进行的一种统一思想的试验，虽然由于吕不韦个人的过失，使嬴政对这部书弃而不用，没有发挥应有的作用，但却在古代思想文化史上树立起一座丰碑。

（一）天人合一的结构模式

《吕氏春秋》有严密的结构体系，全书分十二纪、八览、六论，其中十二纪每纪五篇，共六十篇；八览每览八篇，共六十四篇（现存“有始览”缺一篇）；六论每论六篇，共三十六篇；再加一篇序文，全书一百六十一篇（今存一百六十篇）。全书条分理顺，篇章划分十分整齐，从结构上就把它组合成了一个所谓“法天地”的完整体系，体现了天人合一的思想。因为天道自然的推移，一年有四季，每季三个月，而一年四季又是按照春夏秋冬顺序运行，所以《吕氏春秋》取法于此，设有十二纪，同时每纪的名字也是和每月的名称相一致，分别为孟春纪、仲春纪、季春纪，孟夏纪、仲夏纪、季夏纪，孟秋纪、仲秋纪、季秋纪，孟冬纪、仲冬纪、季冬纪。如果说十二纪按照一年十二个月的顺序排列，体现了时间上的纵向流程；那么八览则是由八方（八维）、八极等观念而来，体现了空间上的横向划分。八方（八维）指四方（东、西、南、北）和四隅（东南、东北、西南、西北），八极指八方极远之地。《淮南子·墬形训》："八纮之外，乃有八极。自东北方曰方土之山，曰苍门；东方曰东极之山，曰开明之门；东南方曰波母之山，曰阳门；南方曰南极之山，曰暑门；西南方曰编驹之山，曰白门；西方曰西极之山，曰阊阖之门；西北方曰不周之山，曰幽都之门；北方曰北极之山，曰寒门。"

十二纪、八览之外，六论则是由六亲、六教、六义等人间伦理道德而来。关于六亲，古代有几种说法，现在则泛指家人亲戚。《左传·昭公二十五年》以六亲为："父子、兄弟、姑姊（父亲的姐妹）、甥舅、婚媾（妻的家属）、姻亚（有婚姻关系的亲戚），以象天明。"《老子》第十八章也提及六亲："六亲不和有孝慈，国家昏乱有忠臣。"魏王弼注云："六亲，父子、兄弟、夫妇也。"《礼记·经解》提出了六教："孔子曰：入其国，其教可知也。其为人也温柔敦厚，《诗》教也；疏通知远，《书》教也；广博易良，《乐》教也；絜静精微，《易》教也；恭俭庄敬，《礼》教也；属辞比事，《春秋》教也。故《诗》之失，愚；《书》之失，诬；《乐》之失，奢；《易》之失，贼；《礼》之失，烦；《春秋》之失，乱。其为人也，温柔敦厚而不愚，则深于《诗》者也。疏通知远而不诬，则深于《书》者也。广博易良而不奢，则深于《乐》者也。絜静精微而不贼，则深于《易》者也。恭俭庄敬而不烦，则深于《礼》者也。属辞比事而不乱，则深于《春秋》者也。"《毛诗大序》以风、赋、比、兴、雅、颂为诗的"六义"，并和政治教化联系起来，提出了"六义"说。此外，还有六礼、六书等，此不赘述。综上，《吕氏春秋》在结构形式上，密切地与时间、空间以及人间的伦理道德等联系起来，实现了天人合一的构想。褚斌杰、谭家健等认为："《吕氏春秋》体制庞大、新颖，创造了崭新的构架系统，是我国第一部有严密体系的书籍，实为后世类书的鼻祖。"①

（二）顺天应时的政治主张

和天人合一的结构模式相联系，《吕氏春秋》在政治主张上，也

① 褚斌杰、谭家健主编：《先秦文学史》，人民文学出版社 1998 年版，第 342 页。

表现了顺天应时的思想倾向。这既是道家思想的具体展现，也有阴阳家、儒家思想的成分。上文提及邹衍的五德始终说，就完整地记录在《吕氏春秋·有始览》中。而在《吕氏春秋·季冬纪·序意》篇，明确提出："盖闻古之清世，是法天地。凡十二纪者，所以纪治乱存亡也，所以知寿夭吉凶也。上揆之天，下验之地，中审之人，若此则是非、可不可无所遁矣。"《吕氏春秋·仲春纪·情欲》篇也说："故古之治身与天下者，必法天地也。"取法天地大道，顺应自然变化，这是《吕氏春秋》政治主张的基本出发点。《吕氏春秋》十二纪以"阴阳五行学说为依据，阐明四季十二个月的天文、历象、物候等自然现象，说明天子每月在衣食住行等方面所应遵守的规定，以及为顺应时气在郊庙祭祀、礼乐征伐、农事活动等方面所应发布的政令。要求天子行事制令都要'无变天之道，无绝地之理，无乱人之纪'。实际上，这十二月纪是作者构想的一年的施政纲领"①。下面结合十二纪中的文章，进行简要分析。

依照五行学说，春季属木，方位为东方，此时阳气渐盛，是生养的季节，天子的政令要以宽厚仁慈为主，"命相布德和令，行庆施惠，下及兆民"，禁止杀伐伤生，所以《孟春纪》、《仲春纪》、《季春纪》里面文章的内容都是以讲养生为主的；夏季（主要指孟夏、仲夏）属火，方位为南方，此时阳气充沛，是万物继续生长繁荣的时期，天子的政令也应该以宽厚为主，"不可以兴土功，不可以合诸侯，不可以起兵动众，无举大事，以摇荡于气"，所以《孟夏纪》、《仲夏纪》、《季夏纪》所编排的文章，都是有关教育和音乐的（古人认为人的成长离不开教育和音乐的教化）；秋季属金，方位为西方，此时阳气衰而阴气渐盛，是万物成熟凋落的季节，天子发布的政令，应该把惩治罪恶、讨伐不义放在重要位置，"修法制，缮囹圄，具桎梏，禁止奸"，"戮有罪，严断刑"，"专任有功，以征不义"，所以《孟秋纪》、《仲秋纪》、《季秋纪》里面的文章，都是有关战争或者与战争有联系的内容；冬季属水，方位为北方，此时阴气大盛，是万物收敛

① 陆玖译注：《吕氏春秋》，中华书局2011年版，第1页。

避藏的季节，天子的政令应该顺应冬阴避藏之气，督促百姓收敛聚藏，“附城郭，戒门闾，修楗闭，慎关籥，固封玺，备边境，完要塞，谨关梁，塞蹊径”，所以《孟冬纪》、《仲冬纪》、《季冬纪》所编排的文章，多是节丧、安死之类内容，同时也把古人认为与闭敛有关的忠信、廉洁等品德的文章列入其中。按照五行学说，以季夏属土，方位为中央，此时阳气极盛而阴气始生，但是《吕氏春秋》并没有提及此时天子发布政令的规定，只是论及了天子的一些活动，“天子居太庙太室，乘大辂，驾黄骝，载黄旗，衣黄衣，服黄玉，食稷与牛，其器圜以掩”。由此可知，《吕氏春秋》主张朝廷的执政法令，一定要顺应季节时令的变化，这对后代产生了深远的影响。

（三）兼收并蓄的思想特点

作为先秦杂家的代表作，《吕氏春秋》的思想内容是非常驳杂不纯的。诚如北齐刘昼《刘子·九流》篇所说，杂家均“明阴阳，本道德，兼儒墨，合名法，苞纵横，纳农植。触类取与，不拘一绪”。上文论及的结构以及政治主张，已经明显能够看到道家“人法地，地法天，天法道，道法自然”以及阴阳家阴阳五行思想的影响。道家思想堪称《吕氏春秋》的主导思想，其主张君道虚静，自然无为，便是其中另一个重要表现。《吕氏春秋·审分览·任数》篇云：“古之王者，其所为少，其所因多。因者，君术也；为者，臣道也。为则扰矣，因则静矣。因冬为寒，因夏为暑，君奚事哉？故曰君道无知无为，而贤于有知有为，则得之矣。”并举了齐桓公与管仲的例子加以说明。《吕氏春秋·审分览·知度》篇亦云：“明君者，非遍见万物也，明于人主之所执也。有术之主者，非一自行之也，知百官之要也。知百官之要，故事省而国治也……君服性命之情，去爱恶之心，用虚无为本，以听有用之言，谓之朝。”《吕氏春秋·似顺论·有度》篇的论述，也可看作是道家思想的发挥：“先王不能尽知，执一而万物治。使人不能执一者，物惑之也。故曰：通意之悖，解心之缪，去德之累，通道之塞。贵富显严名利，六者悖意者也。容动色理气意，六者缪心者也。恶欲喜怒哀乐，六者累德者也。智能去就取舍，六者塞道者也。此四六者不荡乎胸中则正。正则静，静则清明，清明则虚，虚则无为而无不为也。”

《吕氏春秋》还“提出一整套以民本思想为基础、以仁政德治为核心的治国方略”①，这是儒家思想的重要体现。民本思想是孟子思想的重要组成部分，也是儒家思想的精华所在。《吕氏春秋》认为民众是国家存亡安危的关键所在，统治者必须爱民，才能使天下归心，其《开春论·爱类》篇说：“故身亲耕，妻亲绩，所以见致民利也。贤人之不远海内之路，而时往来乎王公之朝，非以要利也，以民为务故也。人主有能以民为务者，则天下归之矣。”又说：“上世之王者众矣，而事皆不同，其当世之急，忧民之利，除民之害同。”其《季秋纪·精通》篇云：“圣人南面而立，以爱利民为心，号令未出，而天下皆延颈举踵矣，则精通乎民也。”《季秋纪》还有《顺民》一文，专门讨论统治者必须顺从民心民意，才能有所成就，“先王先顺民心，故功名成……失民心而立功名者，未之曾有也……故凡举事，必先审民心，然后可举。”以民本思想为基础，《吕氏春秋》强调以德治国，实行仁政义举，这样民众就会亲近统治者，为君主效死力。《仲秋纪·爱士》篇提出了“行德爱人，则民亲其上；民亲其上，则皆乐为其君死矣”的观点。《季夏纪·音律》篇也有“宽裕和平，行德去刑，无或作事，以害群生”的话。《恃君览·恃君》篇提出“德衰世乱”的观点。《离俗览·上德》说：“为天下及国，莫如以德，莫如行义。以德以义，不赏而民劝，不罚而邪止。此神农、黄帝之政也。”相反，赏善罚恶，刑罚惩治，则是衰世不得已的表现，所谓“严罚厚赏，此衰世之政也。”

《吕氏春秋》尚贤主张，表现为既要求君主贤明，所谓“人主贤则豪杰归之”，也重视贤才，要求统治者“尊贤使能”，这和儒家、墨家等的主张是一致的。《吕氏春秋》保存了不少古代医学卫生方面的知识，认为“凡人三百六十节，九窍、五藏、六府”（《恃君览·达郁》），且各个器官都有各自的生理要求，满足了它们的需要，就不会生病，因此要求人们在饮食、情欲、运动等各方面都要注意。

---

① 陆玖译注：《吕氏春秋·前言》，中华书局2011年版，第5页。

《吕氏春秋·季夏纪》还详细记述了音乐起源的过程，第一次较为全面地记载了我国音律的六律及其计算方法（三分损益法），说明了音乐与人们生活的相互关系。《吕氏春秋》还有天文历法方面的记载，第一次完整地记载了九野以及二十八宿的名称，并且记载了每月太阳、月亮所在的位置以及与之相适应的节气与物候特征等。此外，《吕氏春秋·士容论》还有四篇关于农业生产的文章，保留了我国最早的农业生产技术，是研究战国及其以前农业发展情况的宝贵资料。

综上，《吕氏春秋》这种“明阴阳，本道德，兼儒墨，合名法，苞纵横，纳农植。触类取与，不拘一绪”的做法，既是对先秦思想文化的总结，对不同学派思想的继承和发展，也顺应了天下趋于统一的社会形势。诚如陆玖所说：“如果说战国时期百家并起是与诸侯纷争的政治形势相适应的，那么，《吕氏春秋》也正是适应秦国统一天下的需要而出现的。”[①]《吕氏春秋》出现之前，各家已提出了不同的大一统思想。孔子赞扬管仲辅佐齐桓公“九合诸侯，不以兵车”、“霸诸侯，一匡天下，民到于今受其赐”（《论语·宪问》）；墨子提倡“尚同”，认为社会人事需要统一，才能令行禁止；孟子主张天下“定于一”，要求统治者实施仁政；荀子则多次明确提出“天下为一，诸侯为臣”的理想；《春秋公羊传》则明确提出了“大一统”的说法；法家也主张政令统一，要求天下一统。《吕氏春秋》的出现，既吸取了各家关于大一统思想的倡导，也适应了社会形势的发展，可谓水到渠成。

---

① 陆玖译注：《吕氏春秋·前言》，中华书局2011年版，第3页。

下篇

先秦诸子文学价值

第五章

语录体时代的文学特点

先秦诸子之书既是哲学巨著，中国古代学术思想史的重要典籍，同时也大多是文学经典，具有浓厚的文学意味，在我国古代散文史上占有不可替代的重要地位，代表了散文发展的第一个高峰，影响深远。前面按照不同学派讨论了其学术思想，下面重点分析其文学成就。依照散文发展的一般规律以及特点，诸子散文大致可分为三个发展阶段，即语录体、论辩体以及专题论文。本章以《老子》、《论语》和《墨子》为例，结合其成书的基本状况与文学成就，分析诸子散文在语录体时代的文学特点。

第一节　亦诗亦文、语言精妙的《老子》

一、《老子》简介

《老子》后又称《道德经》或《道德真经》，一般认为主要是由老子独立撰写而成的，成书年代约在春秋末期。《老子》一书分为上下两卷，上卷以讲“道”开始，称“道经”，共三十七章；下卷以讲“德”开始，称“德经”，共四十四章。上下卷合称《道德经》，共计八十一章，五千多字，与司马迁《史记》所说基本相同。不过，1972 年长沙马王堆汉墓出土的帛书《老子》，则是《德经》在前，《道经》在后，且不分章，与通行的版本有异。1993 年在湖北荆门市的郭店村楚墓中出土的楚简本《老子》，仅有两千多字，且分章次序与今本差别很大。就通行版本来看，《老子》全书虽仅有五千多字，但是文约义丰，不但包含着十分丰富深刻的哲学思想，被道家与道教奉为最高的经典著作，而且具有浓厚的文学色彩，是先秦语录体散文的代表作之一。钱基博《中国文学史》云：“独《老子》冠时独出，为诸子之祖。”[①] 正因为《老子》一书拥有“诸子之祖”的美誉，所以笔者在探讨文学成就时，从《老子》开始说起。

二、《老子》的文学成就

《老子》一书出现在诗人时代与诗性文化的结束期，诸子散文时代与理性文化的到来期，此时，堪称诗衰文盛的过渡期。基于所生活时代的原因，《老子》一书尚未完全脱离诗的特征，不管行文方式，语言表达，还是哲学思想，都有明显的诗味，也就是鲁迅先生所说的“时亦对字协韵，以便记诵”[②]。作为语录体，是对老子话语的直接记录，没有人物对话和简单的背景交代，也没有“老子曰”（或“子曰”）这样的提示。下面，笔者结合《老子》一书，详细分析其文学成就。

（一）老子以诗的笔触写文，阐发哲理，使文章富有诗歌的节奏韵味，其句子以三言、四言、五言为主，短促错落，随处用韵，读起来富有节奏感，堪称哲学诗。朱谦之《老子校释·附录·老子韵例》云：“余以为《道德》五千言，古之哲学诗也。既曰诗，即必可以歌，可以诵；其疾徐之节，清浊之和，虽不必尽同于《三百篇》，而或韵或否，则固有合于诗之例焉为无疑。”[③] 又说：“《五千言》以今韵读之，觉其扞格不合，而以古韵绳之，则合者多，而不合者或出于传写之误。”[④] 当然，《老子》的韵脚又是较为自由的：“惟《老子》为哲学诗，其用韵较《诗经》为自由，则诚有之，若谓其手笔差易，文不拘韵，则不但不达《五千言》铿锵之妙，且不足以语诸子之文矣。”[⑤] 古棣、关桐《老子》一书也认为：“《老子》是诗，是哲理

---

① 钱基博：《中国文学史》，上海古籍出版社 2011 年版，第 31 页。

② 鲁迅著，顾农讲评：《汉文学史纲要》，凤凰出版社 2009 年版，第 20 页。

③ 朱谦之：《老子校释》，中华书局 1984 年版，第 313 页。

④ 同上。

⑤ 朱谦之：《老子校释》，中华书局 1984 年版，第 332 页。

诗，除‘道生一’一章，全部有韵。”[①]“《诗经》的杂言诗是少量的，在《老子》中却是大量的（但其中的四言仍然很多）。这些杂言诗别有韵致。有的似民歌体，有的貌似散文，但不是散文，而是严格的格律诗。”[②]“从《老子》韵例和风格，可以看出《老子》哲理诗是继承了《诗经·国风》，而进一步突破四言格式，创造了不拘一格的、因内容而异的诗歌体。”[③]如下面几章，就体现了上述特点：

> 知其雄，守其雌，为天下蹊。为天下蹊，常德不离，复归于婴儿……知其荣，守其辱，为天下谷。为天下谷，常得乃足，复归于朴。（第二十八章）
>
> 甘其食，美其服，安其居，乐其俗，邻国相望，鸡狗之声相闻，民至老死不相往来。（第八十章）
>
> 信言不美，美言不信。善者不辩，辩者不善。知者不博，博者不知。（第十一章）
>
> 天得一以清，地得一以宁，神得一以灵，谷得一以盈，万物得一以生，侯王得一以为天下正。（第三十九章）

再如《老子》第十章：“载营魄抱一，能无离？专气致柔，能婴儿？涤除玄览，能无疵？爱人治国，能无为？天门开阖，能为雌？明白四达，能无知？”朱谦之评价说：“此一唱三叹，以声论声，即置之《三百篇》中，亦不知有何分别；然而终不同者，则《三百篇》皆吟咏性情之作，而此则以说理竞长。所谓哲学诗之特点乃在内容，内容有异而形式随之，此所以《老子》用韵体裁与《诗》有同有异，而与《易》则无不同也。”[④]当然，也有人质疑《老子》一书的诗意，如张松如说：“老子是在作诗吗？以其喜用韵语，也可以作如是观吧，

---

① 古棣、关桐：《老子》，上海人民出版社2009年版，第49页。

② 同上书，第50页。

③ 同上。

④ 朱谦之：《老子校释》，中华书局1984年版，第325页。

故亦尝云：‘老文优美，多似包含哲理的诗篇’（《老子校读》引言）。但一不入乐，二少抒情，吾人只得于惊叹其超凡的智慧中，领悟出丰富的诗的乐趣，难以风雅、骚赋相比附也。且诗之于韵，固非必具，斤斤于韵校，则凿矣。”① 认为诗歌未必押韵，所以押韵的也不一定是诗，以此来质疑《老子》一书的诗意。

（二）《老子》一书富有作者强烈的自我意识和愤世嫉俗的情感，并将哲理与情感完美地融合在一起，寓情于理，情、理交融，在对哲理的阐发中散发着浓烈的抒情性。这种做法，在中国文学史上为后代富有哲理性的文学作品树立了理带情行、情理并至的榜样。作为一个哲学家，老子常常不是冰冷地宣讲道理，而是把自己主观的情感也有机地融合进去，“戒多言而时有愤辞，尚无为而仍欲治天下”②。如《老子》第二十章云：“唯之与阿，相去几何？善之与恶，其相去何若？人之所畏，不可不畏。忙兮其未央！众人熙熙，若享太牢，若春登台。我魄未兆，若婴儿未孩。乘乘无所归！众人皆有余，我独若遗。我愚人之心，纯纯。俗人昭昭，我独若昏。俗人察察，我独闷闷。淡若海，漂无所止。众人皆有已，我独顽似鄙。我独异于人，而贵食母。”老子认为，真心地听从和阴奉阳违，谁能分辨出其间的差别？为善与为恶，只在一念之间，谁又能保证，自己的为善不是在作恶？人们都畏惧的，自己也不得不畏惧！但是自己追求“道”的生活，与世俗人的生活，差别是那样的巨大！“我”字的反复出现，把老子自我的形象展示得非常鲜明与突出，体现了浓厚的自我意识。老子还对世俗之人（应该主要指统治阶级中的人物）进行了尖锐的揭露与批判：

使我介然有知，行于大道，唯施是畏。大道甚夷，而人好径。朝甚除，田甚芜，仓甚虚；服文彩，带利剑，厌饮食，财货

① 张松如：《〈老子校诂〉商兑——关于第一章章句章旨》，《社会科学战线》1992年第4期，第123页。

② 鲁迅著，顾农讲评：《汉文学史纲要》，凤凰出版社2009年版，第20页。

有余；是谓盗夸。非道也哉！（第五十三章）

“大道”平坦通达，却无人愿意行走；邪路曲折难通，人们却一窝蜂地拥进去。朝堂上污秽贪浊，农田杂草丛生，仓库空虚无物，而人们却穿着花纹精美的衣服，佩戴着锋利的宝剑，吃着美味佳肴，私人的库房中财物堆积如山。这根本是与大道背道而驰的！是欺世盗名的！字里行间，都充分流露出老子对世俗之人极为强烈的批评，表现了愤世嫉俗的情感。

老子感慨地说：“吾言甚易知，甚易行。天下莫能知，莫能行。言有宗，事有君。夫唯无知，是以不我知。知我者希，则我者贵。是以圣人被褐怀玉。”（第七十章）老子说，他自己的言论极易为人所知晓，也极易为人所实行；但是天下却没有谁能够知晓，没有谁能实行；知晓他言论的人太少了，取法他言论的才显得可贵；他自己堪称圣人，却不为人所知，其理论不为人所用，所践行。读到此，一股生不逢时、怀才不遇的不平之气透纸而出，令人扼腕感叹！可以看出，这些文字所表现的哲理是感情化了的，哲理为感情所浸透，与感情相融合。如此，就能够以其蕴含哲理的感情来感染读者，使读者在体验其感情的同时，接受其中的哲理。

天地大“道”本是客观存在的规律，其本身应该是无情的，也是没有“性格”的，但是老子在阐述它时则赋予它以情感，使之人格化。老子云：“大道氾，其可左右。万物恃之以生而不辞，功成不名有。爱养万物不为主，可名于大。是以圣人终不为大，故能成其大。”（第三十四章）。在这里，老子满怀热情地歌颂了“道”的伟大，它无所不在，生长、养育万物，使万物各得其所，而它从不自以为有功，从不以主宰者自居，对万物丝毫不加干涉，正因为它不自以为伟大，所以才能成就其伟大。这富有情韵的议论使读者“可以呼吸到爱与温暖的空气”①。老子还说：“天之道，不争而善胜，不言而善应，不召而自来，默然而善谋。天网恢恢，疏而不漏。”（第七十三章）

① 陈鼓应、蒋丽梅导读及译注：《老子》，中信出版社 2013 年版，第 114 页。

这里，“天之道”被老子人格化，被赋予了鲜明的性格。同样还有：“天之道，其犹张弓与！高者抑之，下者举之，有余者损之，不足者补之。天之道，损有余而补不足；人道则不然，损不足，奉有余。”（第七十七章）这里将“天之道”形象地比喻为“张弓”，以“天之道”来推论“人之道”；在这里，公平无私、主持正义的天道得到了老子的高度褒扬，而损人利已、自私自利的人道受到了严厉的审判。文章化虚为实，将理、形、情、趣融为一体，为后世富有哲理的文学作品树立了“议论须带情韵以行，勿近伧父面目”（沈德潜《说诗晬语》卷下）的典范。在前面（本书第二章第一节）论述老子的“无为”思想时，也能看出老子对统治者的强烈不满，对民众的深深同情。可参看上文，兹不赘述。

（三）《老子》往往赋予理论以生动鲜明的形象，将深奥的理论具体化，通过比喻、象征、对比等方法来深化论点，显得雄辩有力，给读者留下了深刻的印象。老子既具有高度发达的抽象思维，也具有高度发达的形象思维，在阐述哲理时，二者常常水乳交融般地融合在字里行间，具有很好的表达效果。如第五章云：“天地之间，其犹橐龠乎！虚而不屈，动而愈出。”把天地之德比喻成一个大风箱，既说明了天地之德的虚静无为，也展示了它的巨大功用，形象生动。再如第八章云：“上善若水，水善利万物而不争，处众人之所恶，故几于道。”用水来作比喻，说明天地大道的处下不争，告诫人们应该虚静无为，顺乎自然。再如第七十七章云：“天之道，其犹张弓与！高者抑之，下者举之，有余者损之，不足者补之。天之道，损有余而补不足；人道则不然，损不足，奉有余。”以弓来比喻天道，把天道与人道作对比，既说明了天道的公正无私，也揭露了人道的自私自利，贴切形象，生动有趣。第六十章云：“治大国若烹小鲜。”以煎炸小鱼来比喻治理国家，希望统治者清静无为，要让民众休养生息，不要扰民生事。

老子也常把许多比喻排列在一起，用来描写形容某种复杂现象。如第十五章描写“古之善为士者”时，云：“夫唯不可识，故强为之容：豫若冬涉川，犹若畏四邻，俨若客，涣若冰将释，敦若朴，浑若浊，旷若谷。”神秘高深的“古之善为士者”，本来是“微妙玄通，深不可识”的，不过有了这番比喻形容，则变得生动可感。再如第二十章云：“众人熙熙，若享太牢，若春登台。我魄未兆，若婴儿未孩。乘乘无所归！众人皆有余，我独若遗。我愚人之心，纯纯。俗人昭昭，我独若昏。俗人察察，我独闷闷。淡若海，漂无所止。众人皆有已，我独顽似鄙。我独异于人，而贵食母。”运用巧妙的比喻、对比手法，把自己和世俗之人的生活境界形象生动的描绘出来：众人惑于名利贪欲，如参加盛宴，如春日登台游赏；而“我”淡泊宁静，浑浑沌沌，好像无所归依；众人皆自以为才智有余，而“我”却好像不足，如同一幅愚人的心肠。展示了淡泊之士与世俗之人截然不同的两种形象，富含哲理，充满诗意。有时，老子还把比喻当作说理的论据，从常见的事物中引申出哲理，把抽象的概念和理论化为具体可感的形象。如第十一章：“三十辐共一毂，当其无，有车之用。埏埴以为器，当其无，有器之用。凿户牖以为室，当其无，有室之用。故有之以为利，无之以为用。”从造车、制陶、建房利用空虚部分，引申出无的重要性，阐明了有无之间的辩证关系。再如第二十三章云：“飘风不终朝，骤雨不终日。孰为此？天地。天地上不能久，而况于人?”从自然现象入手，得出物壮则老、物极必反的哲理，然后从自然现象引申到人事政治上，说明暴政难以持久。如此，通过言浅意深的论证，达到了形象化说理与哲理思辨的高度统一。

老子还常用象征手法说理，如第五十二章云：“天下有始，以为天下母。既得其母，又知其子。既知其子，复守其母。没身下殆。”以“母”象征天地大道，以“子”象征自然万物，天地大道育化自然万物，恰如母亲生养孩子。由其母可推知其子，由其子也可推知其母，母子相互联系。形象生动说明了道理，给读者留下了深刻印象。再如第六章：“谷神不死，是谓玄牝。玄牝门，天地根。绵绵若存，用之不勤。”这里的“谷神”、“玄牝”也都具有象征意义。“谷神”象征如同溪谷一样神奇灵妙的大道，“玄牝”本是玄妙的母畜生殖器，这里象征幽深玄妙而生生不息的天地大道。再如第九章：“持而盈之，不若其以。揣而锐之，不可长保。金玉满堂，莫之能守。富贵而骄，自遗其咎。功成、名遂、身退，天之道。”这里前面所陈说的四种情况可以看作象征，从事物过盈太盛不可长久的事例，来说明物极必反、知止不殆的道理。象征手法的运用，简练形象，寓意深刻，耐人寻味，给读者留下了丰富的想象空间。

（四）《老子》语言平直简约而又意旨幽深，常常寥寥几笔就能点出深意，传达出精奥的哲理，展现出浓厚的情感，具有精警凝练的艺术风格，也留下了很多成语以及名句，对后代产生了极为深远的影响。在中国古代文学史上，《老子》是最早以精警凝练的表现方式阐述哲理的。所谓精警就是精妙犀利、令人醒目的意思，所谓凝练就是紧凑简练、言简意赅的意思。余秋雨的评价，正好诠释了老子文章的这种风格：“（老子）以极少之语，蕴极深之义，使每个汉字重似千钧，不容外借。在老子面前，语言已成为无可辩驳的天道，甚至无须任何解释、过渡、调和、沟通。这让中国语文，进入了一个几乎空前绝后的圣哲高台。”[①] 赵翼《瓯北诗话》卷六也对“炼”字做出过解释：“抑知所谓炼者，不在乎奇险诘曲、惊人耳目，而在乎言简意深，一语胜人千百。此真炼也。”[②] 文字上的以少胜多，哲理的犀利透彻，情感的浓郁强烈，也是《老子》艺术特色的重要方面。如《老子》第一章：“道可道，非常道；名可名，非常名。无名，天地始；有名，万物母。常无，欲观其妙；常有，欲观其徼。此两者同出而异名，同谓之玄，玄之又玄，众妙之门。”本章“开宗明义，便相继举出‘道’、‘名’、‘无’、‘有’、‘天地之始’、‘万物之母’等表述宇宙哲理的概念，使人应接不暇，只觉其玄妙恍惚，奇趣横生”[③]。再如第九章“持而盈之，不若其以。揣而锐之，不可长保。金玉满堂，莫之能守。富贵而骄，自遗其咎。功成、名遂、身退，天之道”。第十九章“绝圣弃智，民利百倍；绝仁弃义，民复孝慈；绝巧弃利，盗贼无有。此三者，为文不足，故令有所属：见素抱朴，少私寡欲”，等

① 余秋雨：《中国文脉》，《文摘报》2012 年 12 月 15 日。

② 赵翼著，马亚中、杨年丰批注：《瓯北诗话》，凤凰出版社 2009 年版，第 68 页。

③ 韩兆琦主编：《先秦两汉散文专题》，高等教育出版社 2003 年版，第 75 页。

等，都是这种特点的典型例子。至于其他章句，随便拿出来分析，也多多少少体现了这种风格，兹不赘述。

此外，《老子》一书中的很多语句，有的是原话，有的经过简单改造，成为活跃在古今口头笔端的成语和格言，对我国思想文化产生了深远的影响。例如“玄之又玄”、“众妙之门”（第一章）、“有无相生，难易相成，长短相形，高下相倾，音声相和，前后相随”、“无为之事”、“不言之教”（第二章）、“和光同尘”（第四章）、“天长地久”（第七章）、“上善若水”（第八章）、“金玉满堂”、“功成身退”（第九章）、“宠辱不惊”（第十三章）、“绝圣弃智”（第十九章）、“飘风不终朝，骤雨不终日”（第二十三章）、“物壮则老”（第三十章）、“兵者不祥之器”（第三十一章）、“将欲歙之，必固张之；将欲弱之，必固强之；将欲废之，必固兴之；将欲取之，必固与之”、“柔弱胜刚强”、“国之利器不可以示人”（第三十六章）、“大器晚成”（第四十一章）、“强梁者不得其死”（第四十二章）、“甚爱必大费，多藏必厚亡”、“知足不辱，知止不殆”（第四十四章）、“为学日益，为道日损”（第四十八章）、“知者不言，言者不知”（第五十六章）、“法令滋彰，盗贼多有”（第五十七章）、“祸兮，福之所倚；福兮，祸之所伏”（第五十八章）、“深根固柢”、“长生久视”（第五十九章）、“合抱之木，生于毫末；九层之台，起于累土；千里之行，始于足下”（第六十四章）、“被褐怀玉”（第七十章）、“天网恢恢，疏而不失”（第七十三章）、“民不畏死，奈何以死惧之”（第七十四章）、“损有余而补不足”（第七十七章）、“正言若反”（第七十八章）、“天道无亲，常与善人”（第七十九章）、“小国寡民”、“邻国相望，鸡犬之声相闻，民至老死不相往来”（第八十章）、“信言不美，美言不信”（第八十一章）等等。钱基博的评论，正好诠释了这些格言警句的特点：“辞以简隽称美……意以微妙见深……若其文缓而旨远，余味曲包，则固与《左氏传》如出一辙者也。《左氏传》耐人诵，《老子书》耐人思。”①

① 钱基博：《中国文学史》，上海古籍出版社2011年版，第32页。

第二节 言简意赅、形象隽永的《论语》

一、《论语》简介

《论语》是记载孔子及其弟子言行的一部语录体散文集，也是历来认为关于孔子最可信的史料汇编，是儒家学派思想的一部重要著作。班固《汉书·艺文志》云："《论语》者，孔子应答弟子时人及弟子相与言而接闻于夫子之语也。当时弟子各有所记。夫子既卒，门人相与辑而论纂，故谓之《论语》。"[①] 由此可知，《论语》是由孔子弟子及再传弟子纂录而成，编辑成书约在战国初年。传到汉代，出现了鲁《论语》、齐《论语》和古《论语》三种不同版本。今天通行的本子是以鲁《论语》为基础，参考齐《论语》编订而成的，共有二十篇。每篇标题取自首章首句中的两到三个实字，题目不能概括每篇的内容，且各篇之间没有时间的先后顺序，每篇内各章之间也没有共同的主题内容。

二、《论语》的文学特点

作为语录体散文集，《论语》所记录的大都是简短的语言片段，且标明为某人所说，有的还有简单的背景介绍。一般每章约有几十个字，言简意赅，形象隽永，内涵丰富，引人深思。不仅如此，作为承载儒家思想的重要载体，《论语》还"使散文成为一种有可能承载厚重责任、端庄思维的文体……给予中国历史的，是一种朴实的正气，这就直接成了中国文脉的一种基调"[②]。下面结合《论语》一书，对此作简要分析。

（一）《论语》能够寓抽象哲理于具体形象之中，使深奥的道理明白晓畅，给人以深刻印象。如《论语》常常使用比喻的修辞方法，

---

① 班固撰，颜师古注：《汉书》，中华书局1962年版，第1717页。

② 余秋雨：《中国文脉》，《文摘报》2012年12月15日第8版。

既形象生动，又能把深奥的道理说清楚。如《子罕》篇记载孔子话云："岁寒，然后知松柏之后凋也！"表面上是说天冷了，才知道松柏树是不落叶的；其实是用来比喻有道德的人具有坚忍顽强的力量，能耐得住艰难困苦，受得住坎坷折磨。同篇还载有孔子在河边的话："逝者如斯夫，不舍昼夜！"把时间比喻成流水，消逝的时间像流水一样日夜不停地流逝；虽然已过去两千多年，但孔子的话至今言犹在耳，时刻警醒着我们，要珍惜时间，爱护光阴，抓住有限的时间奋发图强，做一番事业。同篇中孔子感慨："吾未见好德如好色者也。"意即从未见过爱好道德像爱好美色那种程度的人，人心不古啊！同篇，孔子以堆土为山比喻人们的进德修业，需要坚持不懈的努力："譬如为山，未成一篑，止，吾止也。譬如平地，虽覆一篑，进，吾往也。"在《为政》篇孔子强调德治时，也用了一个非常形象化的比喻："为政以德，譬如北辰，居其所而众星共之。"《公冶长》篇记载，当孔子学生宰予白天睡觉时，孔子很生气地说："朽木不可雕也，粪土之墙不可杇也；于予与何诛？"以腐烂的木头没法雕刻，粪土似的墙壁无法粉刷来比喻宰予，既有深深的责备，更有殷切期盼之后的失望。再如孔子和子贡的对话，子贡以美玉比喻孔子，孔子心领神会，乘机委婉地表达出自己的主张：

> 子贡曰："有美玉于斯，韫椟而藏诸？求善贾而沽诸？"子曰："沽之哉！沽之哉！我待贾者也。"（《子罕》）

除了使用比喻的修辞方法，为了说明某件事情、某个道理，《论语》往往不是死板地抽象地说教，而是利用若干具体可感、形象鲜明的事物，进行叙述、描摹。如《雍也》篇孔子云："知者乐水，仁者乐山；知者动，仁者静；知者乐，仁者寿。"为了形象说明智者和仁者的特征，用水和山来作说明，水之流动象征智者之聪颖快乐，山之端庄象征仁者之沉静长寿。同篇孔子赞扬颜回云："贤哉回也！一箪食，一瓢饮，在陋巷，人不堪其忧，回也不改其乐。贤哉回也！"通过一箪食、一瓢饮、陋巷三件带有具体数量的事物名词，就把颜回安贫乐道的德行凸显了出来。再如《述而》篇孔子自我表白：“饭疏食，饮水，曲肱而枕之 乐亦在其中矣。不义而富且贵，于我如浮云。”疏食、饮水、曲肱、浮云四个形象，把自己的“忧道不忧贫”的思想性格生动形象地表达了出来。在《为政》篇，当子游问孝时，孔子有感而发道：“今之孝者，是谓能养。至于犬马，皆能有养。不敬，何以别乎？”为了更好地阐明孝，孔子拿供养父母和喂养狗马比较，认为二者关键区别在于是否恭敬，有了恭敬才能称得上是孝。在《子罕》篇，孔子赞扬子路也体现了这种方法：“衣敝缊袍，与衣狐貉者立，而不耻者，其由也与。‘不忮不求，何用不臧？’”

（二）《论语》能够通过人物的言行，展现出人物的性格特点。《论语》中的孔子形象，是一个性格较为复杂的人物。首先，也是对后代影响最大的，孔子体现为一个积极主张“仁义”、“礼制”，推行教化的儒家代表人物形象。关于这一点，本书第一章第二节在分析孔子思想时，已可充分看出，兹不赘述。其次，孔子还是一个勤奋好学的人，他不但向学有专长的人学习，也向自己周围的人学习。孔子自述自己十五岁就“志于学”，还说：“三人行，必有我师焉：择其善者而从之，其不善者而改之。”（《述而》）同篇还说：“多闻，择其善者而从之；多见而识之。”还说：“笃信好学，守死善道。”（《泰伯》）孔子“入太庙，每事问”（《乡党》）。孔子对自己好学的精神还作过充分的肯定：“我非生而知之者，好古，敏以求之者也。”（《述而》）并说：“十室之邑，必有忠信如丘者焉，不如丘之好学也。”（《公冶长》）再次，孔子虽然主要是一个“知其不可而为之”（《宪问》）的积极入世的儒者，但有时也高度评价隐士，赞同隐逸，甚至产生过出世逃避的念头。如他高度评价泰伯：“泰伯，其可谓至德也已矣。三以天下让，民无得而称焉。”（《泰伯》）称赞伯夷叔齐：“古之贤人也。”“求仁而得仁，又何怨？”（《述而》）还说：“天下有道则见，无道则隐。邦有道，贫且贱焉，耻也；邦无道，富且贵焉，耻也。”（《泰伯》）发出过“道不行，乘桴浮于海”（《公冶长》）的喟叹，发出“吾与点也”（《先进》）的感慨。孔子有时也和弟子开玩笑，表现了他的平易近人，如《阳货》记载：“子之武城，闻弦歌之声。夫子莞尔而笑，曰：‘割鸡焉用牛刀？’子游对曰：‘昔者偃也闻诸夫子曰：‘君子学道则爱人，小人学道则易使也。’子曰：‘二三子！偃之言是也。前言戏之耳。’”生起气来，孔子也会骂人，行为也很激烈：“原壤夷俟。子曰：‘幼而不孙弟，长而无述焉，老而不死，是为贼。’以杖叩其胫。”（《宪问》）

除了孔子的形象鲜明生动，《论语》也描绘出了孔子几个主要弟子的性格特点。如子路的好勇、率直，颜回的好学、仁厚，子贡的聪明、善辩，曾点的旷达、洒脱等。在《公冶长》篇，孔子感叹如果“道不行”就“乘桴浮于海”，并说跟随他的只有子路吧；子路听说以后很欢喜，紧接着就被孔子责骂了一顿：“由也好勇过我，无所取材。”这一段文字，把子路坦率、勇武的性格，表露无遗。《雍也》篇，鲁哀公问孔子的弟子谁好学，孔子回答：“有颜回者好学，不迁怒，不贰过。不幸短命死矣。今也则亡，未闻好学者也。”突出了颜回好学的性格特点。同篇，孔子对颜回的赞扬也毫不吝啬：“回也，其心三月不违仁，其余则日月至焉而已矣。”“贤哉回也！一箪食，一瓢饮，在陋巷，人不堪其忧，回也不改其乐。贤哉回也！”孔子的评价，把颜回仁厚、淳朴、淡泊的性格很好地表现了出来。在《述而》篇，孔子对颜回说只有他们两个能够“用行舍藏”，子路听了则马上质问老师：“子行三军，则谁与？”当然迎接子路的又是一顿训斥：“暴虎冯河，死而无悔者，吾不与也。必也临事而惧，好谋而成者也。”虽然遭到责骂，子路好勇率直的性格还是被生动地展现出来了。《论语》多处记录了子贡的话语，表现了子贡的聪明善辩。这里仅举《述而》篇一例来说明，冉有问子贡孔子是否赞成卫君，子贡就去问孔子对伯夷叔齐的看法，听了孔子回答说伯夷叔齐是“古之贤人”，且“求仁得仁”，然后就告诉冉有，说孔子不赞成卫君。这一段问答，足可展现出子贡的聪慧机敏。在《先进》篇侍坐章，孔子与几个弟子一起闲谈，让他们表表志向，子路就“率尔而对曰”，结果遭到孔子哂笑；而曾点的旷达、洒脱，从他的对答之中体现出来：“莫春者，春服既成，冠者五六人，童子六七人，浴乎沂，风乎舞雩，咏而归。”

（三）《论语》中记载的不少生活片段，不但具有一定的情节和场面，甚至还有较为曲折的故事性，对后代的叙事性文学作品产生过一定的影响。上文《阳货》篇提及的“子之武城”的故事，就是一个较好的例子：孔子以轻松幽默的方式表达了听到弦歌声后的满意的心情，但是没想到子游却认真起来，严肃地质问老师，孔子这才郑重地告诫在场诸人，表明了自己真正的态度。再如《先进》篇侍坐章，首先描述了几个学生与孔子在一起，然后孔子循循善诱，鼓励学生自表志向；接着“率尔而对曰”的子路遭到孔子哂笑，接着再发言的冉有、公西华就显得谦虚多了；最有趣的是问到曾点时，描写了曾点正在鼓瑟的情形，表明在师生谈心时，他很可能一直就是负责背景音乐演奏的；当曾点表明理想后，孔子毫不犹豫地发表了自己的观点“吾与点也”；谈心结束后，其他人离开，得到赞同的曾点留下，再向孔子请教，然后通过孔子之口一一点评其他人的志向，故事这才结束。其他再如“季氏将伐颛臾”（《季氏》）、“长沮桀溺耦而耕”（《微子》）、“子路从而后遇丈人”（《微子》）等章节，也都有场面描写，并有曲折的故事。最有趣的是关于孔子和阳货的故事：

阳货欲见孔子，孔子不见，归孔子豚。

孔子时其亡也，而往拜之。遇诸涂。谓孔子曰：“来！予与尔言。”曰：“怀其宝而迷其邦，可谓仁乎？”曰：“不可！”“好从事而亟失时，可谓知乎？”曰：“不可！”“日月逝矣，岁不我与。”

孔子曰：“诺，吾将仕矣。”（《阳货》）

阳货想见孔子，孔子却不想见他，于是想了一个主意，主动赠给孔子一头小猪。孔子是非常讲“礼尚往来”的，他必须去拜谢阳货；但是又不想见他，怎么办呢？于是打听好阳货不在家的时候，再去拜见，可见孔子的“狡猾”！但是没有想到，在返回的路上，却意外地遇上了阳货。此时，我们可以想象孔子是多么尴尬！阳货把孔子叫来，然后“以子之矛，攻子之盾”，以“仁”、“智”质问孔子，孔子无奈，只好表示自己将要出仕。实际上，孔子并没有在阳货手下做官；是在阳货失势之后，才仕鲁的。在此，我们不纠缠孔子主张的礼制是否有缺陷，就故事本身看，还是非常生动的，把孔子与阳货二人的性格都描绘得栩栩如生。

（四）《论语》言近旨远、词约义丰，给后代留下了大量的格言警句和成语，影响深远。《论语》二十篇，篇篇都有不少精彩的话语，有的是原话，有的经过简单改造，成为仍然活跃在现代人口头笔端的文学语言。如“有朋自远方来，不亦乐乎”、“君子务本”、“巧言令色”、“言而有信”、“慎终追远”、“和为贵”、“食无求饱，居无求安”（以上见《学而》）；“三十而立”、“四十不惑”、“五十知天命”、“六十耳顺”、“温故知新”、“知之为知之，不知为不知”、“人而无信，不知其可”（以上见《为政》）；“是可忍也，孰不可忍”、“巧笑倩兮，美目盼兮”、“乐而不淫，哀而不伤”、“尽善尽美”（以上见《八佾》）；“朝闻道，夕死可矣”、“君子喻于义，小人喻于利”、“见贤思齐”（以上见《里仁》）；“朽木不可雕也”、“不耻下问”、“不念旧恶”（以上见《公冶长》）；“文质彬彬”、“敬而远之”、“知者乐水，仁者乐山”（以上见《雍也》）；“学而不厌，诲人不倦”、“举一反三”、“三月不知肉味”、“乐在其中”、“不义而富且贵，于我如浮云”（以上见《述而》）；“鸟之将死，其鸣也哀；人之将死，其言也善”、“任重道远”、“不在其位，不谋其政”（以上见《泰伯》）；“空空如也”、“循循善诱”、“待价而沽”、“后生可畏”、“松柏后凋”（以上见《子罕》）；“食不厌精，脍不厌细”、“食不语，寝不言”（以上见《乡党》）等。

《论语》后十篇中，也有很多格言警句。如“言必有中”、“登堂入室”、“过犹不及”（以上见《先进》）；“克己复礼”、“非礼勿视，非礼勿听，非礼勿言，非礼勿动”、“己所不欲，勿施于人”、“死生有命，富贵在天”、“四海之内皆兄弟”、“成人之美”、“察言观色”（以上见《颜渊》）；“名正言顺”、“手足无措”、“其身正，不令而行；其身不正，虽令不从”、“欲速不达”（以上见《子路》）；“见危授命”、“被发左衽”、“以德报怨”、“怨天尤人”、“知其不可而为之”（以上见《宪问》）；“一以贯之”、“杀身成仁”、“工欲善其事，必先利其器”、“人无远虑，必有近忧”、“以人废言”、“君子忧道不忧贫”、“当仁不让”（以上见《卫灵公》）；“不患寡，而患不均；不患贫，而患不安”、“天下有道”、“血气方刚”（以上见《季氏》）；“性相近，习相远”、“莞尔而笑”、“色厉内荏”、“患得患失”、“饱食终日，无所用心”（以上见《阳货》）；“往者不可谏，来者犹可追”、“四体不勤，五谷不分”（以上见《微子》）；“学而优则仕”、“君子之过，如日月之食”（以上见《子张》）；“万方有罪，罪在朕躬”、“百姓有过，在予一人”、“惠而不费”（以上见《尧曰》）。通过上面简单的梳理，我们可以看出，《论语》语言言简意赅，含义深远，对后代文学语言产生了巨大的影响。

第三节 意显语质、长于逻辑的《墨子》

一、《墨子》简介

《墨子》一书是先秦墨家学派著作的汇编，由墨子自著与其弟子及其再传弟子记述墨子言行两部分所组成，其编订成书大致在战国中期。西汉刘向整理成七十一篇，班固《汉书·艺文志》亦云：“《墨子》七十一篇。名翟，为宋大夫，在孔子后。”由于汉代独尊儒术，再加上汉末大乱以及魏晋六朝社会动荡，墨家学说逐渐衰落，《墨子》七十一篇也变得散乱不全，以后逐渐流失。全书现存十五卷，五十三篇，可分两大部分：一部分记载墨子言行，阐述墨子思想，主要反映了前期墨家的理论主张，编订时间应该较早；另一部分包括《经上》、《经下》、《经说上》、《经说下》、《大取》、《小取》等六篇，一般称作墨辩或墨经，着重阐述墨家的认识论和逻辑思想，包含许多自然科学的内容，反映了后期墨家的思想。总之，《墨子》内容广博，是研究墨子及其后学的重要史料。

二、《墨子》的艺术成就

墨子主张“言无务为多而务为智，无务为文而务为察”（《修身》)。所以其文章也重视实用，不讲文采。虽然《墨子》一书“意显而语质”(刘勰《文心雕龙·诸子》)，总体艺术成就不高，无法与此前的《老子》、《论语》相比，更无法与以后的《孟子》、《庄子》等并提，但是《墨子》自有其文学价值，“在先秦散文发展史上却是不可缺少的一环，有一定承前启后的作用，体现了从语录体到专论体的过渡”①。下面结合《墨子》一书，详细论述之。

(一)《墨子》一书体现了从语录体向论辩体散文的过渡，具有一定承前启后的作用。《墨子》之前的语录体作品，尚没有形成独立成篇的论辩体文章。《老子》第八十一章，虽然每章都有集中的主题思想，但是篇幅简短，一般几十字，长的也不过二三百字而已，且没有标题，也没有提出论点，缺乏阐述论证的过程，因此每章还算不上是一篇独立的文章。《论语》二十篇，虽然每篇有了题目，但题目一般取首章的两三个实字组成，既不能概括本篇的内容，也揭示不了本篇的主题；同时，每篇若干章节之间没有时间的先后顺序，也没有统一的内容，每章亦无题目；除了个别章节称得上是一篇完整的文章，如《先进》篇“侍坐”章、《季氏》篇“季氏将伐颛臾”章等，其他章节均篇幅短小，只能算作话语片段的记录。故此，《老子》、《论语》只能算语录体。

先秦散文发展到《墨子》，体现了从语录体向论辩体过渡的性质。《墨子》一书中大多数的篇目，都有较为集中鲜明的中心思想，并能够用明确的标题予以揭示，可以看作是独立的成熟的议论文，如第一卷到第九卷②现存的三十一篇中，都是如此；所缺八篇，虽然看不到内容，但参考其他篇目，应该也不例外；第十二卷的《贵义》篇，以及第十四卷、第十五卷的十一篇文章，也都用标题揭示了论点或者讨论的主题内容。同时，《墨子》中的多数篇章都是由墨子的若干段语录连缀而成，各段之间有一定的联系，而不像《论语》、《孟子》

---

① 褚斌杰、谭家健主编：《先秦文学史》，人民文学出版社1998年版，第374页。

② (清)毕沅校注，吴旭民标点：《墨子》，上海古籍出版社1995年版。以此版本为例说明。

那样仅仅是随便凑集的；同时各段之间连缀的方式较为灵活多变，或自设问答，或假设反对派的诘难，然后分别引“子墨子曰”一一解答，最后完成论证过程。总体来看，“《墨子》文章皆有头有尾，结构完整，层次分明，章法井然，已经有意识地在论说文中运用形式逻辑”①。如《非攻上》即主要采用类比法展开驳论，由小到大，层层推进，逻辑清晰，让读者明白并自然而然地接受“攻国”为最大“不义”的道理，从而阐明了“非攻”主题，令人信服。《所染》篇使用了枚举归纳推理，文章由染丝联系治国，分别列举舜、禹、汤、武所染皆贤臣，能称王天下；桀、纣、幽、厉所染皆佞人，故国破身死；最后由治国推论交友亦有所染。该文“主要是从个别到一般的归纳推理，也包含从一般到个别的演绎推理。无论从形式逻辑和文章技巧来讲，《所染》篇都是十分出色的”②。《非命上》提出“三表法”：“故言必有三表。何谓三表？子墨子言曰：有本之者，有原之者，有用之者。于何本之？上本之于古者圣王之事。于何原之？下原察百姓耳目之实。于何用之？废以为刑政，观其中国家百姓人民之利。此所谓言有三表也。”《墨子》一书经常在文章中使用“三表法”，这也是其富于逻辑表达的有力证据。

（二）《墨子》一书善用比喻来说理，这不但大大增强了作品的形象性，还体现出从比喻向寓言过渡的迹象。在《兼爱上》篇，墨子认为圣人以治理天下为己任，必须明白乱自何处，才可有效治理；否则便难以实现治理，并以医生治病来比喻：“圣人以治天下为事者也，必知乱之所自起，焉能治之。不知乱之所自起，则不能治。譬之如医之攻人之疾者然，必知疾之所自起，焉能攻之。不知疾之所自起，则弗能攻。治乱者何独不然？”《鲁问》篇，鲁阳文君问墨子：“有语我以忠臣者：令之俯则俯，令之仰则仰，处则静，呼则应，可谓忠臣乎？”墨子用比喻的方法告诉鲁君，那不是忠臣：“令之俯则俯，令之仰则仰，是似景也。处则静，呼则应，是似响也。君将何得

---

① 褚斌杰、谭家健主编：《先秦文学史》，人民文学出版社1998年版，第374页。

② 同上书，第375页。

于景与响哉？”接着，正面提出了什么才是忠臣。《节葬下》篇，墨子以“孝子之为亲度”，譬喻“仁者之为天下”：“亲贫则从事乎富之，人民寡则从事乎众之，众乱则从事乎治之。当其于此也，亦有力不足，财不赡，智不智，然后已矣。无敢舍余力，隐谋遗利，而不为亲为之者矣。若三务者，孝子之为亲度也，既若此矣。虽仁者之为天下度，亦犹此也。”在《耕柱》篇，治徒娱、县子硕问墨子“为义孰为大务”，墨子就以比喻来回答：“譬若筑墙然，能筑者筑，能实壤者实壤，能欣者欣，然后墙成也。为义犹是也，能谈辩者谈辩，能说书者说书，能从事者从事，然后义事成也。”这里，墨子以生活中筑墙之常识即分工协作、各司其职，来比拟“为义”也是同样的道理。

《亲士》篇为了说明“太盛难守”的道理，墨子连续使用了十个比喻：“今有五锥，此其铦，铦者必先挫；有五刀，此其错，错者必先靡。是以甘井近竭，招木近伐，灵龟近灼，神蛇近暴。是故比干之殪，其抗也；孟贲之杀，其勇也；西施之沈，其美也；吴起之裂，其事也。故彼人者，寡不死其所长。故曰：太盛难守也。”十个比喻，又可分为三组，有以物事喻，有以人事喻，把“太盛难守”的道理说得清楚明白，给读者留下深刻印象。这类用来说理的比喻本身，也是比较复杂的，再向前发展一步，就变成了寓言。拿这些比喻与《庄子》比较，发现他们的表述还是相当一致的。如《庄子·内篇·人间世》中这样的一段话：“山木自寇也，膏火自煎也。桂可食，故伐之；漆可用，故割之。”《墨子》一书中的有些章节，已经能够借助具有一定故事情节的譬喻来说理，这和后来《庄子》、《韩非子》等诸子书中的寓言故事已经没有区别了，如《公孟》篇中“劝人学义”的故事就是如此：

有游于子墨子之门者，身体强良，思虑徇通，欲使随而学。子墨子曰：“姑学乎，吾将仕子。”劝于善言而学。其年，而责仕于子墨子。子墨子曰：“不仕子。子亦闻夫鲁语乎？鲁有昆弟五人者，亓父死，亓长子嗜酒而不葬，亓四弟曰：‘子与我葬，当为子沽酒。’劝于善言而葬。已葬而责酒于其四弟。四弟曰：‘吾未予子酒矣。子葬子父，我葬吾父，岂独吾父哉？子不葬，则人将笑子，故劝子葬也。’今子为义，我亦为义，岂独我义也哉？子不学则人将笑子，故劝子于学。”

再如《鲁问》篇中的“击邻家之子”的寓言：“譬有人于此，其子强梁不材，故其父笞之。其邻家之父举木而击之，曰：‘吾击之也，顺于其父之志。’则岂不悖哉！”对那些打着漂亮幌子侵犯其他国家的无理行径进行了辛辣的讥刺，而“它以‘譬’字开头，恰好反映它刚刚从比喻脱胎出来”。①

（三）《墨子》一书总体艺术成就不高，诚如鲁迅先生所说：“然儒者尚实，墨家尚质，故《论语》《墨子》，其文辞皆略无华饰，取足达意而已。”② 但这是就总体而言的，不能一概而论。《墨子》中的个别篇章能够有意识地进行文学加工，不但能够通过人物语言、行动等刻画出个性鲜明的艺术形象，还情节曲折，颇具故事性和感染力，具有非常高的文学成就。《公输》篇就是典型的例子。首先，该文塑造了墨子的崇高形象。他能言善辩，机敏老练，具有善于以理服人的高度智慧。不管是面对公输盘，还是面对楚王，他都能从容不迫地责以大义，用逻辑推理的方式，委婉地以理服人，让他们主动放弃攻宋的主张。他深谋远虑，安排周到，具有敢于以实际行动制止侵略的非凡胆略。他知道楚要攻宋，就不辞辛劳地“行十日十夜”；他不畏危险地说服了公输盘、楚王后，又亮出自己的底牌，逼迫楚王彻底放弃攻宋。他见义勇为，不求回报，具有有大功而不居的利他主义和无私品德。结尾的小插曲，把墨子崇高的形象表现得淋漓尽致：“子墨子归，过宋。天雨，庇其闾中，守闾者不内也。”其次，该文故事情节曲折多变，扣人心弦。公输盘为楚造云梯攻宋，墨子从远道赶来加以劝止。开始他故设圈套，出重金请公输盘杀人，公输盘说“吾义固不杀人”。墨子便抓住这句话加以批评，指斥公输盘攻宋是“不杀少而

① 陈蒲清：《中国古代寓言史》，湖南教育出版社1983年版，第25页。

② 鲁迅著，顾农讲评：《汉文学史纲要》，凤凰出版社2009年版，第20页。

杀众”。接着又去见楚王，设喻说有人舍其文轩而窃人敝舆，舍其粱肉而窃人糟糠。楚王说：“必为有窃疾矣。”墨子于是指出，以有余之楚攻不足之宋，正与有窃疾者同。楚王无话可说，就让公输盘与墨子比赛攻守之术。斗技之后，胜负已决，双方已想到下一步怎样制服对方。公输盘吞吞吐吐，暗藏杀机。墨子洞悉一切，又偏不说破。双方都在卖关子，为文章蓄势。待到楚王发问，读者也急于想知道结局时，才亮明底牌，揭穿公输盘的阴谋，同时交代墨家弟子在宋国城上早有准备。最后的小插曲，看似无关，实则是以细节描写，烘托出了墨子的性格。再次，该文注意语言的修饰和锤炼。如描述墨子在驳公输盘时一连用了五个相同的句式，构成一个排比句：“不可谓智”、“不可谓仁”、“不可谓忠”、“不可谓强”、“不可谓知类”，气势如虹，干脆利落，毫不含糊；在劝说楚王时，从三个方面列举事实，极力夸张形容，铺张排比，行文如长江大河，一泻千里，具有非常好的表达效果。总之，该文具有浓厚的文学色彩，绝对不能以质朴无文来评价。

第六章

论辩体时代的文学成就

诸子散文发展到第二阶段——论辩体时代，单篇篇幅增长，论题相对集中，论辩内容增加，论辩手法多样，文学性大大增强，且出现了文学性号称诸子之冠的《孟子》与《庄子》。当然，随着文学性的大大增强，作为信史资料，此期诸子书中材料的真实性令人质疑。尤其《庄子》一书，更被人当作寓言故事集看待，所谓“寓言十九，重言十七，卮言日出，和以天倪”，其中的人物、故事，多是凭空虚构而成。本章即以《晏子春秋》、《孟子》与《庄子》为例，结合其成书概况，具体论述诸子散文在论辩体时代的文学成就。

第一节　形象鲜明、机智幽默的《晏子春秋》

一、《晏子春秋》概说

《晏子春秋》是一部记叙晏子的思想、言行、事迹的书，相传为晏子撰。现在一般认为是战国中后期学者集其言行轶事编订而成①，

---

① 关于《晏子春秋》的作者，历史上有多种说法。司马迁认为晏子是该书作者，《史记·管晏列传》云：“吾读……《晏子春秋》，详哉其言之也。既见其著书，欲观其行事，故次其传。至其书，世多有之，是以不论，论其轶事。”《汉书》承袭此说。《隋书·经籍志》说得更明确：“《晏子春秋》七卷，齐大夫晏婴撰。”柳宗元《辩晏子春秋》一文认为是墨家后学所作：“吾疑其墨子之徒有齐人者为之。墨好俭，晏子以俭名于世，故墨子之徒尊著其事，以增高为己术者。且其旨多尚同、兼爱、非乐、节用、非厚葬久丧者，是皆出《墨子》。又非孔子，好言鬼事，非儒、明鬼，又出《墨子》。”清管同认为是六朝人伪作：“吾谓汉人所言《晏子春秋》不传久矣，世所有者，后人伪为者耳……其文浅薄过甚，其诸六朝后人为之者欤?”（《因寄轩文集》）

书名始见于《史记・管晏列传》。班固《汉书・艺文志》称《晏子》，列在儒家类之首。现存全书共八卷，二百一十五章，分内篇、外篇，内篇分谏上、谏下、问上、问下、杂上、杂下六篇，外篇分为上下二篇，共八篇。陈涛认为："全书风格相近，体例一致，文字统一，可能有一人或少数人修饰润色过。不过由于史料所限，无论是草创者、增补者，还是修饰者、润色者，都难于详考了。"[①] 整体上看，该书内容十分丰富，比较全面和完整地记述了晏子的生平事迹，也较为真实地表现出了历史上从春秋末期到战国时期各诸侯国的社会政治风貌。

二、《晏子春秋》的文学成就

《晏子春秋》一书全部由短篇故事组成，多侧面地记述了晏子的言行思想以及政治活动，语言简练，幽默风趣，情节生动，真切感人，刻画出了晏子崇高鲜明的人物形象，成为后世人们心目中智慧的化身，廉洁奉公的典范，具有较高的艺术性。下面详细论述之。

（一）生动鲜明的人物形象

《晏子春秋》一书塑造了一系列性格迥异的人物形象，如好勇无义的齐庄公、荒唐愚昧的齐景公、自作聪明的楚王、狂傲的吴王，阿谀奉承的梁丘据、专权滥杀的崔杼，逞匹夫之勇的公孙接、耿直敢言的弦章、义不受辱的越石父、知恩必报的北郭骚、能言善辩的触槐者女、勇于改过的御者等等，他们的形象皆因某一方面的突出而引人注目。从国内到国外，从国君到权臣，从勇士到义士，构成了经纬纵横的社会关系网络，在复杂的社会背景上凸显了晏子其人，较为客观真实地表现出了晏子的忠君爱民、重礼尚贤的优秀品格，以及他卓越的政治远见和优秀的外交才能，同时也相应地揭露了贵族统治阶级的荒淫残暴和百姓的沉重负担与痛苦的生活，深刻地反映出了齐国当时的社会现实。

首先，《晏子春秋》善于通过细节描绘来刻画人物形象，突出其

① 陈涛译注：《晏子春秋・前言》，中华书局2007年版，第4页。

性格特点。细节描写是指抓住生活中的细微而又具体的典型情节，加以生动细致的描绘，这是刻画人物性格形象，揭示人物内心世界，表现人物细微复杂的感情、突出其性格特点的一种文学方法。从选材上看,《晏子春秋》善于从日常政务琐事或生活领域的细节着笔，来集中刻画晏子的形象。为了表现晏子廉洁勤俭的性格特点，就描写他“节其衣服饮食之养，以先齐国之民”，穿的是“缁布之衣，麋鹿之裘”，乘的是“栈轸之车”，吃的是“脱粟之食、五卵、苔菜而已”，住的是“近市，湫隘嚣尘，不可以居”。而齐景公“衣黼黻之衣，素绣之裳，一衣而五彩具焉。带球玉而冠且，被发乱首，南面而立，傲然”，细致描绘了他豪华的装束以及昏庸无知的表情，将一个奢侈昏庸的国君形象刻画得惟妙惟肖。晏子节俭，往往通过其他人的视角来表现。如景公派使者到晏子家，晏子正在吃饭，见到国君的使者前来，便把饭分给使者吃，结果两人都没有吃饱。还有一次梁丘据去晏子家的时候晏子也正好在吃饭，梁丘据发现晏子吃的都是一般的饭食，肉也不充足。后来景公听说晏子的情况后亲自来拜访晏子，看到一国的重臣吃的食物竟是如此简单，景公不禁感叹：“嘻！夫子之家如此其贫乎！而寡人不知，寡人之罪也。”（《内篇杂下》）于是“使吏致千金与市租”，但晏子对于景公的赏赐都一一拒绝了。

晏子御者之妻要求与丈夫离婚，因为她看见晏子身高不满六尺，在齐国为相，名显诸侯，为人却十分谦虚，“观其出，志念深矣，常有以自下者”。而其丈夫“身长八尺，乃为人仆御”，却“意气洋洋，甚自得也”（《内篇杂上》）。御者接受批评，变得谦逊自抑了，后来晏子知道后，推荐他为大夫。这是通过他人眼光和对比，从侧面表明了晏子的谦逊品格。晏子死后，景公的悲痛，以及君臣间的深情，也是通过细节来展现的：“景公游于菑，闻晏子死，公乘侈舆服繁驵驱之。自以为迟，下车而趋。知不若车之速，则又乘。比至于国者，四下而趋，行哭而往，至，伏尸而号，曰：‘子大夫日夜责寡人，不遗尺寸，寡人犹且淫佚而不收，怨罪重积于百姓。今天降祸于齐，不加于寡人，而加于夫子，齐国之社稷危矣，百姓将谁告夫！’”（《外篇下》）

其次，《晏子春秋》还常常通过人物对话来表现人物性格。《晏子春秋》对人物形象的描写及其性格的塑造主要是通过人物的对话来表现的，书中对话部分占到了很大的比重。如通过晏子与景公的多次对话和谈论政务，突出了晏子是一位善于讽谏的贤臣、智者的形象。晏子爱民深切，为了人民的利益，他多次犯颜谏君，甚至不惜散财辞官。由于他的一次次谏阻，景公被迫赈济苦难的灾民，中止了一个个浩大的劳民伤财的工程，人民因此受到了巨大的恩惠。如《内篇谏上》载，“景公之时，霖雨十有七日。公饮酒，日夜相继。晏子请发粟于民，三请，不见许”，景公却使人“致能歌者”。于是，晏子散财于民，“徒行见公”，说了大段的言辞，并愤然辞官，终于迫使景公开仓济民。同篇记载，有一次，齐国“雨雪三日而不霁”，齐景公“被狐白之裘，坐于堂侧阶”，看到晏子进来，却说：“怪哉！雨雪三日而天不寒。”对于这个“饱汉子不知饿汉子饥”的国君，晏子也毫不留情，予以驳斥：“婴闻古之贤君，饱而知人之饥，温而知人之寒，逸而知人之劳，今君不知也。”景公最终认识到自己的错误，“乃令出裘发粟，以与饥寒”。与此相对，景公若有正面积极意义的善行，晏子也能因势利导积极利用。如景公见年老负薪者有饥色而悲之、探雀而返其雏的行为，晏子都大加赞赏：“今君爱老，而恩无所不逮，治国之本也。”“吾君仁爱，曾禽兽之加焉，而况于人乎？此圣王之道也。”（《内篇杂上》）

再如齐景公和晏子及三个宠臣在泰山上喝酒时的对话，就把他们的性格都很好地刻画了出来。

> 景公置酒于泰山之上，酒酣，公四望其地，喟然叹，泣数行而下，曰：“寡人将去此堂堂国而死乎？”左右佐哀而泣者三人，曰：“臣细人也，犹将难死，而况公乎！弃是国也而死其孰可为乎？”晏子独搏其髀，仰天而大笑曰：“乐哉！今日之饮也。”公怫然怒曰：“寡人有哀，子独大笑，何也？”晏子对曰：“今日见怯君一，谀臣三，是以大笑。”公曰：“何谓谀怯也？”晏子曰：“夫古之有死也，令后世贤者得之以息，不肖者得之以伏。若使

古之王者如毋有死，自昔先君太公至今尚在，而君亦安得此国而哀之？夫盛之有衰，生之有死，天之分也。物有必至，事有常然，古之道也，曷为可悲？至老尚哀死者，怯也；左右助哀者，谀也。怯谀聚居，是故笑之。”公惭而更辞曰：“我非为去国而死哀也。寡人闻之，彗星出其所向之国，君当之。今彗星出而向吾国，我是以悲也。”晏子曰：“君之行义回邪，无德于国。穿池沼，则欲其深以广也；为台榭，则欲其高且大也。赋敛如撿夺，诛僇如仇雠。自是观之，茀又将出。彗星之出，庸可惧乎?”于是公惧。乃归，填池沼，废台榭，薄赋敛，缓刑罚，三十七日而彗星亡。(《外篇上》)

由此可看出三种不同的人物形象，景公“喟然叹，泣数行而下”的动作和他对于堂堂大国的留恋，我们可以看到一位怯懦胆小的国君的形象；“左右佐哀而泣者三人”和他们对景公的追捧，则又可以看到三个阿谀奉承的臣子形象；从众人皆哀，“晏子独搏其髀，仰天而大笑”的动作和晏子对谀臣的嘲讽，则可以看到一个刚正不阿、机智勇敢的晏子的形象。所谓言为心声，人的思想很大程度上是通过语言形式向外传达的。《内篇问下》从叔向和晏子议论关于齐、晋两国前途的对话中我们就可以看出这两人截然不同的性格特点。晏子问叔向，如今晋国已经末世，“然则子将若何?”叔向的回答是“人事毕矣，待天而已矣!”言语之中充满了那种无可奈何之情，听天由命的感伤，流露出的是一种手足无措的被动和失去旧日辉煌的悲哀。而与此形成鲜明的对比是晏子的回答：“事明君者，竭心力以没其身，行不逮则退，不以诬持禄；事惰君者，优游其身以没其世，力不能则去，不以谀持危。”清楚地表明了自己事君的原则，体现出一种积极向上的心态。

再次，《晏子春秋》还擅长通过对比、衬托手法刻画人物形象，展示人物的性格特征。《晏子春秋》虽记载了很多人物，但中心人物只有一位，那就是晏子，其他人物形象均可看作是陪衬。如上文提及晏子的节俭和齐景公的豪奢，晏子的谦逊和其御者的张扬，晏子的积极向上与叔向的消极无奈等，都是通过对比的手法来展现的。再如《内篇杂上》，通过对于“食鱼无反，勿乘驽马”这一句话的理解，表现了景公和晏子的不同性格。景公认为吃鱼的时候不要翻过来，就是讨厌鱼的腥气；不要乘坐驽马车，就是嫌它不能走远路：“善哉！如若言，食鱼无反，则恶其鱢也；勿乘驽马，恶其不远取道也。”而晏子的解释则是吃鱼不要翻过来，是说不要把民力用尽；不要乘坐驽马车，是说不要把小人安在身边吧：“食鱼无反，毋尽民力乎；勿乘驽马，则无置不肖于侧乎。”从这里可以看出，同样一句话，却读出了不一样的道理，一个只能体会其表象，一个却可以通过表象看到本质；一个只关注自己的衣食住行，一个关注的却是治国理政、兴邦安民的国家大事。

总之，《晏子春秋》对于晏子形象的塑造，既有从正面进行的大量描述，同时也有从侧面的烘托描写。如《内篇杂上》所记载的北郭骚“杀身以明晏子之贤”，御者之妻对于晏子谦逊态度的感动，越石父对于晏子的知遇之恩等等，不但将晏子作为一个贤人的风度烘托了出来，而且也写出了周围那些人的淳朴、正直和可爱。虽然《晏子春秋》绝大部分篇章中晏子都直接出场，但是在少数篇章没有正面出现时，也能侧面烘托出其高大的形象。如《外篇下》记载的这一段故事就是如此，晏子虽然在这次事件中没有真正出场，但是他在齐国的重要地位以及他在人民心目中的崇高威望却淋漓尽致地显现出来。

庄公阖门而图莒。国人以为有乱也，皆操长兵而立于闾。公召睢休相而问曰：“寡人阖门而图莒，国人以为有乱，皆摽长兵而立于衢闾，奈何？”休相对曰：“诚无乱而国人以为有，则仁人不存。请令于国，言晏子之在也。”公曰：“诺。”以令于国：“孰谓国有乱者？晏子在焉。”然后皆散兵而归。君子曰：“夫行不可不务也。晏子存而民心安，此非一日之所为也，有所以见于前信于后者。是以晏子立人臣之位，而安万民之心。”

（二）机智、幽默的语言风格

《晏子春秋》的语言具有机智、幽默的特征，这是其不同于其他先秦诸子著作的另一个显著特点。高尔基曾说："文学的第一个要素是语言。语言是文学的主要工具，它和各种事实、生活现象一起，构成了文学的材料。"① 作为文学著作，《晏子春秋》能够熟练地运用语言材料记事说理，刻画人物形象。机智、幽默的语言风格，不仅可以为我们揭示当时社会的种种现实状况，而且更能生动形象地刻画出了晏子、齐庄公、齐景公等一系列具有鲜明性格特征的人物形象，使作品富有浓郁的文学色彩。其中尤以晏子的语言最能体现这个特点，如他以"橘生淮南则为橘，生于淮北则为枳"（《内篇杂下》）回应楚王的挑衅，用"踊贵而履贱"（《内篇杂下》）来影射指责齐景公滥施刑法，用"悬牛首于门，而卖马肉于内"（《内篇杂下》）揭露齐灵公"好妇人而丈夫饰者"却禁止都城妇女穿男子衣服，用"使怨积于百姓，兵弱于邻国"（《内篇谏上》）来数落齐景公杀圉人，以"君子独立不惭于影、独寝不惭于魂"（《外篇下》）驳斥孔子对自己的误解，以及他在"二桃杀三士"（《内篇谏下》）中的话语等等，无不充满机智，表现出晏子的聪明才干。

在《内篇谏上》，庄公矜勇力不顾行义，晏子就借古讽今（《晏子春秋》中这种方法随处可见），指出"古之为勇力者，行礼义也。今上无仁义之理，下无替罪诛暴之行，而徒以勇力立于世，则诸侯行之以国危，匹夫行之以家残。"给齐庄公当头一棒。齐景公饮酒酣，愿诸大夫无为礼，晏子则犯颜直谏："禽兽以力为政，强者犯弱，故日易主。今君去礼，则是禽兽也。群臣以力为政，强者犯弱，而日易主，君将安立矣？凡人之所以贵于禽兽者，以有礼也。"齐景公欲废嫡子阳生而立荼，晏子则责以大义："夫以贱匹贵，国之害也；置大立少，乱之本也。夫阳生长而国人戴之，君其勿易！夫服位有等，故贱不陵贵；立子有礼，故孽不乱宗。"为了引起注意，增加自己的语言效果，晏子有时则先表现反常，然后再说明原因，如前文提及的

① ［苏］高尔基：《论文学》，孟昌等译，人民文学出版社1978年版，第332页。

“景公置酒于泰山之上”，君臣几个痛哭流涕，而晏子却“独搏其髀，仰天而大笑”；再如《内篇谏上》中齐景公登牛山悲去国而死，艾孔、梁丘据皆从而泣，而晏子则“独笑于旁”；《内篇杂上》中齐景公“探雀鷇，鷇弱反之”，看到晏子，“汗出惕然”，没想到“晏子逡巡，北面再拜而贺”等都是如此。

有时，晏子也会采取迂回战术，正话反说。如齐景公以抟治之兵未成功将杀之，晏子就先答应下来，然后再慢慢进言：“昔者先君庄公之伐于晋也，其役杀兵四人，今令而杀兵二人，是杀师之半也。”（《内篇谏下》）最终使景公认识到自己的错误，不再杀人。如《外篇上》载齐景公使烛邹养鸟，结果鸟飞跑了，于是一怒之下要杀他；晏子首先佯说烛邹有罪，并请说明他的罪过然后再杀，但是其罪辞恰恰说明烛邹无罪：“汝为吾君主鸟而亡之，是罪一也；使吾君以鸟之故杀人，是罪二也；使诸侯闻之，以吾君重鸟以轻士，是罪三也。”再如齐景公因所爱马死，便要“令人操刀解养马者”。面对暴君的荒唐行为，晏子幽默机智地予以劝谏：

> 景公使圉人养所爱马，暴死。公怒，令人操刀解养马者。是时晏子侍前，左右执刀而进，晏子止而问于公曰：“尧、舜支解人，从何躯始？”公矍然曰：“从寡人始。”遂不支解。公曰：“以属狱。”晏子曰：“此不知其罪而死。臣为君数之，使知其罪，然后致之狱。”公曰：“可。”晏子数之曰：“尔罪有三：公使汝养马而杀之，当死罪一也。又杀公之所最善马，当死罪二也。使公以一马之故而杀人，百姓闻之，必怨吾君；诸侯闻之，必轻吾国。汝杀公马，使怨积于百姓，兵弱于邻国，当死罪三也。今以属狱。”公喟然叹曰：“夫子释之！夫子释之！勿伤吾仁也。”（《内篇谏上》）

（三）具有开创性的传记文学体例

《晏子春秋》具有鲜明的传记文学色彩，《四库全书总目提要》卷五十七称之为“传记之祖”：“纪事始者称传记，始黄帝，此道家野言也。究厥本源，则《晏子春秋》。”[①]“案《晏子》一书，由后人摭拾其轶事为之。虽无传记之名，实传记之祖也。旧列子部，今移入于此（笔者注：此指史部传记类）。”[②]《晏子春秋》在我国古代散文史上占有非常重要的地位，主要是表现在它由史传散文记叙一个或几个国家之事，由《老子》、《论语》、《墨子》等杂记言论，发展到现在专记一人言行，体现出了对人个体价值和历史作用的肯定和重视。在先秦的文学作品中，专以一个人的生平事迹为描写对象的著作，《晏子春秋》还是第一部。全书通过既相互联系又相对独立的二百多个小故事组成，重点只在描写塑造晏子一个人的形象。书中诸多故事的叙述完全是为了塑造晏子形象服务，人物形象的塑造成了作者创作的第一原则，这对后世传记文学的发展产生了深远的影响。

《晏子春秋》叙事具有一定的故事情节，能引人入胜，这一点也影响到后世的传记文学作品。如《内篇杂上》中“晏子遗北郭骚米以养母，骚杀身以明晏子之贤”的故事，就叙述得曲折有致，波澜起伏。故事从介绍北郭骚开始，写他“结罘网，捆蒲苇，织履，以养其母”，是以贫困衬其至孝；写他见晏子说的“窃说先生之义”，是以同类相怜写其高义之德；写他的“辞金受粟”，是以行为表现其廉洁和坦荡胸怀。然后叙述晏子见疑于齐王，出奔外国，经过其家时他的看似冷漠的表现，与前所述之具有种种美质的北郭骚形成反差，造成其形象的歧异，并使晏子有“婴之亡，岂不宜哉！亦不知士甚矣”的感叹。而当晏子离开之后，北郭骚的言语行为，又使情节转折直上。北郭骚为义死于君门之外，是整个故事情节的高潮。最后故事以景公追晏子而还结束。故事虽短，却悬念迭起，首尾呼应，前以晏子感叹展开主要内容，结尾又以晏子感叹收束全篇，同样是感叹，意义却大为不同，构思可谓巧妙独特。从中还可以看出两个性格独特、鲜明的人物形象，其中外冷内热、知恩图报、为正义慨然赴死的北郭骚是颇有感染力的。虽然晏子在这里不是主要的叙述人物，但对他两次

① （清）永瑢等：《四库全书总目提要》，中华书局1965年版，第513页。

② 同上书，第514页。

感叹的描写却非常传神，写出了他内心丰富的情感和知错能改的精神。《晏子春秋》中像这样具有情节性的故事还有很多，如《内篇谏下》的“景公养勇士三人，无君臣之义晏子谏”、《内篇杂上》的“庄公不用晏子，晏子致邑而退，后有崔氏之难”、《内篇杂下》的“楚王欲辱晏子，指盗者为齐人，晏子对以橘生淮南则为橘”等等。《晏子春秋》中记载的故事所具有的情节性和轻松、幽默的韵味，使其与正统史著区别开来，这无疑增添了浓厚的文学色彩，增强了它的可读性。当然，从信史角度来讲，《晏子春秋》中晏子故事的可靠性是令人怀疑的，晏子的形象自然也不能等同于历史上真实的晏子。

第二节　气盛言宜、好辩明道的《孟子》

一、《孟子》简介

《孟子》一书主要是记述孟子及其弟子言行的语录体散文集，一般认为是孟子与其门徒共同的作品①，约成书于战国中后期。《史记·孟子荀卿列传》云：“（孟子晚年）退而与万章之徒序《诗》、《书》，述仲尼之意，作《孟子》七篇。”篇目分别是：《梁惠王》上下、《公孙丑》上下、《滕文公》上下、《离娄》上下、《万章》上下、《告子》上下、《尽心》上下。每篇均分为上下，全书共十四卷。每篇取篇首两三个字为题目，题目没有实意，不能概括本篇的主要内容。每篇由若干章节组成，章与章之间没有内在的联系，且每篇也没有统一的中心或者主题。比起《老子》、《论语》等书，《孟子》单篇篇幅大大增长，说理手法也更加多样化，文学性得到了很大的提升。

二、《孟子》的艺术特点

总体而言，《孟子》一书虽然仍可归为语录体，但是其多数章节

---

① 韩愈《答张籍书》认为非孟子所著，而是其门徒的作品：“孟轲之书，非轲自著，轲既殁，其徒万章、公孙丑相与记轲所言者耳。”

已经形成了篇幅较长的对话，具有很高的艺术成就。“其说理之畅达，章法之巧妙，都大大超过了《论语》；加上其充沛的气势与生动的文采，产生了浓郁的艺术感染力。在先秦散文中，《孟子》的艺术成就仅次于《庄子》，为后世所称道。”① 下面结合《孟子》一书，简要分析其艺术特点。

（一）气势充沛，文采飞扬

首先，《孟子》一书，气势充沛，宽厚宏博，风格犀利，文采飞扬，充塞于天地之间，具有潜移默化的感人力量。《孟子》散文的这种风格，主要来源于两个方面，一是孟子人格修养的强大力量，二是排比手法的大量运用。在本书第一章第三节，曾经论述了孟子具有高扬的人格精神。上文提及，孟子认为自己继承了从尧、舜、禹、汤、文、武、周公、孔子以来的正宗的道统，并以圣人自居，提出“五百年必有王者兴”的观点，认为自己就是那个“名世者”，具有“舍我其谁”的强烈的自信心和堂堂大丈夫的气概。这种怀抱道德、崇尚古制的强大精神世界，使孟子具有了环顾当世、俯视一切、睥睨天下的浩然气势，并不是其他人所能够达到的。即使是孟子，也需要经过“养气”的功夫才能具备。孟子说：“我善养吾浩然之气。”（《公孙丑》上）“养气”就是“指按照人的天赋本心，对仁义道德经久不懈地自我修养，久而久之，这种修养升华出一种至大至刚、充塞于天地之间的‘浩然之气’。具有这种‘浩然之气’的人，在精神上首先压倒对方，能够做到藐视政治权势，鄙夷物质贪欲，气概非凡，刚正不阿，无私无畏。写起文章来，自然就情感激越，辞锋犀利，气势磅礴”②。恰如韩愈《答李翊书》所说：“气，水也；言，浮物也。水大而物之浮者大小毕浮。气之与言犹是也，气盛则言之短长与声之高下者皆宜。”孟子内在精神修养上的浩然气概，正是形成《孟子》散文气势充沛、文采飞扬的内在原因。

其次，《孟子》大量使用了排比手法，这不仅使文章文采斐然，

---

① 韩兆琦主编：《先秦两汉散文专题》，高等教育出版社2003年版，第59页。

② 袁行霈主编：《中国文学史》第1卷，高等教育出版社2005年版，第95页。

也极大地增强了气势，提高了表达效果，词锋犀利，生动感人。在《滕文公下》，孟子对“大丈夫”的定义，既体现了其强大的人格力量，怀抱道德的浩然之气，也恰恰运用了排比手法：“居天下之广居，立天下之正位，行天下之大道，得志与民由之，不得志独行其道，富贵不能淫，贫贱不能移，威武不能屈，此之谓大丈夫。”对此，苏洵《苏批孟子》云：“末节言大丈夫之事，一气滚下，笔力雄壮，写出孟子泰山岩岩气象。”① 《尽心下》的这一段话也是如此：“说大人则藐之，勿视其巍巍然。堂高数仞，榱题数尺，我得志弗为也。食前方丈，侍妾数百人，我得志弗为也。般乐饮酒，驱骋田猎，后车千乘，我得志弗为也。在彼者皆我所不为也，在我者皆古之制也，吾何畏彼哉?”强烈的自信心和排比手法的运用，使得本段气势豪迈，高屋建瓴，如长江大河滚滚而下，酣畅淋漓之极。再如本书第一章第三节讨论孟子思想时，引用的几段话，也多使用了排比的修辞方法，如《公孙丑上》阐述“不忍人之政”，《梁惠王上》分别对齐宣王、梁惠王如何实行“王政”的劝告等。下面再举大家很熟悉的一个例子，即《告子下》关于“生于忧患、死于安乐”的论证。

> 孟子曰：“舜发于畎亩之中，傅说举于版筑之间，胶鬲举于鱼盐之中，管夷吾举于士，孙叔敖举于海，百里奚举于市。故天将降大任于是人也，必先苦其心志，劳其筋骨，饿其体肤，空乏其身，行拂乱其所为，所以动心忍性，曾益其所不能。人恒过，然后能改；困于心，衡于虑，而后作；征于色，发于声，而后喻。入则无法家拂士，出则无敌国外患者，国恒亡。然后知生于忧患，而死于安乐也。”

这里，孟子三次使用了排比手法来论证说理，既列举了历史上六位圣贤的例子，又分析说明上天将要把重大职责降临到某个人身上的

---

① 苏洵：《苏批孟子》，转引自郁贤皓主编《中国历代文学作品选》第1卷，高等教育出版社2010年版，第182页。

时候，一定要先使他的意志遭受折磨，使他的筋骨经受劳累，使他的身体肠胃忍受饥饿，使他的全身困苦疲乏，使他的行为总是遭受困扰麻烦。这样，便可使他的心志受到震动，使他的性格更加坚韧，从而增加他所未具备的能力。进而把“生于忧患、死于安乐”的道理说得酣畅淋漓，令人信服。

（二）擅长辩论，巧用逻辑推理，无往而不胜

孟子好辩，且擅长论辩。公都子曰：“外人皆称夫子好辩，敢问何也?”对此孟子自我解嘲道：“予岂好辩哉？予不得已也。”（《滕文公下》）孟子为什么“不得已”？韩愈《进学解》作了回答：“昔者孟轲好辩，孔道以明，辙环天下，卒老于行。”的确，生活在百家争鸣、学派林立的社会时代，想要表明自己的思想观点，维护自己学派的特定立场，批评与己对立的其他学派、其他人物，就不得不展开激烈的论辩。春秋末以及战国时期诸子百家的代表人物，莫不好辩。当然，在《孟子》一书的论辩中，孟子才是真正的“霸主”，他或巧用逻辑推理，使对方“顾左右而言他”；或以自己强大的气势、无可辩驳的自信，使对手瞠目结舌；他口若悬河，滔滔不绝，无往而不胜。在“好辩”的孟子那里，统治者缺点毛病再多，即使“好勇”、“好货”、“好色”、“好乐”，只要能按照他所说的去做，照样都能实现仁政、王道。《梁惠王下》对于“好勇”、“好货”、“好色”、“好乐”的齐宣王，孟子都能辩证地加以分析，以“匹夫之勇”和“文王之勇”、“武王之勇”以及能否与民一起“好货”、“好色”、“与民同乐”来对答。再如《梁惠王下》中孟子巧妙灵活地运用了类比推理的逻辑方法，欲擒故纵，反复诘难，毫无悬念地把齐宣王引入到自己预设的结论中，堪称经典。

孟子谓齐宣王曰：“王之臣有托其妻子于其友而之楚游者，比其反也，则冻馁其妻子，则如之何?”王曰：“弃之。”曰：“士师不能治士，则如之何?”王曰：“已之。”曰：“四境之内不治，则如之何?”王顾左右而言他。

除了在使用类比推理上纯熟自如，孟子对二难推理也颇有心得，如《公孙丑下》孟子和陈臻的辩论就是如此。通过阅读这段论辩文字，可见“《孟子》对二难推理的灵活运用和机智的反应，使其论辩更有左右逢源之妙”①。孟子和陈臻辩论如下：

> 陈臻问曰：“前日于齐，王馈兼金一百，而不受；于宋，馈七十镒而受；于薛，馈五十镒而受。前日之不受是，则今日之受非也；今日之受是，则前日之不受非也。夫子必居一于此矣。”孟子曰：“皆是也。当在宋也，予将有远行，行者必以赆；辞曰：‘馈赆。’予何为不受？当在薛也，予有戒心；辞曰：‘闻戒，故为兵馈之。’予何为不受？若于齐，则未有处也。无处而馈之，是货之也。焉有君子而可以货取乎？”

再如《滕文公上》，孟子与农家学派陈相（许行的信徒）的辩论，也是在抓住对方的弱点后，巧用设问，一步一步让对方明白他们所提倡的观点——“贤者与民并耕而食，饔飧而治”是荒谬的，难以实现的。在这次论辩中，孟子提了很多问题，并得出了自己的结论。如问：“许子必种粟而后食乎？”“许子必织布而后衣乎？”“许子冠乎？”“自织之与？”得到否定回答后，再问：“许子奚为不自织？”“许子以釜甑爨，以铁耕乎？”“自为之与？”再次得到否定回答，则问：“以粟易械器者，不为厉陶冶；陶冶亦以其械器易粟者，岂为厉农夫哉？且许子何不为陶冶，舍皆取诸其宫中而用之？何为纷纷然与百工交易？何许子之不惮烦？”得到“百工之事固不可耕且为也”的回答，就正面提出自己的观点：“然则治天下独可耕且为与？有大人之事，有小人之事。且一人之身，而百工之所为备，如必自为而后用之，是率天下而路也。故曰，或劳心，或劳力；劳心者治人，劳力者治于人；治于人者食人，治人者食于人，天下之通义也。”孟子关于社会分工的劳心、劳力之说，虽然有等级思想的烙印，常常为人所批

---

① 袁行霈主编：《中国文学史》第1卷，高等教育出版社2005年版，第4页。

评，但他强调社会分工的合理性，还是非常正确的。尤其其雄辩的论说，通过剖析对手自己的回答，驳斥对方观点的荒谬，层层推进，确实能使对手无言以对，并取得论辩的最终胜利。“由于抓住了对方的理论破绽，有破有立，文章具有锐不可当的逻辑力量。这种驳论文章，在《孟子》中很有代表性。”①

（三）运用比喻和寓言，形象化说理

东汉赵岐《孟子章句·题辞》云：“孟子长于譬喻，辞不迫切，而意已独至。”指出了孟子善用比喻的特点。和《老子》、《论语》等其他诸子之书一样，《孟子》在论辩中也常常使用比喻的修辞方法，这样做既具有生动的直观性，又能够把抽象的道理形象地表现出来，揭示事物的本质。但和《老子》、《论语》不同的是，孟子的比喻和寓言之间的界限较为模糊，有些讲故事的比喻，可以看作是寓言了。这一点和《墨子》相似，都体现了从比喻向寓言过渡的痕迹。《孟子》一书运用了很多的比喻，“据不完全统计，《孟子》全书二百六十章，共使用了一百六十来个比喻”②。孟子的大多数比喻都生动形象，准确贴切。如“古之君子，其过也，如日月之食，民皆见之；及其更也，民皆仰之”（《公孙丑下》），“仁则荣，不仁则辱。今恶辱而居不仁，是犹恶湿而居下也”（《公孙丑上》），“仁之胜不仁也，犹水胜火。今之为仁者，犹以一杯水救一车薪之火也；不熄，则谓之水不胜火，此又与于不仁之甚者也，亦终必亡而已矣”（《告子上》），“欲见贤人而不以其道，犹欲其入而闭之门也。夫义，路也；礼，门也。惟君子能由是路，出入是门也”（《万章下》）等等。再如梁惠王好战，孟子就说：“王好战，请以战喻。”（《梁惠王上》）于是讲了“五十步笑百步”的故事：“填然鼓之，兵刃既接，弃甲曳兵而走。或百步而后止，或五十步而后止。以五十步笑百步，则何如?”孟子以此来告诫梁惠王他的政策和邻国的政策没有本质区别，实质上都是虐民的，所以别想因此而使自己国家人口增加。这富含讥刺的比喻，

① 韩兆琦主编：《先秦两汉散文专题》，高等教育出版社2003年版，第61页。

② 褚斌杰、谭家健主编：《先秦文学史》，人民文学出版社1998年版，第277页。

具备独立的情节和寓意，其实可以看作是寓言了。[①] 再如《滕文公下》的这个比喻，也可以看作雏形的寓言。

> 戴盈之曰："什一，去关市之征，今兹未能，请轻之，以待来年，然后已，何如？"孟子曰："今有人日攘其邻之鸡者，或告之曰：'是非君子之道。'曰：'请损之，月攘一鸡，以待来年，然后已。'——如知其非义，斯速已矣，何待来年？"

实际上，孟子的某些"比喻性推理，从逻辑上来说，有些未免牵强，但却使孟子的论辩，富于形象性，具有极大的艺术感染力"[②]。的确，孟子的一些比喻，从逻辑上来讲，并不科学合理，带有诡辩的味道，如"民之归仁也，犹水之就下，兽之走圹也"（《离娄上》），"以若所为，求若所欲，犹缘木而求鱼也"（《梁惠王上》）等比喻，均是如此。

《孟子》中完整成熟的寓言故事虽然数量不多，但也都富有深意，非常精彩。如《公孙丑上》中的"揠苗助长"、《告子上》中的"奕秋诲奕"、《万章上》中的"校人烹鱼"、《滕文公下》中的"王良与嬖奚"、"齐人学楚语"等。当然，其中最精彩的寓言莫过于《离娄下》中的"齐人有一妻一妾"了。

> 齐人有一妻一妾而处室者，其良人出，则必餍酒肉而后反。其妻问所与饮食者，则尽富贵也。其妻告其妾曰："良人出，则必餍酒肉而后反，问其与饮食者，尽富贵也，而未尝有显者来，吾将瞷良人之所之也。"蚤起，施从良人之所之，遍国中无与立谈者。卒之东郭墦间，之祭者，乞其余；不足，又顾而之他。此

---

① 陈蒲清：《中国古代寓言史》，湖南教育出版社 1983 年版，第 2 页。陈蒲清认为："寓言必须具备两条基本要素：第一是有故事情节；第二是有比喻寄托，言在此而意在彼。根据这两条标准便可以给寓言划出一个比较明确的范畴。""寓言和比喻本来同源。寓言是用故事作为喻体，因而有情节；一般比喻则没有情节。"

② 袁行霈主编：《中国文学史》第 1 卷，高等教育出版社 2005 年版，第 95 页。

其为餍足之道也。

其妻归，告其妾，曰："良人者，所仰望而终身也，今若此。"与其妾讪其良人，而相泣于中庭，而良人未之知也，施施从外来，骄其妻妾。由君子观之，则人之所以求富贵利达者，其妻妾不羞也，而不相泣者，几希矣。

这个寓言故事情节完整曲折，人物形象具有典型意义，场面富有戏剧性，显示了极大的表现力，对于某些追名逐利之徒表面上自我炫耀、冒充体面，而背地里丑恶肮脏、钻营舐痔的无耻行为，进行了极为辛辣的讥刺，可以当得上一篇很好的讽刺小说了。这个寓言故事为人们广为传颂，对后代产生了很大的影响。南宋吴子良《林下偶谈》卷四评价《孟子》道："文法极可观，如齐人乞墦一段尤妙，唐人杂说之类盖仿于此。"① 晚明剧作家孙仁孺的传奇剧《东郭记》，清人蒲松龄的《东郭萧鼓儿词》等，均是由这个寓言故事改编而成的。

《孟子》散文的出现，标志着诸子文章已经由简单的语录体向长篇大论演进，并逐渐形成了说理细致、重视逻辑推理的理论性议论文。《孟子》散文语言明白晓畅，精练准确，对后代产生了深远的影响。汉代司马迁以孔子作《春秋》的精神创作《史记》，其实是受了《孟子》的影响，《孟子·滕文公下》云："孔子成《春秋》，而乱臣贼子惧。"汉代经学家喜欢在政论文中引经据典谈论灾异现象与阴阳五行，以此劝谏统治者，也都是受到了《孟子》的影响。唐代韩愈也以孟子的继承人自居，其《读荀》称赞"孟氏醇乎醇者也"，应该不仅指儒家思想，也包括文章在内。柳宗元论文，也主张"参之《孟》、《荀》，以畅其支"（《答韦中立论师道书》）。宋代"三苏"之一的苏洵更独好《孟子》，著有《苏批孟子》。王安石为文也学习《孟子》，曾为之作注。刘熙载《艺概·文概》也曾指出："韩文出于《孟子》……东坡文亦出《孟子》……王介甫文取法孟、韩。"通过

---

① 转引自褚斌杰、谭家健主编《先秦文学史》，人民文学出版社 1998 年版，第 278 页。

以上的简单分析，可见《孟子》对后代散文的巨大影响。

第三节　洸洋辟阖、恢宏诡谲的《庄子》

一、《庄子》简介

《庄子》又称《南华经》，现存三十三篇，分内篇、外篇、杂篇三部分。其中内篇七篇，外篇十五篇，杂篇十一篇。《汉书·艺文志》载"《庄子》五十二篇"，可能是晋代郭象注《庄子》时删去了。现在通行的《庄子》，即为郭象的整理注释本。一般认为内篇为庄子本人所著，因为内篇思想连贯，风格比较一致，且有着较为完整的思想体系。而外篇和杂篇在思想倾向上存在着一定的差异，且多为内篇某种思想的发挥和引申，应当是道家后学所作。不过学界也有相反的观点，认为外篇、杂篇为庄子所作，内篇为庄子后学的作品。"但从总的倾向和风格看，内篇与外篇、杂篇基本上仍是统一的，都集中体现了庄子学派的思想。"①

二、《庄子》的文学贡献

庄子是先秦诸子中文学成就最高者。鲁迅先生在《汉文学史纲要》中指出："（庄子）著书十余万言，大抵寓言，人物土地，皆空语无事实，而其文则汪洋辟阖，仪态万方，晚周诸子之作，莫能先也。"② 金圣叹甚至称《庄子》为"天下第一奇书"。余秋雨把先秦诸子的文学品相分为三个等级："第一等级：庄子、孟子；第二等级：老子、孔子；第三等级：韩非子、墨子。"并且说："在这三个等级中，处于第一等级的庄子和孟子已经是文学家，而庄子则是一位大文学家。"③ 可见《庄子》在文学史上影响之大，成就之突出。限于能

---

① 褚斌杰、谭家健主编：《先秦文学史》，人民文学出版社 1998 年版，第 290 页。

② 鲁迅著，顾农讲评：《汉文学史纲要》，凤凰出版社 2009 年版，第 21 页。

③ 余秋雨：《中国文脉》，《文摘报》2012 年 12 月 15 日第 8 版。

力，笔者仅结合《庄子》一书，从四个方面来简要探讨其文学成就。

（一）丰富多彩的寓言故事

《庄子》是一部经典的哲学著作，更是一部经典的文学作品，其哲理通过优美的语言文字来表现，字里行间又显露着无穷的哲理。《庄子》一书就是由数量众多的寓言故事所组成的，堪称古代文学中寓言成就最高者之一。谢祥皓认为："中国古代之寓言，虽然并非以庄周为最早，然而自觉地以寓言作为其思想与智慧的表现形式，庄周则是第一人。"[①]"庄子堪称中国之寓言文学的第一位奠基人。"[②]《天下》篇曾自述其创作方法是"以天下为沈浊，不可与庄语，以卮言为曼衍，以重言为真，以寓言为广"。《寓言》篇亦云："寓言十九，重言十七，卮言日出，和以天倪。"所谓"寓言"，就是"即虚拟的寄寓于他人他物的言语。人们习惯于以'我'为是非标准，为避免主观片面，把道理讲清，取信于人，必须'藉外论之'"[③]。至于为何要使用寓言，庄子也说得很清楚："亲父不为其子媒。亲父誉之，不若非其父者也；非吾罪也，人之罪也。与己同则应，不与己同则反；同于己为是之，异于己为非之。"（《寓言》）父亲不能给儿子做媒，父亲称赞儿子有自卖自夸之嫌，倒不如让别人来称赞，这不是谁的过错，世俗之错而已。和自己意见相同就应和，否则就反对。所谓"言出于己，俗多不受，故借外耳。肩吾连叔之类，皆所借者也"[④]。诸子百家争鸣的时代，思想活跃，要想在争鸣中占有一席之地，使用寓言说理有着极为重要的作用。

《庄子》一书中寓言故事内容丰富，精彩纷呈。有的以揭露和批判为主，如揭露社会风气的黑暗恶劣（如《外物》篇中的"儒以《诗》、《礼》发冢"、《秋水》篇中的"惠子相梁"），讽刺统治集团的虚伪污秽（如《则阳》篇中的"触蛮之战"、《至乐》篇中的"骷

---

① 谢祥皓：《庄子导读》，中国国际广播出版社2008年版，第101页。

② 同上书，第102页。

③ 袁行霈主编：《中国文学史》第1卷，高等教育出版社2005年版，第96页。

④ （清）郭庆藩撰，王孝鱼点校：《庄子集释》，中华书局1961年版，第948页。

髅论道”)，鞭挞对一切功名利禄的追求（如《逍遥游》篇中的“许由不受天下”、《列御寇》篇中的“曹商使秦”)。有的以歌颂和赞扬为主，如庄子对理想盛世和理想人物的热烈追求和赞颂，宣扬一种自由和超凡脱俗的人格，如《逍遥游》篇中的“藐姑射之神”、《齐物论》篇中的“至人神矣”、《秋水》篇中的“至德者”、《达生》篇中的“至人潜行不窒”等。有的阐发庄子的哲学思想，或阐述处事道理，多以日常生活中的事件借题发挥，也常借助一些奇特的意象来寄寓深刻的哲理。这类寓言数量最多，意义也最复杂。奇特的意象如《逍遥游》篇中的鲲鹏、朝菌、蟪蛄、冥灵、大椿、藐姑射之神，《应帝王》篇中的倏、忽、浑沌，《外物》篇中的大钩巨缁、大鱼等。生活中常见的意象如《逍遥游》篇中的蜩、学鸠、大瓠之种，《齐物论》篇中的蝴蝶、影子，《养生主》篇中“庖丁解牛”、《人间世》篇中的螳螂、老虎、马，《大宗师》篇中的鱼等等，都被庄子写得异彩纷呈，寄寓着深刻的哲理。

（二）奇伟诡怪的想象

庄子想象力非常丰富，奇特怪异，海阔天空，无所不包。他既善于凭空虚构超现实的形象和境界，又善于对现实事物进行虚拟、变形和改塑，随意编织出一个个异彩纷呈、奇妙动人的寓言故事。从而构成其寓言奇幻神秘的表象世界，以寄寓其深邃的哲思真理。因此，《庄子》一书也成为我国最早的浪漫主义文学巨著，在以《诗经》为代表的现实主义文学之外，开辟了一个新的天地。论及《庄子》想象力，就必须从第一篇也是最经典的一篇《逍遥游》开始说起。本篇开端就描绘了一个奇妙的形象鲲鹏：“北冥有鱼，其名为鲲。”简短而惊人的语句，带着一种强大的气势引出鲲。阮元《尔雅注疏》云：“鲲，鱼子。凡鱼之子总名鲲。”但在作者的想象下，小小的鱼子却成了“不知其几千里”之大的鱼，更为绝妙的是鲲又变化成为鸟，“其名为鹏”，此时的鹏形象比较具体了，“鹏之背不知其几千里也”，“其翼若垂天之云”。如此之大竟然能遮天蔽日，怎能不让人惊叹！“鹏之徙于南冥也，水击三千里，抟扶摇而上者九万里，去以六月息者也。”至此，一个有着不同凡响的身世、令人惊异的变化过程、无与伦比的飞翔本领的大鸟的形象已使读者明白，不由得随着作者展开想象的翅膀，纵横驰骋了，而作者写这段文字意在说明，就是这样令人望尘莫及的大鹏也是“有所待”的——“去以六月息者也”，也还没有达到“逍遥游”的境界。接着作者又举了一个人例子，说列子能够“御风而行”，“旬有五日而后返”，作为一个人，他已经非常难能可贵了，但因为要依赖于风的缘故，他还是没有达到“无待”，而不能“逍遥”。为了衬托大鹏雄伟瑰丽的形象，作者还巧用心机，构思了蜩与学鸠、斥鴳的从旁讥笑，形象地说明了眼光狭小、阅历浅的人是不能理解有非凡才智和远大抱负的人的所作所为的。仅这一篇，我们便可以想见作者令人叹为观止的想象力了。

在庄子的笔下，风光云气、山川草木、鸟兽虫鱼等竟然都能通人性，有人情。大鹏徙南冥，水击三千里，蜩鸠不知道，嘻嘻嘲笑之；鹓雏飞北海，饮食如高士，鸱鸟得腐鼠，大声恐吓之；鱼儿相濡以沫，神龟、栎社能托梦；神人不食五谷，吸风饮露，乘道遨游；还有罔两问影、河海对话、髑髅与人晤语梦谈等许多离奇古怪的现象，一一进入庄子笔端。笔者认为《齐物论》末“庄生梦蝶”的寓言，更能很好地说明其想象力：“昔者庄周梦为胡蝶，栩栩然胡蝶也，自喻适志与！不知周也。俄然觉，则蘧蘧然周也。不知周之梦为胡蝶与，胡蝶之梦为周与？周与胡蝶，则必有分矣。此之谓物化。”我们都会做梦，但是我们却没有谁会把梦当真，也很少会进行过如此深入的思考。许结先生评析《齐物论》后，曾作七律一首，其后半首云：“形形色色终非色，岁岁年年不计年。蝶梦庄周周梦蝶，何须物化自天然。”[①] 以诗诠梦，别具特色。在《庄子》的世界中，“人物之间，物物之间，梦幻与现实之间，万物齐同，毫无界限，想象奇特恣纵，伟大丰富，‘晚周诸子之作，莫能及也’”[②]。《列御寇》篇中庄子将死的故事，也体现出其超凡脱俗的想象力。

---

① 许结：《半岛之半：居韩一年散记》，海天出版社 2013 年版，第 187—188 页。

② 袁行霈主编：《中国文学史》第 1 卷，高等教育出版社 2005 年版，第 97 页。

庄子曰："吾以天地为棺椁，以日月为连璧，星辰为珠玑，万物为赍送。吾葬具岂不备邪？何以加此！"弟子曰："吾恐乌鸢之食夫子也。"庄子曰："在上为乌鸢食，在下为蝼蚁食，夺彼与此，何其偏也！"

（三）多样化的表现手法

《庄子》一书中的寓言故事中采用了多种艺术表现手法，如衬托、比拟、隐喻、象征等，形象鲜明，含义深刻，生动有趣。《盗跖》篇孔子与盗跖的故事，是《庄子》一书中篇幅最长的一则寓言，情节曲折，故事完整，人物形象鲜明生动，堪比一篇优秀的短篇小说。盗跖"从卒九千人，横行天下，侵暴诸侯。穴室枢户，驱人牛马，取人妇女，贪得忘亲，不顾父母兄弟，不祭先祖。所过之邑，大国守城，小国入保，万民苦之"。俨然一个残暴至极的反面形象。孔子仗义执言，积极主动要劝之向善，"趋而进，避席反走，再拜盗跖"，仿佛一个谦恭而又勇敢的志士。随着情节的展开，孔子作为一个温文尔雅的道德君子倒被盗跖揭露得体无完肤，而抱头鼠窜，"孔子再拜趋走"，"目茫然无见，色若死灰，据轼低头，不能出气"，可谓狼狈至极。而盗跖却越战越勇，"两展其足，案剑瞋目，声如乳虎"。通过对盗跖和孔丘这场论战绘声绘色的描绘，通过盗跖来衬托孔子，作者一针见血地揭露了儒学虚伪的本质，痛快淋漓。再如《逍遥游》篇中的鲲鹏、列子、宋荣子等形象，都是为了衬托许由、藐姑射之神的，惠子是为了衬托庄子的，《人间世》中的孔子是为了衬托楚狂接舆的，《德充符》篇中孔子、子产是为了衬托那些得道的畸人的，《列御寇》篇中的曹商是为了衬托庄子的等，都取得了很好的艺术效果。

《庄子》还常常借助一些物象来叙事说理，将自己比作他者或将他者比作自己，从侧面来作答。如《秋水》篇中"钓于濮水"、"惠子相梁"的故事，就是典型的例子。在"惠子相梁"中，那"发于南海而飞于北海，非梧桐不止，非练实不食，非醴泉不饮"的高洁脱俗的鹓雏，恰恰是庄子自己的化身；那得到腐鼠吃得津津有味，害怕鹓雏抢夺而色厉内荏地发出恐吓的鸱鸟，正是贪恋权势、富贵的惠子之流的真实写照。这里有比拟，也有对比衬托。再看“钓于濮水”：

> 庄子钓于濮水，楚王使大夫二人往先焉，曰：“愿以境内累矣！”庄子持竿不顾，曰：“吾闻楚有神龟，死已三千岁矣，王以巾笥而藏之庙堂之上。此龟者，宁其死为留骨而贵乎？宁其生而曳尾于涂中乎？”二大夫曰：“宁生而曳尾涂中。”庄子曰：“往矣！吾将曳尾于涂中。”

楚二使本是要来聘庄子为官的，庄子没有直接地拒绝，而是以神龟自拟，将问题抛向对方，让他俩被动地去思考，去体会，最后以对方的回答作为自己的回答，无须多言，无须争执，水到渠成，丝毫无穿凿之痕。再《外物》篇中庄子借贷故事，以鲋鱼自喻；《至乐》篇中，借骷髅来论道等。

另外，庄子还多用隐喻、象征的手法来虚构故事，阐明哲理。如《养生主》篇中的“庖丁解牛”隐喻了养生的道理，《天地》篇为了说明求道不能靠聪明、智慧，而要用无所用心的真性的道理，虚构了黄帝遗失了玄珠（道），使知（智慧的人）、离朱（眼力好的人）、吃诟（善于拾取的人）索之皆不得，最后被象罔（无心之人）找到的故事。《应帝王》中倏、忽二帝凿死浑沌的故事亦是用隐喻、象征的手法来说明了道家自然而然、无为而治以及人的聪明才智不能被开发的道理，《德充符》篇中的畸人恰恰都象征着得道者。再如《庄子》一书还运用假托手法杜撰了许多人名，多使用隐喻、象征的手法。如《齐物论》篇里的“齧缺”、“王倪”，王元泽说：“‘啮缺’者，道之不全也。‘王倪’者，道之端也。庄子欲明道全与不全而与端本，所以寓言于二子也。”①《人间世》篇里“支离疏”，释德清说：“此假设人之名也。‘支离’者，谓隳其形。‘疏’者，谓泯其智也。乃忘

① 陈鼓应：《庄子今注今译》，中华书局1983年版，第81页。

形去智之喻。”[①]《应帝王》篇中的南海之帝“倏”、北海之帝“忽”、中央之帝“浑沌”，简文帝说：“‘倏’‘忽’取神速为名，‘浑沌’以合和为貌。神速譬有为，合和譬无为。”[②]《至乐》篇里的“支离叔”、“滑介叔”，李颐说：“支离忘形，滑介忘智，言二子乃识化也。”[③]《盗跖》篇里的“无足”、“知和”，成玄英说：“‘无足’，谓贪婪之人，不止足者也。‘知和’，谓体知中和之道，守分清廉之人也。假设二人以明贪廉之祸福也。”[④]虚构了如此之多的人名，看似非常怪异，但是仔细阅读品味，就会发现均寄寓了一定的意义，使用得也非常贴切，让人为之耳目一新。

（四）异彩纷呈的梦文学

《庄子》一书中，有很多处写了梦。描写梦在先秦文学中并不多见，唯《庄子》创作出较多且精彩的关于梦的文学作品。梦虽然是虚幻不实的，但人们对梦却常常有着特别的感觉，喜欢梦，喜欢做梦，原因就在于人们在现实生活中不能得到满足的某些事，却可以寄托于梦，在梦里人是自己的主人，能够实现自己的愿望。正如弗洛伊德所说：“梦真的是有意义的，而不是如某些权威所说只是心灵散乱无序活动的表现。当我们的解释告一段落的时候，我们认识到：梦是一种愿望的满足。”[⑤]“但从总体上看，有关梦的日常语言离不开表达愿望的满足。”[⑥]庄子常常借梦阐述自己的思想理论，如上文提到《齐物论》篇中的“庄生梦蝶”故事。这段关于梦的描写，乃是千古以来为人们所激赏的写梦的经典之作。该文语言简短精练，形象生动鲜明，认为人不可能确切地区分真实与虚幻的界限，如果能超越生死、物我，则无往而不快乐，寄托着作者无拘无束、物我齐一的思想，后世文人常常用“庄生梦蝶”来表达离愁别绪、人生慨叹、思

① 陈鼓应：《庄子今注今译》，中华书局1983年版，第138页。

② 同上书，第229页。

③ 同上书，第452页。

④ 同上书，第799页。

⑤ ［奥］弗洛伊德著，车文博主编：《释梦》，长春出版社2004年版，第92页。

⑥ 同上书，第99页。

乡恋国、恬淡闲适等情感体验。叔本华说："当我们无意中和衣而睡时，很容易在醒后把梦境当作现实；尤其是加上在入睡时有一项意图或谋划占据了我们全部的心意，而使我们在梦中继续做着醒时打算要做的；在这种情况下，觉醒和入睡都一样未被注意，梦和现实交流，和现实沆瀣不分了。"① "人们将被迫同意诗人们的那种说法：人生是一大梦。"② 人生无论处于清醒状态还是梦中状态，大脑都会不停地思考或焦虑，因而在文学里梦就成了经典的感叹人生、抒发情感的寄托了。《齐物论》篇中，庄子有一段话，直接讨论梦与现实关系，相当精彩，摘录于下：

> 梦饮酒者，旦而哭泣；梦哭泣者，旦而田猎。方其梦也，不知其梦也。梦之中又占其梦焉，觉而后知其梦也。且有大觉而后知此其大梦也，而愚者自以为觉，窃窃然知之。君乎，牧乎，固哉！丘也与女，皆梦也；予谓女梦，亦梦也。其言也，其名为吊诡。万世之后而一遇大圣，知其解者，是旦暮遇之也。

在《人间世》篇里，有"匠石梦见栎社树"一则寓言，写匠石梦见栎社树之全过程，情节结构完整，形象丰富，并寓于对话和说理，完全是一个可以独立成篇的梦文学作品。作品的中心在于宣扬不材以长寿，寄社以全已，无用即大用的思想。有用之物才遭斧斤之害，有才之人乃遭嫉妒之恨、杀身之祸，而"无用"却可以颐养天年。显然，这则寓言寄托着庄子对英雄无用武之地且遭受打击的不公的社会现象的愤激之情，也寄托着作者改变这种局面的理想，不过这愿望就只能借助于梦实现了。《至乐》篇里有"髑髅论道"的寓言，通过庄子梦中与髑髅的对话，说明生人之累与死者之乐，表现了庄子企图摆脱"贪生失理"、"亡国之事"、"斧钺之诛"、"不善之行"、

① ［德］叔本华：《作为意志和表象的世界》，石冲白译，杨一之校，商务印书馆1982年版，第44页。

② 同上书，第46页。

“冻馁之患”等生人之累，希求无君臣上下、无四时之事，一切皆归于自然的政治思想和人生思想，宣传唯有“死”才能摆脱“生人之累”，摆脱“人间之劳”。此外，《外物》篇中有“神龟托梦宋元君”的寓言，《天运》篇中有“师金答颜渊问”的寓言，《田子方》篇中有“臧丈人”的寓言，《列御寇》篇中有“郑人缓”的寓言，均为《庄子》寓言中写梦的较好的作品。庄子把写梦作为宣扬其思想主张的手段，赋予各种不同的梦境以哲学或思想意义，这在先秦诸子之中，可谓开其端者。死人、髑髅、神灵、植物、动物、非生物等梦里的形象丰富多彩，作者通过梦幻将人与物、活人与死人组成一个“物化”的世界，梦由此便显得丰富多彩。

哲学著作本是用来阐述哲学思想的，哲学的抽象理论不是通俗故事，自然不容易被人接受。但是在先秦诸子著作中，则常常巧妙地把哲理与文学结合在一起，庄子就是其中最为典型的代表。他通过文学的语言来表达哲学思想，寓言故事不再是表达思想的工具，而是思想的直接载体，用形象思维的方式表现抽象的道理，将思想融化于各种奇妙的形象之中，“形象”具有了“抽象”的功能。庄子使本来深奥的哲理被人很容易地接受，没有牵强，没有附会。“它把形象与思想，故事与理念，形象思维与抽象思维完美地糅合起来，开辟了一条古代思想史上表达思想观点的崭新路子，这在当时是独步的，堪称前无古人，后少来者。”①正因这样，《庄子》一书的文学成就历来受到人们很高的评价。这里，笔者仅以郭沫若先生的话作为本节结语：“庄子固然是中国有数的哲学家，但也是中国有数的文艺家，他那思想的超脱精微，文辞的清拔恣肆，实在是古今无两。”②“不仅晚周诸子之作莫能先，秦汉以来的一部中国文学史差不多大半是在他的影响之下发展的。”③

---

① 蒋振华：《〈庄子〉寓言在古代思想史上的意义》，《湖南教育学院学报》1995年第6期，第21页。

② 郭沫若：《郭沫若全集·关于接受文学遗产》（文学编第19卷），人民文学出版社1992年版，第245页。

③ 同上书，第64页。

第七章

专题论文时代的文学贡献

历史的车轮推进到战国晚期，不但各诸侯国之间的争霸战争更加残酷，诸子散文也发生了重大转折，具体说就是发展到了专题论文的时代。此期说理文的篇幅更加宏大，论题明确集中，逻辑性也更趋于合理，不过其文学性却打了大大的折扣。所以此期的《荀子》、《韩非子》和《吕氏春秋》等，在文学成就上要逊色于第二阶段的《孟子》与《庄子》。虽然如此，此期诸子散文仍然有其独特的文学贡献。本章以《荀子》、《韩非子》、《吕氏春秋》为例，结合其成书情况，详细分析诸子散文在专题论文时代的文学贡献。

第一节　理懿辞雅、体大思精的《荀子》

一、《荀子》简介

《荀子》一书，最早由汉代刘向编订，原称为《孙卿子》或《孙卿书》。《汉书》、《隋书》均作《孙卿子》。《汉书·艺文志》云："《孙卿子》三十三篇。名况，赵人，为齐稷下祭酒，有《列传》。"《隋书·经籍志》云："《孙卿子》十二卷，楚兰陵令荀况撰。"后经过唐人杨倞订正注释，定名为《荀子》。《荀子》现存三十二篇，一般分为二十卷，大部分是荀子自著，也有少数是其门人或他人作品窜入。一般认为，前面的篇目大部分为荀子自著，最后的《大略》、《宥坐》、《子道》、《法行》、《哀公》、《尧问》等六篇语录体文章，是荀子门人所作。其中《议兵》篇是记载荀子与临武君在赵孝成王前议兵事，《儒效》篇载有荀子对秦昭王询问事，《强国》篇记有荀子对答应侯事，这三篇也应该是荀子门人所记录而成。也有人认为《仲尼》篇观点与全书矛盾，应该是其他学派文章窜入。就体裁来说，《成相》篇和《赋篇》不是议论性的说理文，已经算得上是严格意义上的纯文学作品了。

二、《荀子》的文学特点

先秦说理文发展到战国晚期，篇幅更加宏大，论题明确集中，逻辑性也更趋于合理，已经形成了成熟的专题论文，《荀子》、《韩非子》等就是其中的典型代表。南宋陈骙在我国最早的修辞学论著《文则》中明确指出："自有《乐论》、《礼论》之类，文遂有论。"认为到了荀子《乐论》、《礼论》等文章的出现，我国才有了真正的议论文。下面结合《荀子》一书，具体分析其文学特点。

（一）《荀子》散文形成了成熟的专题论文体制。上文提到，孟子有"好辩"之称，《荀子·非相》篇也提出"君子必辩"的观点，并特别强调了论辩的重要性，把之分为三类："有小人之辩者，有士君子之辩者，有圣人之辩者。"《荀子》一书虽和之前的先秦其他诸子之书一样擅长论辩，但比它们论题更加鲜明，结构更加完整，逻辑更加周密，说理更加透辟，在先秦诸子说理文中别具一格。在《荀子》一书三十二篇中，除后面八篇外①，其余各篇都是独立完整的专题论文。每篇均有一个能够揭示出全文主旨的标题，正文能围绕中心论点，层层深入地展开论证。就标题而言，之前的《老子》没有标题，《论语》、《孟子》的标题往往是首章首句的两三个实字组成，与内容并无内在联系，《墨子》的标题一般认为是墨家后学编订时后加的，《晏子春秋》外篇无标题，内篇六篇的标题也不是真正意义上的标题。《庄子》每篇均有标题，也只有内篇题目能够概括文章中心，而外、杂篇则如《论语》、《孟子》，取首句两三个字为题，且某些标

---

① 后面八篇：《成相》是一首政治抒情诗；《赋篇》是我国最早的赋体文学作品，包含《礼》、《知》、《云》、《蚕》、《箴》等五篇短赋，另有《佹诗》、《小歌》；《大略》、《宥坐》、《子道》、《法行》、《哀公》、《尧问》六篇语录体文章，一般认为是荀子门徒所作。

题含义令人费解。比起它们，《荀子》的标题不仅明确集中，而且往往还能够揭示出中心论点，这是议论文成熟的标志之一。如《劝学》劝人学习，《修身》论道德修养，《非十二子》评论各家学说，《王制》、《王霸》阐释政治思想，《君道》、《臣道》论述君臣纲纪，《性恶》论人性本恶等等。

就结构、逻辑性而言，《荀子》文章大多是立意明确统一、结构完整、逻辑严密、论证合理的长篇巨制。如《荀子》开篇第一篇《劝学》，开门见山就提出“学不可以已”的中心论点，接着从学习的意义、学习的作用、学习的内容、学习的方法和态度等几个方面展开论述。如通过学习可以使人“知明而行无过”，说明了学习具有重大的意义，从而证明“学不可以已”的论点是正确的；通过学习可以使本性与一般人没有差别的人成为君子，说明了学习具有重大的作用，证明“学不可以已”的论点是正确的；通过分析学习应该有注重积累、持之以恒、专心致志的方法和态度，半途停止是不会学好的，只有“学而不已”才能成功，从而证明“学不可以已”的论点是正确的。文章结构紧凑，段与段之间相互联系，环环相扣，全文意脉贯通，条理清楚，论证合理。其他如《修身》、《王制》、《不苟》、《正名》、《解蔽》、《天论》等篇，也都是此类论证严密、条分缕析的专题论文。此外，荀子还常常在文中先列举一个反面论点，然后旁征博引展开批驳，并提出自己的观点，如《正论》、《性恶》等篇就是如此。《正论》首先提出反面论点“主道利周”，意思是说君主统治之道利在行事周密，深藏不露，然后先从君主职责和上下关系，说明主道应该宣明、公正，提出自己的观点“主道利明不利幽，利宣不利周”，并进一步分析其利弊，还引用《书》、《诗》话语，来论证自己的观点。再如《性恶》篇，针对孟子的观点，进行了令人信服的反驳。这些驳论文章，均观点鲜明，分析论证细致深入，不仅指出了对方的错误，而且在论述中树立起自己的观点，常常还能引经据典，增强了说服力。在我国散文史上，《荀子》的出现，标志着严谨周密、合乎逻辑的专题议论文的发展成熟，对后代政论文等散文产生了深远的影响。

（二）《荀子》擅长比喻，并把比喻发展成为一种论证方法。荀子在《非相》篇提出了“譬称以喻之”① 的论证方法，在《非十二子》篇亦云：“辩说譬谕，齐给便利。”荀子擅长使用比喻来说理，但是很少使用寓言，这一点和《墨子》把比喻发展成寓言不同，也和《孟子》既使用比喻，也运用寓言有区别。《荀子》运用许多日常生活中常见的事物为譬喻，深入浅出，生动巧妙地把抽象的道理具体化、形象化，使深奥的理论浅显易懂。据统计，仅《劝学》篇就运用了四十多个比喻，全篇几乎都是引类譬喻重叠构成，并且譬喻的运用变化多端，或正反为喻，或并列为喻，辞采缤纷。如《劝学》开篇提出“学不可以已”的论点之后，接着就连用了五个自然物为比喻，从正面说明学习能够使得君子“知明而行无过”，阐明了学习的重要意义：“青，取之于蓝而青于蓝；冰，水为之而寒于水。木直中绳，𫐓以为轮，其曲中规，虽有槁暴，不复挺者，𫐓使之然也。故木受绳则直，金就砺则利。”接着连用了四个生活经验为比喻，从反面论证不学习则不能通理明道，来说明学习的重要性：“故不登高山，不知天之高也；不临深谿，不知地之厚也；不闻先王之遗言，不知学问之大也。干、越、夷、貉之子，生而同声，长而异俗，教使之然也。”接着再用四个比喻：“登高而招，臂非加长也，而见者远；顺风而呼，声非加疾也，而闻者彰。假舆马者，非利足也，而致千里；假舟楫者，非能水也，而绝江河。”从见、闻、陆、水等方面阐明了在实际生活中由于利用和借助外界条件所起的重要作用，从而说明人借助学习，就能弥补自己的不足，取得更为显著的成就。也有把正反比喻放在一起的，如下面这段话：

积土成山，风雨兴焉；积水成渊，蛟龙生焉；积善成德，而

① 王先谦：《荀子集解》（上），中华书局1988年版，第86页。原文作“分别以喻之，譬称以明之”，王念孙认为：“‘分别’当在下句，‘譬称’当在上句。譬称所以晓人，故曰‘譬称以喻之’；分别所以明理，故曰‘分别以明之’。”《韩诗外传》、《说苑》以及《善说篇》引用时均作“譬称以喻之，分别以明之”。

神明自得，圣心备焉。故不积跬步，无以致千里；不积小流，无以成江海。骐骥一跃，不能十步；驽马十驾，功在不舍。锲而舍之，朽木不折；锲而不舍，金石可镂。螾无爪牙之利，筋骨之强，上食埃土，下饮黄泉，用心一也。蟹六跪而二螯，非蛇鳝之穴无可寄托者，用心躁也。是故无冥冥之志者无昭昭之明，无惛惛之事者无赫赫之功。行衢道者不至，事两君者不容。目不能两视而明，耳不能两听而聪。螣蛇无足而飞，梧鼠五技而穷。

这段话几乎全部由比喻组成，句式丰富多变，或层层递进，或两两重出，或对仗协韵；同时用作论证的比喻，既有正面事例，也有反面分析。该文首先从“积土”、“积水”推论到人的积德，正面论述积累的作用，说明学习上的成就是不断积累起来的。接着又用“不积跬步”、“不积小流”两个比喻从反面说明如果不积累就不能达到远大目标，说明学习需要积累。然后用四个比喻正反对照：先用“骐骥”、“驽马”对比，说明主观条件的好坏，不是学习的决定因素，是否坚持不懈才是能否学好的关键；又用“锲而不舍”、“锲而舍之”对照，说明只有坚持不懈、持之以恒，才会有所成就。接着用螾和蟹两个比喻正反对照，说明做到积累还要专一。然后用了四个比喻，从反面论证学习要专一，不能贪多犹豫。最后用“螣蛇”、“梧鼠”两个比喻正反对比，说明学习必须专一，集中在一点上，才能有所成就。《荀子》其他篇章使用的比喻虽不如《劝学》丰富多样，但也都颇为精彩，能够很好地阐明自己的主张。如《王制》篇引用《传》中的话语：“君者，舟也；庶人者，水也。水则载舟，水则覆舟。”用来说明民众的重要性，并对后代产生了深远影响。再如《性恶》篇用“陶人埏埴而为器”、“工人斫木而成器”的比喻，说明礼义都是生于圣人的人为制作，而非人的本性。兹不赘述。

（三）《荀子》讲究修辞，富于文采。《荀子》一书非常讲究修辞方法的运用，除了上文已提及的比喻外，《荀子》书中还经常使用对比、排比、对偶、引用、设问等修辞方法来议论说理，均既形象生动，文采斐然，又能恰到好处地表达自己的观点。上面讨论比喻时引用《劝学》篇中的文字，就包含了排比、对比、对偶的修辞手法。再如《天论》篇开头部分，也综合运用了对比、排比、对偶等修辞方法：

天行有常，不为尧存，不为桀亡。应之以治则吉，应之以乱则凶。

强本而节用，则天不能贫；养备而动时，则天不能病；修道而不贰，则天不能祸。故水旱不能使之饥渴，寒暑不能使之疾，祆怪不能使之凶。

本荒而用侈，则天不能使之富；养略而动罕，则天不能使之全；倍道而妄行，则天不能使之吉。故水旱未至而饥，寒暑未薄而疾，祆怪未至而凶。

对后两段话，褚斌杰、谭家健分析道："两段文字，义理一正一反，字句工整相对，而一段之内，又叠用一连串并列句，排比与骈偶结合，显得紧凑绵密，详赡恳挚，而富于气势，美于诵读，便于记忆。"① 再如《修身》篇中的这段话，也是对偶、引用、对比、排比等修辞方法融合在了一起：

志意修则骄富贵，道义重则轻王公，内省而外物轻矣。传曰："君子役物，小人役于物。"此之谓矣。身劳而心安，为之；利少而义多，为之。事乱君而通，不如事穷君而顺焉。故良农不为水旱不耕，良贾不为折阅不市，士君子不为贫穷怠乎道。

最后来看《天论》篇中的两段话，

治乱天邪？曰：日月、星辰、《瑞历》，是禹、桀之所同也，禹以治，桀以乱，治乱非天也。时邪？曰：繁启蕃长于春夏，畜

① 褚斌杰、谭家健主编：《先秦文学史》，人民文学出版社1998年版，第321页。

积收臧于秋冬，是又禹、桀之所同也，禹以治，桀以乱，治乱非时也。地邪？曰：得地则生，失地则死，是又禹桀之所同也，禹以治，桀以乱，治乱非地也。《诗》曰：“天作高山，大王荒之，彼作矣，文王康之。”此之谓也。

天不为人之恶寒也辍冬，地不为人之恶辽远也辍广，君子不为小人之匈匈也辍行。天有常道矣，地有常数矣，君子有常体矣。君子道其常而小人计其功。《诗》曰：“何恤人之言兮！”此之谓也。

第一段话，总体来看使用了设问的手法，三问三答；而在三问三答中，同时也运用了排比；在三答之中，还暗用了对比。两段结尾，又都引用《诗经》诗句，一引用了《诗经·周颂·天作》，一引用的乃是逸《诗》。第二段除了引用，还使用了排比与对比的修辞方法。总之，由上述几例可以看出，《荀子》对于修辞手法的运用，是相当纯熟自如的；不仅如此，《荀子》还善于把几种修辞方法综合在一起来议论说理，显得文辞斐然，生动有趣。

第二节　富于寓言、形象说理的《韩非子》

一、《韩非子》简介

《韩非子》又称《韩子》，该书现存二十卷五十五篇，约十余万言。与司马迁、班固以及《隋书》所言大致相符。《史记·老子韩非列传》云：“（韩非）故作《孤愤》、《五蠹》、《内外储》、《说林》、《说难》十余万言。”《汉书·艺文志》曰：“《韩子》五十五篇。名非，韩诸公子，使秦，李斯害而杀之。”《隋书·经籍志》云：“《韩子》二十卷、目一卷。”可见该书在流传过程中，基本保存完好，几乎没有散佚。一般认为，《韩非子》五十五篇中大部分为韩非自己的作品，也有少数为其门徒所作或他人作品窜入。这是先秦法家学派集大成的思想著作，其内容充满了批判与汲取先秦诸子其他各派的观点，同时也是中国历史上第一部对《老子》一书加以论注的作品。《韩子》五十五篇中，除《初见秦》等个别篇目外，其他篇目的题目均表明了该文主旨，这比起《论语》、《孟子》来是较大的进步。

二、《韩非子》的寓言特色

韩非子说理文论题集中，结构严谨，论证严密，条理清晰，说理透辟。韩文中的长篇大论，如《五蠹》等，都写得波澜壮阔，发挥得淋漓尽致；而短篇往往则就一个问题深入论述，辞旨简洁爽利。总之《韩非子》以论辩的透彻，逻辑的严密，成为先秦说理散文论辩艺术的集大成者。"《韩非子》的文章犀利峭刻，逻辑性严密，虽不刻意为文，而自有其骏爽遒劲之特色，有些篇目还常带感情色彩，对汉初散文家如晁错等人之文有较大影响。"[①] 笔者以为，韩文中最具文学意味的还是数量居先秦散文之首的寓言故事。陈蒲清认为《韩非子》有寓言三百二十二则[②]，公木认为有三百四十则[③]，谭家健认为有三百一十多则[④]。虽然学者们统计的具体数量并不一致，但《韩非子》一书至少使用三百多则寓言故事，总体上数量还是相当大的。运用寓言故事说理，富于说服力和生动性。《韩非子》寓言的题材来源广泛，内容丰富，形象复杂，思想意义深刻，创作手法多样，显示出了独特的魅力。下面详细论述之。

（一）《韩非子》寓言的题材来源

《韩非子》一书中的寓言故事，题材较为丰富，扩展了先秦寓言的视野。"韩非之前的寓言故事，有的脱胎于古代神话，有的取材于民间传说。韩非进而把视野集中到社会历史，并着重从先秦古籍中寻找有用的资料。《韩非子》约有二百六十余则寓言故事属于历史题

---

① 曹道衡、刘跃进：《先秦两汉文学史料学》，中华书局2005年版，第263页。

② 陈蒲清：《中国古代寓言史》，湖南教育出版社1983年版，第59—64页。

③ 公木：《先秦寓言概论》，齐鲁书社1984年版，第129页。

④ 谭家健：《先秦散文艺术新探》，首都师范大学出版社1995年版，第138页。

材。”① “在韩非子三百四十则寓言故事里，属于继承神话传统的共有五则，其中纯引神话的一则，动物故事的四则；改造加工历史故事成为寓言的二百六十则，引述民间故事和谚语，格言故事化的七十五则。其中最为突出的是对历史故事的加工改造，而属于韩非直接创造的，只有把谚语、格言故事化一项较为明显。”② 综上，韩非子寓言题材的来源主要可以概括为三个：引述和转换神话故事、改造加工历史故事以及自己创作的寓言故事。

神话是原始先民在幻想中经过不自觉的艺术方式加工过的自然界和社会形态本身，是现实的虚妄反映，但这些怪诞的反映却蕴含着人们对生活的认识和感受。取材于神话的故事其主要的情节和片段多由神话组成，也有直接引用神话的地方。如在“师旷鼓琴”中的描写，就颇有神奇色彩：“师旷不得已而鼓之。一奏，而有玄云从西北方起；再奏之，大风至，大雨随之，裂帷幕，破俎豆，隳廊瓦，坐者散走。平公恐惧，伏于廊室之间。晋国大旱，赤地三年。平公之身遂癃病。”（《十过》）晋平公请师旷弹琴，平公想听清徵、清角两种曲调之乐。师旷认为，能听这样两首乐曲的必须是有德行的人，而平公不具备这个条件。平公强制要听，所以师旷“不得已”而鼓之，在师旷奏“清角”乐曲时，天地之间出现了极其恐怖的情形，并重重地惩罚了晋平公。其中，本篇师旷提及黄帝作“清角”，亦是神话故事：“昔者黄帝合鬼神于泰山之上，驾象车而六蛟龙，毕方并辖，蚩尤居前，风伯进扫，雨师洒道，虎狼在前，鬼神在后，腾蛇伏地，凤皇覆上，大合鬼神，作为清角。”《韩非子》关于动物题材的寓言故事，也有神怪色彩。比如“蚘有两口”：“虫有蚘者，一身两口，争食相龁，遂相杀也。”紧接着韩非还讲了这样一句话：“人臣之争事而亡其国者，皆蚘类也。”（《说林下》）韩非继承《山海经》形象，借虫喻人，把统治者集团内部那些“争事”的人，也称为“蚘”。同篇，韩

① 谭家健：《〈韩非子〉寓言故事的特色》，《河北学刊》1986 年第 1 期，第 76—77 页。

② 公木：《先秦寓言概论》，齐鲁书社 1984 年版，第 129 页。

非子还讲了“三虱食彘”的故事，这篇与《庄子·杂篇·徐无鬼》中的“豕虱”十分相像，似脱胎于此篇，而庄子那大胆神奇的想象之作很多都来源于神话。此外，韩非子笔下的寓言取材于神话的还有“涸泽之蛇”（《说林上》）、“翢鸟饮水”（《说林下》）等，它们虽然描写简单，但是主旨明确，借助形象表达其论点，明显受到了神话的影响。韩非子继承了荀子朴素唯物主义的观点，有着重现实、轻玄想的务实精神，这影响到他寓言故事的取材来源，只有少量来自神话故事。

大量改造历史故事创作寓言，是《韩非子》的另一个重要特点。公木曾说：“言在此，而意在彼，具有比喻性质……其目的不是讲史，而是言道。这就是诸子加工改造历史故事为寓言的一条重要原则，《韩非子》等表现明显。”① 陈蒲清也说：“韩非寓言中一般生活故事也很少，占主流的是历史故事。这些历史故事，有些是真人真事，但经过了加工改造，以便更好地为说明寓意服务，便成了寓言了。”② 朱自清在《中国散文的发展》一文也曾说：“有一种‘寓言’，借着神话或历史故事来抒论。《庄子》多用神话，《韩非子》多用历史故事；《庄子》有些神仙家言，《韩非子》是继承《庄子》的寓言而加以变化。”③ 他们都肯定了韩非子寓言题材的独特来源，即大量来源于历史故事。作为法家思想的代表人物，韩非子的思想理论主要是给统治者看的，所以选择、改造历史故事比完全虚构自然物故事更具有说服力，也更容易得到统治者的认可。如《外储说左上》中“宋襄公与楚人战于涿谷”，就是直接取材于《左传·僖公二十二年》的“泓之战”，但与原著相比，地点、时间、情节都略有改变，主要为了突出“慕仁义之祸”的主题。《说林下》记吴使沮卫、蹶融犒于楚师事，见《左传·昭公五年》，二者文辞稍异而故事基本相同，其中“蹶融”《左传》作“蹶由”。《喻老》中的“唇亡齿寒”故事，改编

① 公木：《先秦寓言概论》，齐鲁书社 1984 年版，第 49—50 页。

② 陈蒲清：《中国古代寓言史》，湖南教育出版社 1983 年版，第 56—57 页。

③ 转引自胡静之主编《国学大师论国学》下，东方出版中心 1998 年版，第 24 页。

自《左传》。《左传·僖公五年》载了宫之奇的话云："谚所谓辅车相依，唇亡齿寒者，其虞、虢之谓也。"还有《内储说上·七术》"三人成虎"源于《战国策》。《战国策·魏策三》："夫市之无虎明矣，然而三人言而成虎。"借此说明了流言蜚语的可怕。总之，《韩非子》寓言"取材平而不奇，实而不玄，很少以拟人化的动物或神异色彩浓厚的神话传说为题材，也很少有虚幻的想象和神乎其神的奇异描绘。它喜欢以较为平实可靠的历史事迹或现实生活为题材，而且写得具体踏实"①。

除转述或引用神话故事、加工改造历史故事创作寓言，韩非子还经常自己虚构创作寓言。如《喻老》篇中的"扁鹊见蔡桓公"，蔡桓公小病不治终酿成不治之症，最终连扁鹊这样的大名医也没法子，最后只能逃跑。这都是蔡桓公讳疾忌医自酿的苦果，结果使自己丢了性命。再如《外储说左上》中的"买椟还珠"："楚人有卖其珠于郑者，为木兰之柜，薰以桂椒，缀以珠玉，饰以玫瑰，辑以翡翠。郑人买其椟而还其珠。此可谓善卖椟矣，未可谓善鬻珠也。"韩非用这个故事说明了"以文害用"。《五蠹》篇"不才子之"故事，讲一个不长进的孩子，用"父母之爱"、"乡人之行"、"师长之智"都不能使他认识到自己的错误，最终还是执行国家法律、法令的人使他害怕了，才端正了不良的品行。这里充分体现了韩非子提倡的"法"的重要性。《说难》篇"智子疑邻"中的富人，同样是提醒他墙坏了，要早日修好以防盗贼，结果当真被盗后，富人就因为一个是他儿子，而另一个是邻居，就夸他儿子聪明，而怀疑邻家是盗贼。戴着有色眼镜，进行主观武断的判断。再如"不死之药"（《说林上》）、"滥竽充数"（《内储说上》）、"秦伯嫁女"（《外储说左上》）、"郢书燕说"（《外储说左上》）等，韩非子这样创作寓言，既可以引发读者的浓厚兴趣，也可以拓宽寓言创作的领域，增加寓言品种和数量。韩非子寓言在选材上既继承了前人的传统，又博引史料、借古喻今，开创了寓言世界的新天地。

---

① 常森：《先秦诸子研究》，人民教育出版社2008年版，第512页。

(二)《韩非子》寓言的形象塑造

《韩非子》中寓言以人物寓言为主，塑造了很多非常成功鲜明的人物形象，他们虽然身份不同，但韩非子用准确简洁的语言把他们描绘出来，使他们性格各异，形神兼备，跃然纸上。《韩非子》寓言中，人物形象的类别主要有神话人物、历史人物和现实人物。神话是韩非子寓言中较少的题材，虽然少且简略，但寓意深刻，形象地说明了人物之间的利害关系。如《说林下》“三虱争讼”：

> 三虱食彘，相与讼，一虱过之，曰：“讼者奚说?”三虱曰：“争肥饶之地。”一虱曰：“若亦不患腊之至而茅之燥耳，若又奚患?”于是乃相与聚嘬其身而食之。彘臞，人乃弗杀。

三只虱子争吵，在一只虱子的开导下，虱子们幡然醒悟，于是疯狂的吸食猪血，猪瘦了，猪的命保住了，虱子的命也保住了。三只虱子为了利益而争吵，最后还是为了利益而合作。而在《说林下》“虬有两口”中，虬的两口自相残杀，最终落得自杀的结果。《说林上》中的“涸泽之蛇”，大蛇小蛇狼狈为奸，用诡计和谎言来欺人骗世，揭露了当时社会趋炎附势的世态人情。《说林下》“翢鸟饮水”中，讲如果一只翢鸟独自想要喝水，就很容易掉进河里，只有在同伴的帮助下，才能既喝到水，又掉不到河里，人亦是如此，这讲了合作互助的重要性。神话故事中动物题材的有上述四则，纯引神话的有一则“师旷鼓琴”(《十过》)，暗示了晋平公不良的品行。上文已作分析，此不赘述。

韩非子出身贵族，是新兴地主阶级的代言人，在其寓言故事所塑造的历史人物中，也以上层人士最多。既有诸多国君帝王，如周文王、周武王、晋文公、楚怀王等，又有诸多达官贵人，如吴起、春申君、孙叔敖、申不害等；既有泛指的人，如秦伯、魏王、晋公子、周主等，又有特指的人，如齐景公、卫文子、勾践、列子等，还有一些改革家，如西门豹、商鞅、范雎、管仲等。韩非子为宣传法家思想，把历史人物进行改造，让他们说出自己的话，来反映法家思想，这些历史人物就因之成了韩非子的代言人。如《内储说上》就把孔子这位儒家圣人变成了名威正法的法术之士：

> 殷之法，刑弃灰于街者。子贡以为重，问之仲尼。仲尼曰："知治之道也。夫弃灰于街必掩人；掩人，人必怒；怒必斗，斗必三族相残也。此残三族之道也，虽刑之可也。且夫重罚者，人之所恶也；而无弃灰，人之所易也。使人行之所易，而无离所恶，此治之道也。"

韩非子把商鞅变法的"刑弃灰于街"说成是殷之法，又假托去世已久的孔子来宣扬。《内储说上·七术》"鲁人烧积泽"中的孔子给鲁哀公建议用罚的方法来动员人民，而"赏罚"思想是法家思想的一部分，在这里孔子俨然是韩非宣扬法家学说的人物。《说林上》"汤以伐桀"的故事也被改造，传说中的汤是一位被后人尊敬称赞的好君主，而在韩非子笔下，汤诛灭了夏桀，夏桀是个暴君，应该说商汤做的是正义之事，会得到天下拥护的。可是他却疑心重重，患得患失，怕天下人说他是为了贪利，就故意让位给务光，同时又害怕务光会真的接受，就派人给务光谈名声、得失利弊问题让他不要接受，害得务光投河而死。再如《内储说上》"卫嗣君重如耳，爱世姬"之事，卫嗣君为了避免偏听偏信，过于宠爱一人，使得自己被蒙蔽，于是重视"如耳"、"世姬"时，又宠爱"薄疑"、"魏姬"。这里的卫嗣君俨然是一个法家人物形象，给人留下深刻的印象。此外，还有一鸣惊人的楚庄王，好音律而亡国的晋平公，以身作则的曾子，讳疾忌医的蔡桓公，借刀杀人的秦王，释车下走的齐景公，廉洁奉公的西门豹，自相矛盾的楚人，知错能改的申不害，悭吝诡诈的韩昭侯，"外举不避仇，内举不避子"的赵武等等人物形象，他们一个个都有鲜明的个性，能够给读者留下深刻的印象。

现实生活中常常会有一些骗子和愚人，《韩非子》寓言也塑造了不少这类形象。如骗子形象，他们投机取巧，见缝就钻。《内储说上》中有名的"南郭处士"，他遇上齐宣王就滥竽充数，这一混混了多年，而当他碰上滑王时，知道自己有几斤几两，趁人没发现，赶紧夹着尾巴逃走了。还有《外储说左上》中“棘刺母猴”中的卫人，被别人发现了骗人的伎俩，赶紧趁机溜走了。《韩非子》寓言最精彩的还是那些嘲笑愚人的滑稽故事和带有警诫性质的民间传说，这是韩非子的寓言的一大特色，通过把错误道理的不合理之处夸大，使其显得荒谬，让读者发笑的同时深思其理，其中愚人形象就是错误的集合与夸大。《韩非子》寓言主要嘲笑的是宋人和郑人。“宋人”是对先秦寓言的继承，如《列子》、《孟子》、《庄子》中就有不少“宋人”的愚蠢形象。而韩非子在继承前人创作的基础上又有了新的发展，那就是新的愚人群体的出现，使愚人群体更为丰富，主要是“郑人”愚人群体的出现。在《韩非子》中的“郑人”愚人的寓言有九则。分别是“郑人争年”、“卜妻为裤”、“得车轭者”、“卜妻饮鳖”、“郑人买履”、“屈公畏敌”、“买椟还珠”、“智子疑邻”、“郑县人卖豚”。他们愚蠢拙笨，丑态百出，令人啼笑皆非，给人留下深刻印象，很多已经成为寓言中的经典。例如《外储说左上》“郑人买履”中的郑人，明明自己亲自去买鞋，还非得量量自己的脚有多大，到了市场，已经选好了鞋，却发现尺码忘在家里了，又跑回去取了一回，结果市场散了，当别人问及时，他还好意思说“宁信度，无自信也!”真是个做事不知变通的愚人！除此之外，在《韩非子》寓言故事中，还有“卫人”、“楚人”、“鲁人”等形象也是滑稽可笑的。

（三）《韩非子》寓言的创作手法

韩非子用他独特的寓言结构模式创作，使得寓言作为一种独立的文学体裁正式登上历史的舞台，并且把自己内心那种怨愤不平的感情通过寓言表达出来，他还善用讽刺的手法，从而使得寓言有一种谐谑美，往往简单凝练的语言却表达出了深刻的内涵。首先，《韩非子》寓言的组织形式是独特的，具有开创性的。韩非以前，寓言还不是一种完全独立的文学体裁。《墨子》、《孟子》寓言数量较少，《列子》、《庄子》寓言数量增多，但无论多少，都不过是为了表达思想、论证观点而列举的例证而已，寓言故事贯穿在应对辩难之中，没有取得独立的地位。从韩非开始有意识地系统收集、整理、创作寓言故事，分门别类，辑为各种形式的寓言故事集，创立了“寓言群”的形式，从而使寓言成为一种独立的文学体裁。“韩非之前，寓言故事都是零星分散地存在于诸子散文或历史散文之中，充当说理的一种手段或叙事的一个部分，还没有成为完全独立的文学体裁。到韩非时，才开始有意识有系统地收集、整理、创作，并且分门别类编辑成为各种形式的寓言故事集。从此以后，中国古代寓言进入了新的发展阶段。”①《韩非子》中三百多则寓言故事，其中有两百多则集中在《内外储说》的六篇之中，还有六十余则集中于《说林》中，其他则散见于《喻老》、《十过》、《五蠹》等篇。“说林”就是传说故事聚集如林，它又分为上、下两篇，共有六十多则寓言故事，好似一本寓言故事专集。“储说”则是汇集储存的传说故事，它与“说林”相比，体制更复杂、编排更科学，而且大寓言群下又包含有一个个小寓言群。陈蒲清说：“其实，‘储说’二字的意义便是把道理储藏在故事之中，它是韩非给‘寓言’的一个恰切命名。”②“《储说》六篇便是包括两百多则故事的一个巨大的寓言群。每篇又是一个中群，中群下分小群。”③形成了既有系统又相对独立的寓言群，像这样编排宏大、层层包容而又相对独立、结构严谨的组织形式，不仅在中国寓言史上具有独创性，而且在世界寓言史上也是罕见的，这标志着寓言这一文学体裁开始走向独立和成熟。

其次，《韩非子》的寓言中蕴含着怨愤不平的感情色彩。历史上很多文人名士，因得不到统治者的赏识，认为自己“怀才不遇”，于是就拿起笔杆子通过对文字的排列组合，表达出自己的所思所想，字里行间表达出一种愤懑不平之气，这是文人们的一种心理补偿方法，意即韩愈所谓“不平则鸣”。韩非生活的年代正当七雄争霸走向秦国统一天下的前夕，战争频繁，社会动荡，他的祖国韩国也正处在由弱小走向灭亡的边缘，内忧外患不断，国运衰败。他关心国事，希望能

① 谭家健：《〈韩非子〉寓言故事的特色》，《河北学刊》1986年1期，第76页。

② 陈蒲清：《中国古代寓言史》，湖南教育出版社1983年版，第51页。

③ 同上书，第57—58页。

摆脱任人宰割的局面。在青年时代，他即多次上书韩王，希望其励精图治，但都未被接受，他因其不遇，故将其平生心得和满腔愤慨化为传承后世的不朽篇章，以宣传他主张的法家思想和治国方针。因而，韩非的身上带着极其浓郁的孤郁怨愤情感，他的很多寓言也浸染着这种感情色彩，具有激荡人心的感染力量。最能体现韩非感情色彩的寓言故事就是《和氏》篇中“和氏献璧”，和氏三次献宝玉，先被楚厉王“刖其左足”，又被楚武王“刖其右足”，到楚文王时，经过三日三夜血泪哭泣后，文王才“使玉人理其璞而得宝”，从这个悲剧过程我们能强烈地感受到韩非寄寓其中的怨愤感情。同篇中，韩非子还提及了另外两个故事“吴起枝解”与“商君车裂”：“楚不用吴起而削乱，秦行商君法而富强，二子之言也已当矣，然而枝解吴起而车裂商君者何也？大臣苦法而细民恶治也。当今之世，大臣贪重，细民安乱，甚于秦、楚之俗，而人主无悼王、孝公之听，则法术之士安能蒙二子之危也而明己之法术哉！此世所以乱无霸王也。”吴起阻止了楚国弱乱，商鞅使秦富国强兵，却都没有好下场。读罢韩非寓言，会让人不由自主地升腾起一股强烈的怨愤之气。

再次，《韩非子》寓言还常常使用讽刺手法。《韩非子》的寓言故事具有现实主义的风格，能针对当时社会的现状，把批判的锋芒直指最高统治者以及不合理的社会制度，进行尖锐的讽刺。如《外储说左下》篇中的“西门豹治邺”，把矛头指向那些贪赃枉法、损公肥私、欺上瞒下、剥削百姓的奸佞之臣，同时也对最高统治者文侯进行了讥刺，西门豹的话可以为证：“往年臣为君治邺，而君夺臣玺；今臣为左右治邺，而君拜臣。臣不能治矣。”《内储说上》篇中的“子之言白马”故事，鞭挞了一味逢迎、不顾事实、指无为有的国贼禄蠹之徒。再如《内储说上》篇中的“韩昭侯藏弊裤”，讥讽了统治者的悭吝和贪鄙。身为一国之君的韩昭侯不但连一条旧裤子都不肯赏赐给臣下，居然还发表了一通冠冕堂皇的高论。《说林上》篇中的“涸泽之蛇”，揭露了那个时代老实人受欺负，而奸诈搞权术的人却得到好处的社会陋习。《说林上》篇中的“卫人嫁女”，指责某些官员贪赃枉法却不以为耻的丑恶嘴脸。针对“法先王”的观点，韩非子创造了“守株待兔”（《五蠹》）和“自相矛盾”（《难一》）这两则形象的寓言，给予批判和尖刻的讥讽；针对人性自私的问题，韩非子举出了“夫妻祷者”（《内储说下》）的寓言，无情地揭示了夫妻关系中的自私本质。再如《外储说左上》中“宋人解书”寓言：

> 书曰：“绅之束之。”宋人有治者，因重带自绅束也。人曰：“是何也?”对曰：“书言之，固然。”

宋人对书中所说的话的理解显然是错误的，犯了望文生义、穿凿附会的错误。“绅之束之”，反复约束自己，说的是要强化自我修养。而宋人却错误地把它理解为用带子捆束起来，还振振有词的说书上是这么说的。夸张变形可以增强寓言故事的假定性和戏剧性，使人物的某些行为、性格显得很荒谬，不合常理，不合情理，从而达到讽刺的效果。再如两口一身的蚘，为了争夺食物而相互打架，结果同归于尽；同一头猪身上的三只虱子时而相互残杀，时而相互勾结，这些都讽刺了春秋战国时期不断发动战争的各个诸侯国，为了争霸尔虞我诈、自相残杀。韩非子用讽刺的手法来讲述人性的贪婪、自私等特点，语言诙谐、幽默，夸张、滑稽，使人在发笑的同时，又对所描写的对象进行深入思考，体现出了其鲜明的是非观念。总之，韩非子通过对前人寓言的继承和创新，把先秦寓言的创作推向了新的高峰，取得了巨大的艺术成就。

第三节　体周鉴远、理趣兼长的《吕氏春秋》

一、《吕氏春秋》简介

《吕氏春秋》又名《吕览》，全书分为十二纪、八览、六论，共二十六卷，现存一百六十篇（应为一百六十一篇）。与司马迁《史记·吕不韦列传》所载一致。该书在先秦诸子中成书较晚，不同程度地吸收了其他各家学派的思想主张，所以内容驳杂，包含有儒、道、墨、法、名、阴阳以及农等各家思想，故《汉书》等将其列入杂家。《汉书·艺文志》“诸子类杂家”载：“《吕氏春秋》二十六篇。秦相吕不韦辑智略士作。”《吕氏春秋》的内容虽然驳杂不纯，但吸收借鉴各家思想时还是较为客观公正的，态度上也是一视同仁的，这从作为全书总纲的《序意》篇所做的论断可以看出：“夫私视使目盲，私听使耳聋，私虑使心狂。三者皆私，精则智无由公。智不公，则福日衰，灾日隆。以日倪而西望知之。”

二、《吕氏春秋》的文学成就

《吕氏春秋》作为先秦杂家学派的代表作，一方面其思想内容固然令人重视，另一方面，在文学上也取得了较高的成就。值得注意的是，《吕氏春秋》中的某些文章，乃是杂取其他书籍而成，是否也要算在该书名下？对此，曹道衡、刘跃进曾指出：“然而有不少片段取自他书，故文学价值较高的部分，似多出其他书中。即使如‘十二纪’，郑玄虽以为吕氏作，而实取自《逸周书》。所以其中即使有较精彩的片段，亦可能采自已逸古书，不能确定为吕不韦门客自作。”[①] 并且举了《恃君览·知分》篇中次非杀蛟故事来作证。笔者在此不打算对此进行详细考证，只要在现存《吕氏春秋》一书之中，都当作是该书的有机组成部分。基于此，下面结合《吕氏春秋》，分析其文学成就。

（一）相辅相成、体系周密的框架结构

从整体来看，《吕氏春秋》的框架结构沟通天道人事，各部分之间既相辅相成，相互依存，共同讨论某一方面的问题，同时每篇文章又能够各自独立成篇，完整讨论某一道理，它们共同组成了一个体系周密的完整系统，其体系之精严，前所未有。前面第四章讨论《吕氏春秋》思想时，曾论及其天人合一的结构模式。认为《吕氏春秋》“十二纪”取法于一年十二个月（时间范畴），每纪五篇文章；“八览”来自于八方、八极（空间范畴），每览八篇文章；“六论”来源于六亲、六教、六义（社会伦理道德范畴），每论六篇文章。总体来

---

① 曹道衡、刘跃进：《先秦两汉文学史料学》，中华书局2005年版，第282页。

看，每一部分的文章篇数是固定的，题目都是两个字，且这两个字基本都能概括本篇内容，表现了编著者周密的安排，严谨的态度，显示了严密的框架结构。

其次，《吕氏春秋》每部分中的文章也相互联系。如“十二纪”整体上以十二月令贯穿起来，形成了十二组互有联系的论题；每组中的五篇文章，在形式上以“一曰”、“二曰”、“三曰”、“四曰”、“五曰”联系起来，形成一个整体；在内容上或前后相连，或形成并列，或互为表里，共同属于一个大的内容系列。“八览”、“六论”中的文章与“十二纪”相近，不再赘述。再次，《吕氏春秋》中每篇文章的论证结构也大体相近。其文章一般分为故事和议论两部分，故事部分多讲一些寓言故事或历史故事，作为论据；议论部分则发表观点，揭示主旨。如《孟春纪·去私》篇，首先借天地日月四时均无私提出论点：“天无私覆也，地无私载也，日月无私烛也，四时无私行也。行其德而万物得遂长焉。”然后用尧舜禅让、祁黄羊举贤、墨家钜子诛子奉法几个故事，论证了为人应该奉公去私的道理。如《仲春纪·贵生》篇，先提出“圣人深虑天下，莫贵于生”的观点，然后用子州支父辞让尧帝禅让、王子搜恶为君、颜阖辞鲁君聘请等故事来说明贵生。再如《仲冬纪·当务》篇，首先提出辨、信、勇、法四者不当的危害，然后使用了“盗亦有道”、“楚有直躬者”、“齐之好勇者”、“太史据法”四个寓言故事来说理。

就篇幅而言，虽然《吕氏春秋》中的文章一般只有几百字，较长的如《慎大》、《本味》等篇也不过一千多字，短小的只有一百多字，比起《荀子》、《韩非子》来，篇幅大为缩小；但这些单篇文章，并不是独立于其他文章之外的，往往都能和其他文章相联系，形成某种思想的系列。如“有的篇章如《有始览》七篇全用互见法，各篇所引证的史实故事，只简举事名，而略去具体内容，以‘解在乎××’的形式见于其他篇，与《韩非子》文中‘其说在××’的形式相似”①。总之，《吕氏春秋》体大思精，对《史记》体例的形成产生了

① 褚斌杰、谭家健主编：《先秦文学史》，人民文学出版社1998年版，第343页。

重大影响，无怪乎章学诚谓“《吕氏》将为一代之典要”①。

（二）丰富多彩的寓言和故事

《吕氏春秋》的一个突出成就是创作了丰富多彩的寓言和故事，这和其他诸子一样，展示了形象化说理的特点。据陈蒲清统计，全书中的寓言和故事共有二百八十三则②，褚斌杰、谭家健认为“全书载录完整的故事达三百四十则以上”③。这些寓言大都是化用中国古代的神话、传说以及历史故事而来，还有些是作者自己的创造，在中国寓言史上具有相当重要的地位。《吕氏春秋》在寓言的创作和运用上很有自己的特色，往往先提出论点，然后再引述一至几个寓言故事进行论证。前面提及的《孟春纪·去私》、《仲春纪·贵生》、《仲冬纪·当务》等篇就是如此。再如《慎大览·察今》篇为了说明“因时变法”的主张，后面也是连用了“荆人涉雍”、“刻舟求剑”和“引婴儿投江”三个寓言故事。该篇否定“法先王”，强调应该考察当今社会的实际变化来制定法度，“世易时移，变法宜矣”，对泥古不变、墨守成法者提出了批判。试看其三个故事：

> 荆人欲袭宋，使人先表澭水。澭水暴益，荆人弗知，循表而夜涉，溺死者千有余人，军惊而坏都舍。向其先表之时可导也，今水已变而益多矣，荆人尚犹循表而导之，此其所以败也。今世之主法先王之法也，有似于此。其时已与先王之法亏矣，而曰此先王之法也，而法之，以此为治，岂不悲哉？故治国无法则乱，守法而弗变则悖，悖乱不可以持国。世易时移，变法宜矣。譬之若良医，病万变，药亦万变。病变而药不变，向之寿民，今为殇子矣。故凡举事必循法以动，变法者因时而化，若此论则无过务矣。
>
> 楚人有涉江者，其剑自舟中坠于水，遽契其舟，曰：“是吾

① 章学诚：《文史通义》，中华书局1956年版，第105页。

② 陈蒲清：《中国古代寓言史》，湖南教育出版社1983年版，第70页。

③ 褚斌杰、谭家健主编：《先秦文学史》，人民文学出版社1998年版，第346页。

剑之所从坠。”舟止，从其所契者入水求之。舟已行矣，而剑不行，求剑若此，不亦惑乎？以此故法为其国，与此同。时已徙矣，而法不徙，以此为治，岂不难哉？

有过于江上者，见人方引婴儿而欲投之江中，婴儿啼。人问其故，曰：“此其父善游。”其父虽善游，其子岂遽善游哉？此任物，亦必悖矣。

在这三个寓言故事中，“荆人涉雍”、“刻舟求剑”和“引婴儿投江”各有侧重，分别强调了“因时制宜”、“因地制宜”和“因人制宜”的道理，共同说明了“世易时移，变法宜矣”、“因时变法”的重要性。“像这样把寓言故事有机地组织于论说之中，分述其事、合明一理的手法，可说是颇费匠心的，足见作者很花了一番搜集、整理、筛选甚至再创作的功夫。”① 同时，《吕氏春秋》寓言故事的组织形式吸收了《韩非子》内外“储说”等而又有所发展。陈蒲清认为：“‘十二纪’、‘八览’、‘六论’可以说是大‘寓言群’；其中的每一纪、每一览、每一论可以说是中‘寓言群’；而具体的一篇文章则是一个小‘寓言群’，每群有寓言故事数则以阐明共同的主题。”② 由此可见，《吕氏春秋》善于取譬设喻，富有形象，表现出了浓厚的文学色彩。

（三）文风博丽

钱基博在《中国文学史》中曾结合诸子百家的思想特质总结其不同的文学风格：“大抵儒家重实际，其文多平实。道家主想象，其文多超逸。法家尚深刻，其文多峭峻。此外如墨杂家之文质，名家小说家之文琐，农家之文鄙，杂家之文驳，譬之自郐，弗欲观已。然兵家如《吴子》之平实，杂家如《吕氏春秋》之博丽，略其大体，举其一鳞一爪，亦往往非后世所可及。”③ 对于《吕氏春秋》，钱基博捻出

① 韩兆琦主编：《先秦两汉散文专题作品选》，高等教育出版社 2002 年版，第 150 页。

② 陈蒲清：《中国古代寓言史》，湖南教育出版社 1983 年版，第 67 页。

③ 钱基博：《中国文学史》，上海古籍出版社 2011 年版，第 35 页。

了“博丽”二字。但是钱先生没有具体解释什么是博丽。笔者以为，所谓博，就是指思想内容上的广博包容，驳杂不纯。这一点在第四章分析《吕氏春秋》思想时已有说明，此不赘述。所谓丽，就是富有文采，讲究修辞等。《吕氏春秋》在论述说理时，常常运用比喻、排比、对比、对偶等修辞方法，因而显得辞采华丽，文思飞扬。如《仲春纪·功名》篇云：“善钓者，出鱼乎十仞之下，饵香也；善弋者，下鸟乎百仞之上，弓良也；善为君者，蛮夷反舌殊俗异习皆服之，德厚也。水泉深则鱼鳖归之，树木盛则飞鸟归之，庶草茂则禽兽归之，人主贤则豪杰归之。”如《季春纪·尽数》篇云：“精气之集也，必有入也。集于羽鸟，与为飞扬；集于走兽，与为流行；集于珠玉，与为精朗；集于树木，与为茂长；集于圣人，与为敻明。……轻水所，多秃与瘿人；重水所，多尰与躄人；甘水所，多好与美人；辛水所；多疽与痤人；苦水所；多尪与伛人。”再如《季春纪·圜道》篇：“物动则萌，萌而生，生而长，长而大，大而成，成乃衰，衰乃杀，杀乃藏，圜道也。”以上几例都能综合运用多种修辞方法，生动形象，充分展示了语词华丽的特点。当然，由于《吕氏春秋》成于多人之手，各篇风格不尽一致，有的篇章则呈现出或朴实自然、雍容典雅，或峻峭犀利、爽朗明快的特点，此不一一赘述。

结束语

著名学者余秋雨曾说出了一个基本事实："先秦诸子，都是思想家、哲学家、教育家、社会活动家，没有一个是纯粹的文学家。但是，他们要让自己的思想说服人、感染人，就不能不运用文学手段。思想家和哲学家在运用文学手段的时候，有人永远把他当作手段，有人则不小心暴露了自己其实也算得上是一个文学家。"① 的确，先秦诸子具有学术思想史与文学史的双重价值，诸子之书既是学术思想的巨著，又大多是文学名著，所以笔者研究先秦诸子，也从学术思想与文学价值两个方面展开。关于前者，"上篇"已作详细分析，"下篇"则侧重于文学价值。就总体而言，先秦诸子与先秦史传散文共同构成了中国古代散文史的第一个高峰期。刘熙载说："周、秦诸子之文，虽纯驳不同，皆有个自家在内。"② 揭示了先秦诸子各有自己的特点，而在诸子内部，也有许多共同的文学特征：如先秦诸子的主要流派儒、道、墨、法均有独具特色的文艺观，影响了中国两千多年的文学创作；常常运用比喻、排比、对比等修辞方法说理，语言生动活泼，富有表现力；大多通过寓言故事论证说理，富有形象性；有的也使用逻辑推理，层次清晰，当然同是说理，也会有深浅之别，合理与谬误之分。

读先秦诸子之书，常常会发现他们的自我矛盾之处。老子说："大音希声。"（第四十一章）"知者不言，言者不知。"（第五十六

---

① 余秋雨：《中国文脉》，《文摘报》2012 年 12 月 15 日。

② 刘熙载：《艺概·文概》，转引自郭预衡主编《中国古代文学史》，上海古籍出版社 1998 年版，第 85 页。

章）“信言不美，美言不信。善者不辩，辩者不善。”（第八十一章）可是他又留下了《道德经》八十一章，这和其一贯的主张是矛盾的。难怪白居易《读老子》诗批判道：“言者不如知者默，此语吾闻于老君；若道老君是知者，缘何自着五千文?”庄子也认为书籍乃古人的糟粕：

> 桓公读书于堂上。轮扁斫轮于堂下，释椎凿而上，问桓公曰：“敢问，公之所读者何言邪?”公曰：“圣人之言也。”曰：“圣人在乎?”公曰：“已死矣。”曰：“然则君之所读者，古人之糟魄已夫!”“古之人与其不可传也死矣。然则君之所读者，古人之糟魄已夫!”（《庄子·外篇·天道》）

同篇，庄子以为：“世之所贵道者书也，书不过语，语有贵也。语之所贵者意也，意有所随。意之所随者，不可以言传也，而世因贵言传书。世虽贵之，我犹不足贵也，为其贵非其贵也…… 则知者不言，言者不知，而世岂识之哉!”庄子还说：“荃者所以在鱼，得鱼而忘荃；蹄者所以在兔，得兔而忘蹄；言者所以在意，得意而忘言。吾安得夫忘言之人而与之言哉!”（《庄子·杂篇·外物》）既然认为书籍都是糟粕，道意“不可以言传”，应该“得意忘言”，可庄子为什么又“著书十余万言”，创作了《南华经》?

孔子也常常会自相矛盾。孔子既说“君子固穷”（《论语·卫灵公》），又说“富而可求也，虽执鞭之士，吾亦为之”（《论语·述而》）。既说“不患人之不己知，患不知人也”（《论语·学而》），“不患人之不己知，患其不能也”（《论语·宪问》），同篇又感叹：“莫我知也夫!”“知我者其天乎!”《论语·泰伯》篇记孔子话说：“天下有道则见，无道则隐。邦有道，贫且贱焉，耻也；邦无道，富且贵焉，耻也。”可在《论语·微子》篇，孔子又说：“鸟兽不可与同群，吾非斯人之徒与而谁与？天下有道，丘不与易也。”孔子倡导“正名”，指出“名不正，则言不顺；言不顺，则事不成；事不成，则礼乐不兴；礼乐不兴，则刑罚不中；刑罚不中，则民无所措手足”

（《论语·子路》），但是鲁国叛臣公山弗扰盘踞在费畔图谋造反，叫孔子去，“子欲往”，子路不满，孔子自我辩解道：“夫召我者，而岂徒哉？如有用我者，吾其为东周乎！”（《论语·阳货》）同篇载，晋国叛臣佛肸盘踞在中牟作乱，叫孔子去，“子欲往”，子路就以子之矛攻子之盾：

> 子路曰：“昔者由也闻诸夫子曰：‘亲于其身为不善者，君子不入也。’佛肸以中牟畔，子之往也，如之何？”子曰：“然，有是言也。不曰坚乎，磨而不磷；不曰白乎，涅而不缁。吾岂匏瓜也哉？焉能系而不食？”

由此可见，孔子一方面严肃地提倡名正言顺，标榜“君君、臣臣、父父、子子”（《论语·颜渊》）；一方面出仕之心又非常强烈，哪怕是国之叛臣召见，都跃跃欲试，准备去大显身手。墨子既尊天事鬼，有《明鬼》三篇明确论述鬼神之真有，并相信上天有意志，能够赏善罚恶，但却又反对宿命论，作《非命》三篇。这是墨子的复杂之处。韩非子讲了“自相矛盾”的寓言故事来攻击儒家，但他自己的道德观却也自相矛盾，一方面他反对儒家提倡的种种道德观念，另一方面又承认有道德之人的存在及道德的正面价值。

先秦诸子，矛盾如斯！或许正是因为他们的复杂性，才显示了他们的真实，更彰显了他们的伟大！生活在现代社会中的我们，何尝不是像他们那样矛盾、纠结！常常会进退失据、无所适从！

主要参考文献

《诸子集成》，中华书局 1954 年版。

李学勤等主编：《十三经注疏》，北京大学出版社 1999 年版。

朱熹：《四书集注》，中华书局 1983 年版。

杨伯峻：《论语译注》，中华书局 1980 年版。

陈涛译注：《晏子春秋》，中华书局 2007 年版。

杨伯峻：《孟子译注》，中华书局 1960 年版。

（清）焦循撰，沈文倬点校：《孟子正义》，中华书局 1987 年版。

（清）王先慎撰，沈啸寰、王星贤点校：《荀子集解》，中华书局 1988 年版。

朱谦之：《老子校释》，中华书局 1984 年版。

辛战军译注：《老子译注》，中华书局 2008 年版。

陈鼓应：《老子今注今译》，商务印书馆 2003 年版。

景中译注：《列子》，中华书局 2007 年版。

（清）郭庆藩撰，王孝鱼点校：《庄子集释》，中华书局 1961 年版。

陈鼓应：《庄子今注今译》，中华书局 1981 年版。

杨柳桥：《庄子译诂》，上海古籍出版社 1991 年版。

（清）毕沅校注：《墨子》，上海古籍出版社 1989 年版。

（清）毕沅校注，吴旭民标点，《墨子》，上海古籍出版社 1995 年版。

（清）王先慎撰，钟哲点校：《韩非子集解》，中华书局 1998 年版。

谭业谦：《公孙龙子译注》，中华书局 1997 年版。

杨义主编;《孙子兵法译注》，岳麓书社 2006 年版。

许富宏译注;《鬼谷子》，中华书局 2012 年版。

陆玖译注:《吕氏春秋》，中华书局 2011 年版。

《史记》，中华书局 1959 年版。

《汉书》，中华书局 1962 年版。

钱穆:《国学概论》，商务印书馆 1997 年版。

钱穆:《先秦诸子系年》，河北教育出版社 2002 年版。

陈柱:《诸子概论》，广西师范大学出版社 2010 年版。

郭沫若:《十批判书》，人民出版社 1954 年版。

胡适:《先秦名学史》，安徽教育出版社 1999 年版。

吕思勉，《先秦学术概论》，中国大百科全书出版社 1985 年版。

饶龙隼:《先秦诸子与中国文学》，百花洲文艺出版社 2000 年版。

张少康:《先秦诸子的文艺观》，上海文艺出版社 1981 年版。

张群:《诸子时代与诸子文学》，齐鲁书社 2008 年版。

张小锋，《百家争鸣》，中华书局、上海古籍出版社 2010 年版。

易中天:《先秦诸子百家争鸣》，上海文艺出版社 2009 年版。

冯友兰著:《中国哲学简史》，赵复三译，天津社会科学出版社 2005 年版。

曹道衡、刘跃进:《先秦两汉文学史料学》，中华书局 2005 年版。

褚斌杰、谭家健主编:《先秦文学史》，人民文学出版社 1998 年版。

鲁迅著，顾农讲评:《汉文学史纲要》，凤凰出版社 2009 年版。

袁行霈等:《中国文学史》（四卷本），高等教育出版社 1999 年版。

章培恒等:《中国文学史》（三卷本），复旦大学出版社 2005 年版。

《辞源》（修订本）1—4 合订本，商务印书馆 1988 年版。

后　记

写完本书的最后一句话，我感到心情无比轻快。为了写作本书，从构思框架结构，到搜集阅读资料，再到今天的最终完成，用去了我四年多的时间。在这四年多的光阴中，不管身在何处，无论春夏秋冬，书稿都像一副千斤重担，始终压在我的心上，难以释怀。如今终于完成了，且不管完成的怎样，总算是有了一个交代。

本书的写作，源于我校文学院中国古代文学硕士点的申报与设立。记得早在2006年，学院就开始组织人力申报中国古代文学硕士点，但一直没有成功。后来政策改变，不能再以某个二级学科单独设立硕士点。2010年，文学院申报中国语言文学一级学科。当时征集研究生课程，我报了“先秦诸子研究”与“隐逸诗研究”两门课，从此就开始了本书的构思。2011年4月，文学院中国语言文学一级学科得到正式授权，并确定中国古代文学二级学科2012年招收硕士研究生，本书的写作也因而正式提上了日程。

对于像我这样普通的高校老师，为研究生开设一门课程并非易事。“隐逸诗研究”课程和我博士毕业论文选题以及后来的阅读关注直接相关，所以不用太多准备。但是“先秦诸子研究”课程难度就大了。虽然我以前就很喜欢先秦诸子，对孔、孟、老、庄等颇有兴趣，也读了不少与他们有关的文献材料，但并没有真正走近他们。同时作为研究生学位课程，在内容上不但要有一定的广度，而且必须有一定的深度，同时要融合进去自己的理解，才有可能把课上好，这对我而言是一个极大的挑战。

当我真正走近先秦诸子，一本一本阅读原典文献，一次一次查阅有关论著，才发现自己的无知与浅薄。子书渊海，子学如海，我却一直在岸边徘徊；子书高山，子学似山，我却只能在山脚仰望！但是没有退路，也不能退却。在艰难的写作过程中，遇到读不懂的就查资料，查不到的就咨询师友，咨询不到的就只好付之阙如，以待来日。如此日复一日，月复一月，年复一年，到如今文学院中国古代文学硕士点已经招收了两届学生，书稿才仓促完成。

真人面前不说假话。限于个人能力水平以及地处偏远、信息不畅等原因，呈现在师友和读者面前的这部书，虽然思路比较清晰，条理分明，某些问题也进行了一定的深入探讨，文字也还算通顺流畅，作为硕士研究生课程的教材还说得过去，但作为一本专著则有点拿不出手。因为总体来说，本书拾人牙慧多而自出机杼少，回归溯源多而推陈出新少。但古人云“家有敝帚，享之千金”，无论如何，这总是自己数年来的心血，还是斗胆把它拿出来，接受大家的审视吧。

因为上述原因，我没有请名流学者写序推荐。因为我总觉得请人写序是难为人家：人家实话实说吧，我会觉得不好意思；人家违心说好话吧，我会觉得对不住人家，更欺骗了读者；人家要是不痛不痒、云里雾里说几句，我认为还不如不说。总而言之一句话，既然请人写序是费力不讨好的事，那就不如不要序，岂不更直接爽快？

经过一段时间与先秦诸子的零距离接触，我更感到他们的伟大。诸子思想看似平平无奇，实则精彩纷呈，个性非常突出，且其观念早已融进国人的血脉之中，难以剥离。诸如孔、孟的仁义礼智，老、庄的自然无为，孙武的谋略权术，墨子的兼爱非攻，韩非的重法尚势，邹衍的五德始终，公孙龙的白马非马，等等，每个范畴概念都意义深远，耐人寻味。回归到两千多年前的春秋战国时代，解读诸子之书，与诸子交流，更加让人感到我国传统学术思想的博大精深，灿烂辉煌！

本书的出版，首先要感谢延安大学文学院院长梁向阳教授。正是梁院长的鼓励，我才有勇气以本书稿申请陕西省社科基金后期资助项目，并最终得以立项；书稿完成，梁院长又主动把书稿纳入文学院“陕西省高水平大学建设专项资金资助项目（编号：2013SXTS01）”，并资助出版。其次要感谢文学院的刘保忠教授、赵维森教授以及渭南师范学院的蔡静波教授，他们对本书提出了不少宝贵意见。最后要感谢我校文学院孙鸿亮、刘向斌、申焕、白虹等同仁以及我的爱人、孩子对我的支持和鼓励。

书不尽言，言不尽意。是为后记。

霍建波

2014 年 5 月写于延安大学雅苑小区